Lev Davidov

J'apprends la grammaire russe

La sphère du nom
La sphère du verbe

Deuxième édition revue et augmentée

Copyright © 2024

Tous les droits sont réservés. Il est interdit de reproduire le livre, de le photocopier et de transmettre au tiers les copies illégales d'une partie ou du livre entier sans permission du titulaire des droits.

Si vous avez des questions concernant le livre, vous pouvez nous contacter en tout moment en nous envoyant votre message sur le courriel **lev_davidov@yahoo.com**

Auteur: Lev Davidov

ISBN: 9798884615007

Publié en mars 2024

Avant-propos

« J'apprends la grammaire russe » s'adresse à l'apprenant de niveau élémentaire ou intermédiaire qui peut l'utiliser comme un manuel d'auto-apprentissage ou en complément des cours de russe.

La partie « La sphère du nom » découvre l'ensemble de règles grammaticales sur la déclinaison des noms, des pronoms et des adjectifs en employant des méthodes contemporaines et en visualisant chaque particularité sur les schémas. Ces derniers sont composés de telle façon que l'élève puisse structurer et systématiser ses connaissances. Les exercices qui suivent chaque étape d'apprentissage consolident les compétences de l'élève qui peut comparer ses propres solutions avec les corrigés.

La deuxième partie « La sphère du verbe » contient des règles sur la conjugaison et les modes des verbes, explique l'aspect du verbe et la notion de l'adverbe russe. Cette partie est surtout indispensable, car le verbe russe a de nombreuses particularités qu'il est important de maîtriser.

Il est à noter que ce manuel ne peut être utilisé que par les élèves qui ont déjà débuté en russe, savent lire et écrire, ont une bonne base lexicale et sont en train de suivre les cours du niveau élémentaire. Bien que le lexique soit adapté au niveau A2 l'élève peut l'élargir lui-même en faisant des exercices et en utilisant un dictionnaire.

Le questionnaire à choix multiple qui est présenté dans chaque partie permet à l'apprenant d'évaluer ses connaissances et de mettre en évidence des lacunes. Les annexes contiennent des renseignements supplémentaires qui ne sont pas présentés dans les chapitres principaux du livre, mais qui sont aussi importants.

L.Davidov

Les signes employés dans le livre

приго́род - préfixe

кни́жка - suffixe

кра́ски, краски́ - terminaison

обе́д☐ - terminaison zéro

🔊 - production orale

✏ - production écrite

📎 - à noter

🔍 - chercher une bonne variante

❗ - à faire attention

🗹 - exemples et informations supplémentaires

LE NOM
ИМЯ СУЩЕСТВИТЕЛЬНОЕ

désigne une chose ou un être animé et donne la réponse aux questions *Кто?* ou *Что?*

LES CATEGORIES DU NOM

- **NOM COMMUN**: де́рево, соба́ка, окно́
- **NOM PROPRE**: Луна́, Москва́, Серге́й
- **NOM CONCRET**: дом, доро́га, шко́ла
- **NOM ABSTRAIT**: любо́вь, за́висть, па́мять
- **NOM ANIMÉ**: челове́к, медве́дь, воробе́й
- **NOM INANIMÉ**: стол, стена́, автомоби́ль
- **NOM INDIVIDUEL**: дива́н, ле́стница, вход
- **NOM COLLECTIF**: ме́бель, о́бщество, трава́
- **NOM COMPTABLE**: стул, уче́бник, ру́чка
- **NOM NON-COMPTABLE**: вода́, желе́зо, во́здух
- **NOM SIMPLE**: ра́дуга, не́бо, у́лица
- **NOM COMPOSÉ**: пило́т-испыта́тель

LES GENRES DU NOM

- **FEMININ**: ма́ма, ла́мпа, ва́нна
- **MASCULIN**: па́па, уро́к, снег
- **NEUTRE**: окно́, ведро́, со́лнце

LE NOMBRE DANS LES NOMS

- **PLURIEL**: ру́ки, пло́щади, телефо́ны
- **SINGULIER**: ло́дка, по́езд, биле́т

> Dans la phrase le nom peut être un sujet, un attribut ou un complément.

PAGE 3 - ТРЕТЬЯ СТРАНИЦА

DECLINAISON
склонение

Le russe est une langue synthétique et cela veut dire que les noms ont les terminaisons qui expriment des rapports grammaticaux entre un nom et une préposition ou des rapports sémantiques entre un verbe/un nom/une préposition et un nom (dans le cas où le nom joue le rôle d'un complément d'objet).

Le français est une langue analytique c'est pourquoi il n'a pas de déclinaison.

СМОТРЕТЬ НА НЕБО
regarder le ciel

le verbe смотре́ть demande la préposition на qui, à son tour, exige un nom au cas accusatif en modifiant sa terminaison (si la déclinaison l'impose)

En russe les noms doivent se décliner avec leurs déterminants (adjectifs) et pronoms

ВОЗЛЕ ДОМА
près de la maison

la préposition во́зле demande l'emploi du cas génitif pour exprimer les relations sémantiques avec le nom qui suit дом

КНИГА МОЕГО ОТЦА
le livre de mon père

pour exprimer la possession il faut mettre le groupe de mots мой оте́ц au cas génitif en modifiant la forme (мой - моего́) ou la terminaison (оте́ц - отца́)

On distingue 3 différents types de déclinaison des noms:

Le nom à la forme initiale doit correspondre à une de ces déclinaisons (sauf les exceptions)

1re déclinaison
1) les noms masculins qui ont la terminaison -а ou -я à la forme initiale: па́па, де́душка, мужчи́на, судья́, дя́дя, ю́ноша;
2) les noms féminins qui se terminent par -а ou -я à la forme initiale: жена́, ба́бушка, де́вушка, тётя, же́нщина, красота́, доро́га, коро́ва.

2e déclinaison
1) les noms masculins qui n'ont pas de terminaison (dite "terminaison zéro") à la forme initiale: стол, стул, компью́тер, ковёр, телеви́зор, дом, геро́й;
2) les noms masculins qui se terminent par -ь (мягкий знак) à la forme initiale: автомоби́ль, води́тель, строи́тель, конь;
3) les noms du genre neutre qui se terminent par -о ou -е à la forme initiale: о́зеро, де́рево, го́ре, мо́ре, зре́ние, украше́ние, мне́ние.

3e déclinaison
les noms féminins qui se terminent par -ь (мягкий знак) à la forme initiale: дочь, ночь, пло́щадь, по́мощь, молодёжь.

CAS ПАДЕЖ

La déclinaison s'exprime par les cas qui modifient la forme grammaticale du mot (nom, adjectif ou pronom) en changeant la terminaison et, dans les cas exceptionnels, toute la forme du mot.
Il existe 6 cas. Retenez-les, notez les analogues en français.

cas	questions	exemples	analogues
nominatif	кто? что?*	дя́дя, дом	forme initiale du nom
génitif	кого́? чего́?	дя́ди, до́ма	COD ou COI: *Je passe devant la maison.*
datif	кому́? чему́?	дя́де, до́му	COD avec la préposition à: *Je donne à l'oncle.*
accusatif	кого́? что?	дя́дю, дом	COD: *J'accuse l'oncle.*
instrumental	кем? чем?	дя́дей, до́мом	COI avec les prépositions *avec* ou *par*: *Je vis avec l'oncle.*
prépositionnel	о ком? о чём?	дя́де, до́ме	COI: *J'habite dans la maison.*

* - les questions marquées d'une seule ligne sont pour les animés (personnes ou animaux), et d'une double ligne sont pour les inanimés

cas	prépositions après lesquelles se déclinent les noms
nominatif	-
génitif	с, у, от, до, из, из-за́, без, для, вне, ра́ди, ми́мо, вокру́г, о́коло, во́зле, кро́ме, вслед, по́сле
datif	к, по, согла́сно, благодаря́, вопреки́, навстре́чу, напереко́р
accusatif	в, во, на, за, под, про, свозь, че́рез, спустя́, включа́я, несмотря́ на
instrumental	с, со, за, над, под, меж, ме́жду, пе́ред, в связи́ с
prépositionnel	в, о, об, на *(si on parle du transport - е́хать на авто́бусе, на по́езде etc.)*, по, при

NOM - ИМЯ СУЩЕСТВИТЕЛЬНОЕ — CAS - ПАДЕЖ

cas	les verbes les plus utilisés qui demandent la déclinaison (constructions sans préposition)
nominatif	-*
génitif	не име́ть чего́-л., боя́ться кого́-л./чего́-л., избежа́ть чего́-л., опаса́ться кого́-л./чего́-л. etc.
datif	дать кому́-л., покупа́ть кому́-л., помога́ть кому́-л., приказа́ть кому́-л., дове́риться кому́-л., сове́товать кому́-л., запреща́ть кому́-л., сказа́ть кому́-л., помеша́ть кому́-л., угрожа́ть кому́-л., меша́ть кому́-л./чему́-л., предложи́ть кому́-л., сопротивля́ться кому́-л./чему́-л., противоде́йствовать кому́-л./чему́-л., позво́лить кому́-л., жа́ловаться кому́-л., нра́виться кому́-л., обеща́ть кому́-л., рассказа́ть кому́-л., напо́мнить кому́-л., рекомендова́ть кому́-л., отказа́ть кому́-л., отве́тить кому́-л., звони́ть кому́-л., соотве́тствовать чему́-л., писа́ть кому́-л., отпра́вить кому́-л. etc.
accusatif	обвиня́ть кого́-л./что́-л., заста́вить кого́-л., ви́деть кого́-л./что́-л., заме́тить кого́-л./что́-л., учи́ть кого́-л., ждать кого́-л./что́-л., пря́тать кого́-л./что́-л., иска́ть кого́-л./что́-л., убеди́ть кого́-л., попроси́ть кого́-л., избега́ть кого́-л./что́-л., слу́шать кого́-л./что́-л., учи́ть кого́-л., поздра́вить кого́-л., заста́вить кого́-л., толка́ть кого́-л./что́-л., информи́ровать кого́-л., пригласи́ть кого́-л., слу́шаться кого́-л., есть что́-л., пить что́-л., благодари́ть кого́-л./что́-л., обвиня́ть кого́-л., писа́ть что́-л., де́лать что́-л., отпра́вить что́-л. etc.
instrumental	занима́ться кем-л./чем-л., по́льзоваться чем-л., дорожи́ть чем-л., любова́ться кем-л./чем-л. etc.
prépositionnel	-**

NOTEZ!

* Les noms au cas nominatif ne jouent que le rôle du sujet ou du prédicat dans la phrase et ne peuvent être ni complément d'objet direct ni complément d'objet indirect. **Ci-après nous utilisons l'expression "forme initiale du nom" qui veut dire "nom au cas nominatif à la forme qui est donnée dans le dictionnaire".**
** Le cas prépositionnel demande toujours l'emploi d'une préposition avec le nom, tandis que l'emploi des prépositions avec les noms aux cas génitif, datif, accusatif ou instrumental est facultatif en fonction du sens exprimé.

NOM - ИМЯ СУЩЕСТВИТЕЛЬНОЕ   DECLINAISON - СКЛОНЕНИЕ

CAS NOMINATIF
ИМЕНИТЕЛЬНЫЙ ПАДЕЖ

En russe le nom au cas nominatif est souvent employé dans la phrase comme sujet. Par rapport aux autres cas le nominatif n'a pas de terminaisons spécifiques, alors on utilise le mot <u>à la forme initiale</u> (c'est-à-dire comme il est donné dans le dictionnaire).

Le nom au nominatif est toujours à LA FORME INITIALE!

Le nom au cas nominatif répond aux questions **Кто?** ou **Что?**.
Dans la phrase le nom au cas nominatif peut être:

SUJET   Моя́ ма́ма живёт в Москве́.
Кто живёт в Москве́? - Моя́ ма́ма.

Э́та кни́га - <u>пода́рок</u> дру́га.   **PREDICAT**
Что э́то за кни́га? - Пода́рок дру́га.

Э́то на́ши <u>роди́тели</u>.
Кто э́то? - На́ши роди́тели.   Вот мой <u>дом</u>.
Вот что? - Мой дом.

У меня́ есть <u>соба́ка</u>.
Есть кто? - Соба́ка.   На у́лице <u>дождь</u>.
Что (есть) на у́лице? - Дождь.

ATTENTION!!!
Ne confondez pas les noms au cas nominatif avec les noms au cas accusatif. Malgré ce que les mots à ces deux cas peuvent être identiques cela ne veut pas dire qu'ils expriment le même sens. Comparez:

Э́то - <u>дверь</u> мое́й кварти́ры. - C'est la porte de mon appartement.
Закро́йте, пожа́луйста, <u>дверь</u>! - Fermez la porte, s'il vous plaît!

Dans ces deux phrases le mot **дверь** est écrit de la même façon, mais dans la première il est au cas nominatif et dans la deuxième il est au cas accusatif. Comment comprendre quel cas est employé dans chaque phrase? C'est simple, il ne faut que révéler le rôle que joue le mot dans telle ou telle situation. Alors, le nom au cas nominatif joue le rôle du sujet ou du prédicat nominal (aussi connu comme «attribut du sujet») tandis que le nom à l'accusatif est un complément de verbe. Dans notre situation **дверь** de la première phrase est un prédicat (*Что э́то? - Э́то - дверь.*), alors que **дверь** de la deuxième phrase est le complément direct du verbe **закры́ть** (*Закро́йте что? - Дверь.*).

NOM - ИМЯ СУЩЕСТВИТЕЛЬНОЕ
DECLINAISON - СКЛОНЕНИЕ

1re déclinaison

Singulier
1) terminaisons -а ou -я à la forme initiale des noms (excepté les noms de déclinaison irrégulière):
- де́душка
- гора́
- берёза
- ма́ма
- земля́
- судья́
- дере́вня

Pluriel
1) terminaison -и, si le nom à la forme initiale se termine par -ка, -га, -ха, -ча, -ща, -ша, -жа:
- кни́га ⟶ кни́ги
- стра́жа ⟶ стра́жи
- рука́ ⟶ ру́ки
- нога́ ⟶ но́ги
- ка́ша ⟶ ка́ши

2) terminaison -и, si le nom à la forme initiale se termine par -я:
- земля́ ⟶ земли́
- семья́ ⟶ се́мьи
- дере́вня ⟶ дере́вни

3) terminaison -ы, dans d'autres conditions:
- гора́ ⟶ го́ры
- берёза ⟶ берёзы
- ла́мпа ⟶ ла́мпы

EXEMPLES
Ры́бы живу́т в воде́.
Кто живёт? - Ры́бы.
Les poissons vivent dans l'eau.

Кни́га лежи́т на столе́.
Что лежи́т? - Кни́га.
Le livre est sur la table.

2e déclinaison

Singulier
1) terminaison zéro à la forme initiale du nom masculin:
- телеви́зор□   за́втрак□
- дом□   бульва́р□

2) terminaison zéro et la lettre -ь à la fin du nom masculin (excepté путь):
- води́тель□   алкого́ль□
- арти́кль□   царь□

3) terminaisons -о ou -е à la forme initiale, si le nom est du genre neutre:
- ведро́   влия́ние
- ра́дио   уча́стие

Pluriel
1) terminaison -и, si le nom à la forme initiale se termine par -к, -г, -ч, -щ, -ш, -ж, -х, -й:
- врач ⟶ врачи́
- за́втрак ⟶ за́втраки
- ге́ний ⟶ ге́нии

2) terminaison -и, si le nom masculin à la forme initiale se termine par -ь:
- води́тель ⟶ води́тели
- арти́кль ⟶ арти́кли
- царь ⟶ цари́

3) certains noms composés d'une seule syllabe ont la terminaison -а au pluriel:
- дом ⟶ дома́
- рог ⟶ рога́
- век ⟶ века́

4) terminaison -ы, dans d'autres conditions:
- бульва́р ⟶ бульва́ры
- шкаф ⟶ шкафы́
- студе́нт ⟶ студе́нты
- лист ⟶ листы́

EXEMPLES

Кора́бль нахо́дится в порту́.
Что нахо́дится? - Кора́бль.
Le bateau est dans le port.

5) terminaison -а, si le nom se termine par -о, et terminaison -я, si le nom se termine par -е:
- ведро́ ⟶ вёдра
- о́зеро ⟶ озёра
- пла́тье ⟶ пла́тья

NOM - ИМЯ СУЩЕСТВИТЕЛЬНОЕ
DECLINAISON - СКЛОНЕНИЕ

3e déclinaison

Singulier
1) terminaison **zéro** et **-ь** à la fin à la forme initiale des noms féminins:
- дочь□
- ночь□
- фасо́ль□
- пло́щадь□
- по́мощь□
- молодёжь□

Pluriel
1) terminaison **-и**:
- ночь → но́чи
- пло́щадь → пло́щади
- за́пись → за́писи
- при́стань → при́стани
- боле́знь → боле́зни

mais:
- дочь → до́чери
- мать → ма́тери

EXEMPLES

Его́ до́чери у́чатся в шко́ле.
Кто у́чится? - Его́ до́чери.
Ses filles vont (étudient) à l'école.

Молодёжь - это на́ше бу́дущее.
Что? - Молодёжь.
La jeunesse est notre avenir.

Зимо́й но́чи дли́нные.
Что дли́нное? - Но́чи.
En hiver les nuits sont longues.

За́писи лежа́т на столе́.
Что лежи́т? - За́писи.
Les notes sont sur la table.

Déclinaison irrégulière

En russe il existe des noms qui n'ont pas de déclinaison stricte aux cas. On ne peut les attribuer ni à la 1ère déclinaison, ni à la 2e, ni à la 3e, parce qu'ils ont les indices de toutes les trois déclinaisons. Ils ne sont pas nombreux, retenez-les:

- вре́мя (n)   зна́мя (n)
- бре́мя (n)   стре́мя (n)
- и́мя (n)   те́мя (n)
- пла́мя (n)   вы́мя (n)
- се́мя (n)   путь (m)
- пле́мя (n)   дитя́ (n)

Observez la déclinaison de ces noms au cas nominatif et retenez le pluriel en faisant attention aux accents:

Singulier → Pluriel
- вре́мя → времена́
- бре́мя → -**
- и́мя → имена́
- пла́мя → -**
- се́мя → семена́
- пле́мя → племена́
- зна́мя → знамёна
- стре́мя → стремена́
- те́мя → -**
- вы́мя → -**
- путь → пути́
- дитя́* → де́ти

* - le nom <u>дитя</u> est archaïque, on utilise plutôt une autre forme <u>ребёнок</u> au singulier. Pour exprimer le pluriel il est préférable d'employer la forme <u>дитя</u>

** - les noms n'ont pas de pluriel et on ne les emploient qu'au singulier

Le mot **я́блоко** bien qu'il soit du genre neutre au pluriel a la terminaison de la 1re déclinaison **-и**: я́блок**и**

N'oubliez pas que certains noms au pluriel du cas nominatif changent l'accent. Si vous hésitez, consultez un dictionnaire et tâchez de retenir la forme particulière du pluriel du nom

NOM - ИМЯ СУЩЕСТВИТЕЛЬНОЕ
DECLINAISON - СКЛОНЕНИЕ

Particularités du pluriel

Certains noms ont deux formes du pluriel. Cela s'explique par la différence du sens que tel ou tel nom exprime. Alors, le mot **лист** a deux interprétations:

    лист бума́ги - une feuille de papier

              et лист расте́ния - une feuille de plante

Le pluriel du nom **лист** dépend du sens qu'on transmet, observez-le:

    листы́ бума́ги - des feuilles de papier

              et ли́стья расте́ния - des feuilles de plante

Retenez quelques mots ayant deux formes du pluriel:

зуб - зу́бы (d'un homme) - зу́бья (d'un peigne)

хлеб - хле́бы (des produits, le pain) - хлеба́ (ce qui est planté, le blé)

о́браз - о́бразы (d'un modèle, d'une personne) - образа́ (les icônes)

мех - мехи́ (au sens "sacs, packets") - меха́ (d'un manteau)

про́пуск - про́пуски (au sens "lacunes entre des mots") - пропуска́
        (au sens "documents qui permettent d'entrer dans un bâtiment")

тон - то́ны (de la musique) - тона́ (d'une peinture, "тёплые тона́")

год - го́ды (pour décrire la situation, "вое́нные го́ды") - года́
        (d'une personne, "прекло́нные года́")

Retenez quelques règles de déclinaison des noms au pluriel du cas nominatif

On met la terminaison -а au pluriel des noms, si le mot se termine par une consonne, n'a que deux syllabes et l'accent est sur la première syllabe du mot (au pluriel l'accent se déplace vers la dernière syllabe):

по́вар → повара́
~~пова́ры~~

но́мер → номера́
~~но́меры~~

по́езд → поезда́
~~по́езды~~

о́стров → острова́
~~о́стровы~~

го́род → города́
~~го́роды~~

Il y a des noms qui n'existent qu'au singulier ou au pluriel. Cela s'explique par l'historique de ces noms et il ne reste que les retenir tels quels sont:

Singulier

noms collectifs et abstraits: зверьё, студе́нчество, детвора́, листва́ etc.
noms de chose: са́хар, мёд, чай, ма́сло, серебро́, желе́зо etc.
noms des pays et des villes: Фра́нция, Москва́ etc.
emprunts: метро́, кафе́, такси́, кино́, пальто́ etc.

Attention! Les noms qui n'existent qu'au pluriel n'ont ni genre ni déclinaison

Pluriel

noms de chose: сли́вки, черни́ла, дро́жжи, хло́пья etc.
noms abstraits: су́тки, бу́дни, хло́поты etc.
noms propres: А́льпы, Афи́ны, Карпа́ты etc.
noms de chose designant une paire: воро́та, брю́ки, джи́нсы, щипцы́, каче́ли, но́жницы etc.
noms des jeux: ша́хматы, на́рды, догоня́лки, жму́рки etc.

Dans certains noms qui ont plus qu'une syllabe et se terminent par -е/ё ou -о + une consonne, au pluriel la lettre -е/ё ou -о disparaît et on met -ы après la dernière consonne: леде́нец → леденцы́

у́гол → углы́
костёр → костры́
оте́ц → отцы́
вене́ц → венцы́
леде́нец → леденцы́

PAGE 10 - ДЕСЯТАЯ СТРАНИЦА

NOM - ИМЯ СУЩЕСТВИТЕЛЬНОЕ

DECLINAISON - СКЛОНЕНИЕ

 Exercices et explications

1. Lisez en faisant attention au mouvement de l'accent d'une syllabe vers une autre dans les mots au singulier et au pluriel, retenez-les :

мо́ре — моря́
сре́дство — средства́
о́круг — округа́
дире́ктор — директора́

а́дрес — адреса́
о́тпуск — отпуска́
по́вар — повара́
па́спорт — паспорта́

профе́ссор — профессора́
тра́ктор — трактора́
бревно́ — брёвна
те́ло — тела́

2. Trouvez une bonne forme du pluriel des mots suivants :

бума́га — бумаги/бумагы
ру́чка — ручкы/ручки
шнур — шнуры/шнура
футбо́лка — футболки/фуболки
у́лица — улицы/улици
дива́н — диваны/дивани
число́ — числа/числы
экза́мен — экзамены/экзамени

репорта́ж — репортажи/репортажы
тради́ция — традиции/традиции
мини́стр — министра/министры
иностра́нец — иностранцы/иностранецы
лице́й — лицея/лицеи
статья́ — статьи/статьии
оши́бка — ошибки/ошибк
пра́вило — правилы/правила

3. Dans la liste suivante trouvez les noms qui n'ont pas de pluriel (si vous avez besoin du dictionnaire, n'hésitez pas) :

такси, авокадо, яблоко, салон, змея, Польша, фильм, бистро, барокко, капуста, радио, ретро, стенд, алюминий, каска, пальто, гриб, сено, Берлин, солдат, республика, пиво, редакция, интервью, право, мясо, кредит, монета, кольцо

En russe il existe des noms qui ont le genre masculin et féminin mais leur sens est différent. Retenez-les:

эле́ктрик (profession) — электри́чка (le train qui lie la ville et la banlieue)
те́хник (profession) — техни́чка (une femme de ménage)
пило́т (profession) — пило́тка (un type de chapeau des pilotes)
водола́з (profession) — водола́зка (une sorte de pull)
штукату́р (profession) — штукату́рка (matériau de construction)
матро́с (profession) — матро́ска (chapeau des matelots)

Pour former le pluriel il est indispensable à certains noms d'ajouter ou modifier un suffixe, et parfois de changer toute la forme du nom. Retenez quelques-uns:

челове́к — лю́ди
телёнок — теля́та
жеребёнок — жеребя́та
земляни́н — земля́не
россия́нин — россия́не
крестья́нин — крестья́не
у́хо — у́ши
ку́рица — ку́ры
граждани́н — гра́ждане
друг — друзья́
цвето́к — цветы́
хозя́ин — хозя́ева
чу́до — чудеса́
не́бо — небеса́

4. Traduisez en russe:

1. Les fleurs sont dans le vase. 2. La voiture s'est arrêtée. 3. Les bâtiments sont construits. 4. Les mains sont propres. 5. Les Italiens aiment le café. 6. Les bonbons sont sur la table. 7. Les délégations sont arrivées. 8. Les hôtels sont ouverts. 9. Les soirées sont chaudes. 10. Les parents sont partis. 11. Les amis habitent ici. 12. Ce sont des clés. 13. Les oiseaux volent. 14. Ces lunettes sont bonnes.

NOM - ИМЯ СУЩЕСТВИТЕЛЬНОЕ — DECLINAISON - СКЛОНЕНИЕ

✓ Corrigés

2.
бумага — бумаги
ручка — ручки
шнур — шнуры
футболка — футболки
улица — улицы
диван — диваны
число — числа
экзамен — экзамены

репортаж — репортажи
традиция — традиции
министр — министры
иностранец — иностранцы
лицей — лицеи
статья — статьи
ошибка — ошибки
правило — правила

3. такси, авокадо, Польша, бистро, барокко, радио, ретро, алюминий, пальто, сено, Берлин, пиво, интервью, мясо

4. 1. Цветы в вазе. 2. Автомобиль остановился. 3. Здания построены. 4. Руки чистые. 5. Итальянцы любят кофе. 6. Конфеты на столе. 7. Делегации прибыли. 8. Гостиницы открыты. 9. Вечера теплые. 10. Родители уехали. 11. Друзья живут здесь. 12. Это - ключи. 13. Птицы летают. 14. Эти очки хорошие.

NOM - ИМЯ СУЩЕСТВИТЕЛЬНОЕ

DECLINAISON - СКЛОНЕНИЕ

CAS GÉNITIF
РОДИТЕЛЬНЫЙ ПАДЕЖ

Le nom au cas génitif en russe est souvent traduit en français comme un complément d'objet direct ou un complément circonstanciel de lieu. Le nom au génitif peut être accompagné des prépositions с, у, от, до, из, без, вокру́г, для, о́коло, во́зле, кро́ме, ра́ди, ми́мо, и́з-за.

N'oubliez pas de changer la terminaison en fonction de la déclinaison du nom!

Le nom au cas génitif répond aux questions **Кого́?** ou **Чего́?**.

1re déclinaison

Singulier

1) terminaison **-и**, si le nom à la forme initiale se termine par -ка, -га, -ха, -жа, -ча, -ща, -ша ou la lettre -я:

рука́ → руки́
кни́га → кни́ги
земля́ → земли́

2) terminaison **-ы**, si le mot se termine par -а:

ры́ба → ры́бы
стена́ → стены́

Pluriel

1) terminaison **zéro**, si le nom à la forme initiale se termine par -а:

рука́ → рук□
ры́ба → рыб□
кры́ша → крыш□

2) si le nom à la forme initiale se termine par une consonne +я le pluriel du cas génitif est particulier:

земля́ → земе́ль
петля́ → пе́тель
тётя → тёть

3) terminaison **-й**, si le nom à la forme initiale se termine par -ия:

сту́дия → сту́дий
се́рия → се́рий
ко́пия → ко́пий
а́рмия → а́рмий

EXEMPLES

В э́том го́роде мно́го у́лиц.
Мно́го чего́? - Мно́го у́лиц.
Dans cette ville il y a beaucoup de rues.

У моего́ бра́та никогда́ не́ бы́ло соба́ки.
Не́ бы́ло кого́? - Соба́ки.
Mon frère n'a jamais eu de chien.

ATTENTION!!!

D'habitude le nom au cas génitif garde l'accent sur la même syllabe qu'à la forme initiale. Cependant pour différencier le nom au pluriel avec le nom au génitif parfois on change l'accent en le mettant sur la première syllabe (généralement les noms qui changent l'accent sont composés de deux syllabes et à la forme initiale ils ont l'accent sur la dernière syllabe). Retenez quelques noms de la 1re déclinaison qui changent l'accent pour différencier le pluriel du cas nominatif et le singulier du cas génitif:

forme initiale du nom	pluriel cas nominatif	singulier cas génitif
рука́, нога́, голова́, спина́, стена́, земля́, труба́, волна́, страна́, жена́, трава́, вода́	ру́ки, но́ги, го́ловы, спи́ны, сте́ны, зе́мли, тру́бы, во́лны, стра́ны, жёны, тра́вы, во́ды	руки́, ноги́, головы́, спины́, стены́, земли́, трубы́, волны́, страны́, жены́, травы́, воды́

NOM - ИМЯ СУЩЕСТВИТЕЛЬНОЕ
DECLINAISON - СКЛОНЕНИЕ

2e déclinaison

Singulier

1) terminaison **-a**, si le nom à la forme initiale se termine par une consonne (terminaison **zéro**):
- стол → стола́
- дом → до́ма
- рестора́н → рестора́на

2) terminaison **-я**, si le nom est masculin et se termine par **-ь**:
- строи́тель → строи́теля
- води́тель → води́теля

3) terminaison **-а**, si le nom est du genre neutre et se termine par **-це, -же, -ще, -ше**:
- со́лнце → со́лнца
- се́рдце → се́рдца

4) terminaison **-я**, si le nom est du genre neutre et se termine par **-е/-ё** ou du genre masculin et se termine par **-й**:
- поколе́ние → поколе́ния
- сомне́ние → сомне́ния
- мо́ре → мо́ря
- ружьё → ружья́
- соля́рий → соля́рия
- чай → ча́я

5) terminaison **-а**, si le nom est du genre neutre et se termine par **-о**:
- окно́ → окна́
- блю́до → блю́да

Pluriel

1) terminaison **-ов**, si le nom à la forme initiale se termine par une consonne (terminaison **zéro**):
- стол → столо́в
- дом → домо́в
- рестора́н → рестора́нов

!!! parfois les noms ayant la dernière lettre **л** à la forme initiale ont le pluriel particulier du cas génitif:
- стул → сту́лья → сту́льев
- котёл → котлы́ → котло́в
- у́зел → узлы́ → узло́в

2) terminaison **-ей**, si le nom est masculin et se termine par **-ь**:
- строи́тель → строи́телей
- води́тель → води́телей
- коро́ль → короле́й

3) terminaison **zéro**, si le nom est du genre neutre et se termine à la forme initiale par **-це, -же, -ще, -ше**. Alors, parfois le radical du nom peut se modifier:
- со́лнце → солнц☐
- се́рдце → серде́ц☐
- блю́дце → блю́дец☐

4) terminaison **-й**, si le nom à la forme initiale se termine par **-ие**:
- поколе́ние → поколе́ний
- сомне́ние → сомне́ний
- уме́ние → уме́ний

5) terminaison **-ев/-ёв**, si le nom à la forme initiale se termine par **-й**:
- соля́рий → соля́риев
- чай → чаёв
- герба́рий → герба́риев

6) terminaison **zéro**, si le nom à la forme initiale se termine par **-о**:
- окно́ → око́н☐
- блю́до → блюд☐

EXEMPLES

На у́лице нет фонаре́й.
Нет чего́? - Фонаре́й.
Dans la rue il n'y a pas de lampadaires.

Она́ бои́тся слоно́в.
Бои́тся кого́? - Слоно́в.
Elle a peur des éléphants.

Я купи́л пода́рок для дру́га.
Для кого́? - Для дру́га.
J'ai acheté un cadeau pour mon ami.

Les noms des villes qui se terminent par **-о, -е, -и** ou **-у** n'ont pas de déclinaison: Мой брат уе́хал из Чика́го.

Certains noms qui sont formés des mots étrangers et se terminent par **-е** (*ко́фе, безе́, кашне́* etc.) ou par **-о** (*трюмо́, пальто́, манто́, бюро́*) n'ont pas de déclinaison: У него́ на рукаве́ пятно́ от ко́фе.

NOM - ИМЯ СУЩЕСТВИТЕЛЬНОЕ
DÉCLINAISON - СКЛОНЕНИЕ

3e déclinaison

Singulier
1) terminaison **-и**, si le nom <u>féminin</u> à la forme initiale se termine par **-ь**:

мышь → мыши
дверь → двери
ночь → ночи

!!! parfois ces noms ont une déclinaison particulière au cas génitif:

дочь → дочери
рожь → ржи

Pluriel
1) terminaison **-ей**, si le nom féminin à la forme initiale se termine par **-ь**:

вещь → вещей
бандероль → бандеролей

!!! les noms féminins qui se terminent en -ь et désignent des choses abstraites ou innombrables n'ont pas de pluriel et n'ont pas de déclinaison au pluriel au cas génitif:

рожь → ~~ржей~~
сталь → ~~сталей~~

!!! pourtant certains noms féminins abstraits et innombrables en -ь qui sont concrétisés par une situation claire ou des circonstances précises peuvent avoir le pluriel:

боли в сердце → болей в сердце
радости жизни → радостей жизни

EXEMPLES

Кроме до́чери у них был сын.
Кроме кого? - Кроме до́чери.
Ils avaient un fils à part leur fille.

В блю́де не хвата́ет со́ли.
Не хвата́ет чего? - Со́ли.
Il manque du sel dans le plat.

Она́ пригото́вила вку́сный суп из фасо́ли.
Из чего? - Из фасо́ли.
Elle a préparé une bonne soupe de haricot.

Déclinaison irrégulière

Observez la déclinaison des noms au cas génitif et faites attention aux terminaisons et à la modification des formes:

Singulier		Pluriel	
вре́мя	→ вре́мени	времена́	→ времён
бре́мя	→ бре́мени	-	→ -
и́мя	→ и́мени	имена́	→ имён
пла́мя	→ пла́мени	-	→ -
се́мя	→ се́мени	семена́	→ семя́н
пле́мя	→ пле́мени	племена́	→ племён
зна́мя	→ зна́мени	знамёна	→ знамён
стре́мя	→ стре́мени	стремена́	→ стремя́н
те́мя	→ те́мени	-	→ -
вы́мя	→ вы́мени	-	→ -
путь	→ пути́	пути́	→ путе́й
дитя́	→ дитя́ти	де́ти	→ дете́й

Les noms qui sont toujours au pluriel ont une forme irrégulière pour le pluriel du cas génitif. Retenez quelques-uns:

часы́ - часо́в
очки́ - очко́в
джи́нсы - джи́нсов
весы́ - весо́в
вы́боры - вы́боров

брю́ки - брюк
кани́кулы - кани́кул
де́ньги - де́нег
но́жницы - но́жниц
А́льпы - Альп

обо́и - обо́ев
ку́дри - кудре́й
я́сли - ясле́й
сли́вки - сли́вок
ша́хматы - ша́хмат

NOM - ИМЯ СУЩЕСТВИТЕЛЬНОЕ — DECLINAISON - СКЛОНЕНИЕ

On utilise le cas génitif...

1 ... avec les verbes qui demandent le complément d'objet direct:

Она́ бои́тся (чего́?) темноты́.
Мы ждём (кого́?) госте́й.
Я тре́бую (чего́?) отве́та.

2 ... après les nombres (à l'exception de оди́н):

два, три, четы́ре (чего́?) до́ма, сту́ла, ка́рты, окна́
mais
пять, шесть, семь etc. (чего́?) домо́в, сту́льев, карт□, о́кон□

3 ... après les verbes име́ть et есть (avoir) à la forme négative:

У ма́льчика нет (чего́?) кни́ги.
В кла́ссе не́ было (кого́?) учи́теля.

4 ... après les mots qui désignent la quantité des objets:

В э́той стране́ мно́го (чего́?) озёр□.
В па́рке гуля́ли не́сколько (кого́?) студе́нтов.
Я купи́л буты́лку (чего́?) со́ка и килогра́мм (чего́?) я́блок.

5 ... pour exprimer la possession:

ру́чка (чья? кого́?) бра́та
дом (чей? кого́?) роди́телей
террито́рия (чья? чего́?) страны́

6 ... dans les noms des objets géographiques et des établissements:

у́лица (кого́?) Пу́шкина
университе́т (кого́?) Ломоно́сова
пло́щадь (чего́?) Побе́ды

7 ... après les prépositions с, у, от, до, из, из-за, без, для, вне, ра́ди, по́сле, ми́мо, вокру́г, о́коло, во́зле, кро́ме, вслед, напро́тив:

во́зле (чего́?) де́рева
ми́мо (кого́?) охра́нника

8 ... dans les dates:

пя́тое (чего́?) сентября́
двена́дцатое (чего́?) ию́ля
янва́рь (чего́?) две ты́сячи двадца́того го́да

9 ... dans les comparaisons:

Она́ краси́вее (кого́?) сестры́.

NOM - ИМЯ СУЩЕСТВИТЕЛЬНОЕ
DECLINAISON - СКЛОНЕНИЕ

 Exercices et explications ✕

1. Lisez en faisant attention à la différence du sens des mots au cas nominatif pluriel et au cas génitif singulier :

домá — до́ма   берегá — бе́рега   озёра — о́зера   се́мьи — семьи́
рогá — ро́га   поля́ — по́ля   вечерá — ве́чера бо́роды — бороды́
и́гры — игры́   о́кна — окнá   моря́ — мо́ря   во́ды — во́ды

2. Dans les phrases suivantes trouvez tous les noms au cas génitif. Employez les questions Кого? Чего? pour faciliter la tâche.

Сегодня прекрасная погода. Саша пошёл во двор, но там не было детей. Тогда он пошёл на другую детскую площадку и увидел возле карусели девочку. Он подошёл к ней и предложил поиграть. Его новую подругу звали Таня. Саша и Таня играли до вечера. А потом он провёл ее до дома и вернулся к себе. Хорошо, что он живет недалеко от Тани.

3. Ouvrez les parenthèses en mettant les noms au génitif.

1. Недалеко от (школа) находится поликлиника. 2. Я не смог сделать это упражнение из-за (болезнь). 3. Автобус проехал мимо (университет). 4. Мэр (город) получил письмо от (жители). 5. На автобусной остановке много (люди). 6. На борту самолёта сто (пассажиры). 7. В этой гостинице нет (туристы). 8. В это блюдо нужно добавить стакан (молоко). 9. На бульваре (Чехов) идёт демонстрация. 10. Мой диктант лучше (диктант) Саши. 11. У моего друга нет (учебник) французского языка. 12. У Андрея день рождения двадцать первого (май). 13. Папа принёс детям коробку (игрушки). 14. В ресторане не было (официанты).

4. Traduisez en russe.

1. Je ne peux pas trouver le jouet de mon frère.
2. Alex n'a pas de sœur.
3. Ce soldat ne craint pas la mort.
4. C'est la maison des parents de Igor.
5. Chaque jour je mange trois pommes.
6. Aujourd'hui nous célébrons le Jour de l'Indépendance.
7. Mon frère a beaucoup d'amis.
8. Près de la porte il y a une chaise.
9. L'université se trouve 5, rue Afanassiev.
10. Le 14 juillet est la fête nationale de France.

Retenez les terminaisons des noms de famille en -й au cas génitif:

Маяко́вский В.В. -
   у́лица Маяко́вск<u>ого</u>
Достое́вский Ф.М. -
   пло́щадь Достое́вск<u>ого</u>
Толсто́й Л.Н. -
   библиоте́ка Толст<u>о́го</u>
Высо́цкий В.С. -
   пе́сни Высо́цк<u>ого</u>

Le mot человек au pluriel est люди, mais leur emploi est différente. Comparez:

В ко́мнате челове́к.
   mais В ко́мнате лю́ди.
В ко́мнате мно́го люде́й.
   mais В ко́мнате пять челове́к.

5. Trouvez les noms ayant les formes et les terminaisons du cas génitif :

го́лосом, топо́р, ковра́, стол, соловья́, кома́нду, футбо́лом, конём, госуда́рству, храни́телей, моряко́в, телеви́зора, бассе́йном, ла́мпа, маши́н, коро́в, ру́чкой, де́вочке, облака́, весо́в, газе́т, дру́гом, рабо́той, карти́ну, упражне́ний

NOM - ИМЯ СУЩЕСТВИТЕЛЬНОЕ — DECLINAISON - СКЛОНЕНИЕ

 Corrigés

2. детей, карусели, вечера, дома, Тани.

3.
1. школы
2. болезни
3. университета
4. города, жителей
5. людей
6. пассажиров
7. туристов
8. молока
9. Чехова
10. диктанта
11. учебника
12. мая
13. игрушек
14. официантов

La construction française comparative de type **"mieux que"** ou **"meilleur que"** peut être traduite comme **"лучше кого-л."** ou **"лучше, чем кто-л."**. Comparez:
Кристи́на поёт лу́чше сестры́. ← cas génitif
Кристи́на поёт лу́чше, чем сестра́. ← cas nominatif

La question française **"A qui est ...?"** a deux variantes russes: **"Кого́?"** et **"Чья?/Чей?/Чьё?/Чьи?"**. Ainsi la question **"A qui est ce livre?"** peut être traduite **"Кого́ э́та кни́га?"** ou **"Чья э́та кни́га?"**, les deux sont possibles et équivalentes, mais la deuxième est plus utilisée. La réponse est toujours au cas génitif: **"Э́та кни́га моего́ дру́га"**.

4.
1. Я не могу найти игрушку брата.
2. У Алекса нет сестры.
3. Этот солдат не боится смерти.
4. Это дом родителей Игоря.
5. Каждый день я ем три яблока.
6. Сегодня мы празднуем День Независимости.
7. У моего брата много друзей.
8. Возле двери стоит стул.
9. Университет находится на улице Афанасьева 5.
10. 14 июля - национальный праздник Франции.

5. ковра, соловья, хранителей, моряков, телевизора, машин, коров, о́блака, весов, газет, упражнений

Voilà la liste récapitulative des verbes après lesquelles le nom est au cas génitif:
боя́ться - испуга́ться, добива́ться - доби́ться, достига́ть - дости́гнуть, жа́ждать, ждать - подожда́ть, жела́ть - пожела́ть, заслу́живать - заслужи́ть, избега́ть - избежа́ть, каса́ться - косну́ться, лиша́ть - лиши́ть, лиша́ться - лиши́ться, опаса́ться, остерега́ться - остере́чься, приде́рживаться (мне́ния), проси́ть - попроси́ть, сторони́ться, стыди́ться - постыди́ться, тре́бовать - потре́бовать

NOM - ИМЯ СУЩЕСТВИТЕЛЬНОЕ
DECLINAISON - СКЛОНЕНИЕ

CAS DATIF
ДАТЕЛЬНЫЙ ПАДЕЖ

En général le nom au cas datif en russe correspond au complément d'objet indirect avec la préposition **à** en français. Le nom au cas datif peut encore être employé avec les prépositions **к, по, согла́сно, благодаря́, вопреки́, навстре́чу, наперекор.**

Le nom au cas datif répond aux questions **Кому́?** ou **Чему́?**.

1re déclinaison

Singulier

1) terminaison **-е**, si le nom se termine par **-а** ou **-я**:
   - па́па → па́п**е**
   - кни́га → кни́г**е**
   - земля́ → земл**е́**

2) terminaison **-и**, si le nom se termine par **-ия**:
   - конститу́ция → конститу́ци**и**
   - револю́ция → револю́ци**и**
   - Бе́льгия → Бе́льги**и**

Pluriel

1) terminaison **-ам**, si le nom au singulier se termine par **-а**:
   - па́па → па́п**ам**
   - ры́ба → ры́б**ам**
   - кры́ша → кры́ш**ам**

2) terminaison **-ям**, si le nom au singulier se termine par **-я** ou **-ия**:
   - а́рмия → а́рми**ям**
   - ли́ния → ли́ни**ям**
   - ста́нция → ста́нци**ям**

EXEMPLES

Стране́ нужна́ стаби́льность.
Чему́? - Стране́.
Le pays a besoin de la stabilité.

Ма́льчик дал соба́ке кость.
Кому́? - Соба́ке.
Le garçon a donné un os au chien.

Де́вочка пошла́ к подру́ге.
К кому́? - К подру́ге.
La fille est allée chez son amie.

Де́ти гуля́ют по луга́йке.
По чему́? - По луга́йке.
Les enfants se promènent sur la pelouse.

ATTENTION!!!

Vous vous êtes aperçu que les terminaisons du nom au pluriel du cas nominatif coïncident aux terminaisons du nom au singulier du cas datif. Comparez:

Ста́нции в го́роде бы́ли закры́ты.

Молодо́й челове́к це́лый день гуля́л по ста́нции.

Tous les deux mots sont écrits de la même façon, mais dans le premier cas le nom **ста́нция** est au pluriel et dans le deuxième il est au singulier. Pour ne pas se tromper il faut se rappeler que dans la phrase le sujet est toujours au cas nominatif tandis que le complément d'objet ou le complément circonstanciel est au cas génitif, datif, accusatif, instrumental ou prépositionnel. C'est pourquoi pour comprendre quel cas est employé il faut déterminer le rôle du nom dans la phrase. Ainsi dans la première phrase le mot **ста́нции** est le sujet, alors le nom est au pluriel du cas nominatif. Dans la deuxième le mot **ста́нции** avec la préposition **по** forment le complément circonstanciel de lieu, c'est pourquoi **-и** est la terminaison du singulier du cas datif.

NOM - ИМЯ СУЩЕСТВИТЕЛЬНОЕ — DECLINAISON - СКЛОНЕНИЕ

2e déclinaison

Singulier

1) terminaison **-у**, si le nom à la forme initiale se termine par une consonne, la lettre **-o** ou la lettre **-e** qui se prononce comme [э]:

- стол → столу́
- дом → до́му
- рестора́н → рестора́ну
- о́зеро → о́зеру
- село́ → селу́
- се́рдце → се́рдцу
- со́лнце → со́лнцу

2) terminaison **-ю**, si le nom à la forme initiale se termine par **-e** ou **-ь**:

- сомне́ние → сомне́нию
- мо́ре → мо́рю
- поколе́ние → поколе́нию
- строи́тель → строи́телю
- жи́тель → жи́телю

Pluriel

1) terminaison **-ам**, si le nom à la forme initiale se termine par une consonne, la lettre **-o** ou la lettre **-e** qui se prononce comme [э]:

- стол → стола́м
- дом → дома́м
- рестора́н → рестора́нам
- о́зеро → озёрам
- село́ → сёлам
- се́рдце → сердца́м
- со́лнце → со́лнцам

2) terminaison **-ям**, si le nom à la forme initiale se termine par **-e** ou **-ь**:

- сомне́ние → сомне́ниям
- мо́ре → моря́м
- поколе́ние → поколе́ниям
- строи́тель → строи́телям
- жи́тель → жи́телям

EXEMPLES

Кора́бль плывёт по мо́рю.
По чему́? - По мо́рю.
Le navire flotte dans la mer.

У меня́ ле́кция согла́сно расписа́нию.
Согла́сно чему́? - Согла́сно расписа́нию.
D'après l'emploi de temps j'ai un cours.

Я дал кни́гу дру́гу.
Кому́? - Дру́гу.
J'ai donné le livre à mon ami.

Жи́телям постро́или парк.
Кому́? - Жи́телям.
On a construit un parc pour les habitants.

3e déclinaison

Singulier

1) terminaison **-и**, si le nom <u>féminin</u> à la forme initiale se termine par **-ь**:

- мышь → мы́ши
- тетра́дь → тетра́ди
- жизнь → жи́зни
- ночь → но́чи
- дверь → две́ри

Pluriel

1) terminaison **-ам**, si le nom féminin à la forme initiale se termine par **-ь**, **-чь**, **-щь** et le son final est <u>dur</u>:

- мышь → мыша́м
- ночь → ноча́м
- печь → печа́м

2) terminaison **-ям**, si le nom féminin à la forme initiale se termine par **-ь** et le son final est <u>doux</u>:

- дверь → дверя́м
- жизнь → жизня́м
- тетра́дь → тетра́дям

EXEMPLES

Он лю́бит бе́гать по ноча́м.
По чему́? - По ноча́м.
Il aime courir pendant les nuits.

Скажи́те до́чери, что́бы она́ мне позвони́ла.
Кому́? - До́чери.
Dites à votre fille de m'appeler.

C'est intéressant, mais dans les mots avec la lettre **ё** l'accent tombe toujours sur la syllabe où cette lettre est placée: озёра, сёла, берёза, костёр, телёнок, ребёнок, осёл, дирижёр etc.

NOM - ИМЯ СУЩЕСТВИТЕЛЬНОЕ — DECLINAISON - СКЛОНЕНИЕ

Déclinaison irrégulière

Retenez la déclinaison de 10 noms au cas datif:

Singulier

вре́мя	→ вре́мени
бре́мя	→ бре́мени
и́мя	→ и́мени
пла́мя	→ пла́мени
се́мя	→ се́мени
пле́мя	→ пле́мени
зна́мя	→ зна́мени
стре́мя	→ стре́мени
те́мя	→ те́мени
вы́мя	→ вы́мени
путь	→ пути́
дитя́	→ дитя́ти*

Pluriel

времена́	→ времена́м
-	→ -**
имена́	→ имена́м
-	→ -**
семена́	→ семена́м
племена́	→ племена́м
знамёна	→ знамёнам
стремена́	→ стремена́м
-	→ -**
-	→ -**
пути́	→ путя́м
де́ти	→ де́тям

* - la forme archaïque
** - les noms n'ont pas de pluriel

Quand on emploie LE CAS DATIF?

pour introduire le complément d'objet indirect dans les expressions нра́вится, ... лет/год et toutes les constructions impersonnelles russes

ма́м<u>е</u> нра́вятся цветы́ - *les fleurs plaisent à ma mère*
бра́т<u>у</u> пять лет - *mon frère a cinq ans*
его́ сестр<u>е́</u> нельзя́ игра́ть - *sa soeur ne peut pas jouer*
студе́нт<u>ам</u> запрещено́ спи́сывать - *il est interdit aux étudiants de tricher*

pour introduire le complément d'objet indirect avec la préposition à

дать бра́т<u>у</u> - *donner au frère*
предложи́ть прави́тельству - *proposer au gouvernement*
бро́сить соба́к<u>ам</u> - *jeter aux chiens*

pour introduire le complément circonstanciel de lieu

я гуля́ю по бе́рег<u>у</u> - *je me promène sur la rive*
он подошёл к вы́ход<u>у</u> - *il s'est approché de la sortie*
она́ идёт к подру́г<u>ам</u> - *elle va chez ses amies*

pour introduire le complément circonstanciel de moyen avec la préposition благодаря́ ou de manière avec la préposition согла́сно

благодаря́ его́ насто́йчивост<u>и</u> - *grâce à sa persévérance*
согла́сно указа́н<u>ию</u> - *sur instruction*

pour introduire le complément circonstanciel de concession avec la préposition вопреки́

вопреки́ жела́н<u>ию</u> - *contre la volonté*

NOM - ИМЯ СУЩЕСТВИТЕЛЬНОЕ — DECLINAISON - СКЛОНЕНИЕ

 Exercices et explications

1. Lisez en faisant attention au mouvement de l'accent d'une syllabe vers une autre dans les mots au cas nominatif singulier et au cas datif pluriel :

о́зеро — озёрам   доска́ — до́скам   игра́ — и́грам   колесо́ — колёсам
земля́ — зе́млям   стена́ — сте́нам   окно́ — о́кнам   волна́ — во́лнам
го́род — города́м   кирпи́ч — кирпича́м   дверь — дверя́м   звезда́ — звёздам

2. Ouvrez les parenthèses en mettant les noms au cas datif :

1. Он никогда не верил (журналисты). 2. Твоей (бабушка) нравится вязать? 3. Извините, (посетители) нельзя сюда заходить. 4. (Туристы) рекомендуется посетить этот музей. 5. Сколько лет твоему (друг)? 6. Вашему (компьютер) требуется ремонт. 7. По этому (канал) показывают интересные передачи. 8. Вопреки (предсказание) он женился в 35 лет. 9. Благодаря (погода) мы смогли погулять в лесу. 10. Вашему (ребёнок) необходимо много заниматься. 11. Я должен позвонить его (родители). 12. Она любит ходить по (магазины). 13. К этим (брюки) походит красная рубашка. 14. Эта девушка учит моего сына французскому (язык). 15. Домашним (животное) нужен уход.

3. Trouvez une bonne forme du cas datif des noms suivants :

официант: официанту/официантом   факультеты: факультетам/факультетом
грибы: грибу/грибам   библиотека: библиотеке/библиотеки
вокзал: вокзала/вокзалу   спортсменка: спортсменок/спортсменке

4. Associez chaque mot à un des cas, nominatif, génitif ou datif :

картин, рюкзак, дней, спектаклю, директору, человека, правила, фотографий, преподаватели, войны, народам, ночам, выхода, песня, танец, магазинов, газет, людям, деревне, партия, визиты, государств, информациям

5. D'après le contexte des mots soulignés identifiez le cas nominatif, génitif et datif :

1. Карты висят на стене. - У меня нет карты России. 2. У нас есть технологии производства мебели. - Эта мебель изготовлена по технологии. 3. В музее представлены картины Мане. - Мне подарили две картины. 4. У меня нет времени ждать. - Наш приезд совпадает по времени.

Les noms qui n'existent qu'au pluriel ont les mêmes terminaisons au cas datif que les noms au pluriel. Comparez:

Ди́ски лежа́т на дива́не. - Уче́бник прилага́ется к ди́скам.

Брю́ки лежа́т на дива́не. - Ремéнь прилага́ется к брю́кам.

Les noms qui sont toujours au pluriel: брю́ки, очки́, часы́, де́ньги, джи́нсы, но́жницы, весы́, духи́, лю́ди

Voilà la liste des verbes après lesquels on emploie les noms au cas datif:

аплоди́ровать, ве́рить, дава́ть — дать, зави́довать, звони́ть, изменя́ть (au sens *tromper, trahir*), меша́ть, мстить, помога́ть, подража́ть, препя́тствовать, ра́доваться, соде́йствовать, спосо́бствовать, сочу́вствовать, угрожа́ть, удивля́ться, удовлетворя́ть, учи́ть, учи́ться

NOM - ИМЯ СУЩЕСТВИТЕЛЬНОЕ — DECLINAISON - СКЛОНЕНИЕ

✓ Corrigés

2.
1. журналистам
2. бабушке
3. посетителям
4. туристам
5. другу
6. компьютеру
7. каналу
8. предсказанию
9. погоде
10. ребёнку
11. родителям
12. магазинам
13. брюкам
14. языку
15. животным

3. официанту, грибам, вокзалу, факультетам, библиотеке, спортсменке

4. картин - génitif (нет чего? - картин☐),
рюкзак - nominatif (что? - рюкзак☐),
дней - génitif (нет чего? - дней),
спектаклю - datif (дать чему? - спектаклю),
директору - datif (дать кому? - директору),
человека - génitif (нет кого? - человека),
правил - génitif (нет чего? - правил☐),
фотографий - génitif (нет чего? - фотографий),
преподаватели - nominatif (кто? - преподаватели),
войны - génitif (нет чего? - войны),
народам - datif (дать чему? - народам),
ночам - datif (дать чему? - ночам),
выхода - génitif (нет чего? - выхода),
песня - nominatif (что? - песня),
танец - nominatif (что? - танец☐),
магазинов - génitif (нет чего? - магазинов),
газет - génitif (нет чего? - газет☐),
людям - datif (дать кому? - людям),
деревне - datif (дать чему? - деревне),
партия - nominatif (что? - партия),
визиты - nominatif (что? - визиты),
государств - génitif (нет чего? - государств☐),
информациям - datif (дать чему? - информациям)

5.
1. Карты висят на стене (**nominatif pluriel:** *Что* висит? - Карты). - У меня нет карты России (**génitif singulier:** Нет *чего*? - Карты).
2. У нас есть технологии производства мебели (**nominatif pluriel:** У нас есть *что*? - Технологии). - Эта мебель изготовлена по технологии (**datif singulier:** Изготовлена по *чему*? - По технологии).
3. В музее представлены картины Мане (**nominatif pluriel:** Представлены *что*? - Картины). - Мне подарили две картины (**génitif singulier:** Две *чего*? - Две картины).
4. У меня нет времени ждать (**génitif singulier:** Нет *чего*? - Времени). - Наш приезд совпадает по времени (**datif singulier:** Совпадает по *чему*? - По времени).

Retenez quelques noms qui ont des formes particulières:

дочь - до́чери/дочеря́м
сын - сы́ну/сыновья́м
мать - ма́тери/матеря́м
брат - бра́ту/бра́тьям
друг - дру́гу/друзья́м

пёс - псу́/пса́м
ухо - у́ху/уша́м
палец - па́льцу/па́льцам
небо - небу/небеса́м
де́рево - де́реву/дере́вьям

NOM - ИМЯ СУЩЕСТВИТЕЛЬНОЕ — DECLINAISON - СКЛОНЕНИЕ

CAS ACCUSATIF
ВИНИТЕЛЬНЫЙ ПАДЕЖ

Le nom au cas accusatif en russe joue le même rôle dans la phrase qu'un complément d'objet direct en français. Le nom à l'accusatif peut être accompagné des prépositions **в (во), за, на, по, под, про, через**.

Le nom au cas accusatif répond aux questions **Кого?** ou **Что?**.

1re déclinaison

Singulier

1) terminaison **-у**, si le nom à la forme initiale se termine par **-а**:
- рука́ → ру́ку
- кни́га → кни́гу
- ры́ба → ры́бу

2) terminaison **-ю**, si le nom se termine par **-я**:
- земля́ → зе́млю
- ба́шня → ба́шню
- делега́ция → делега́цию

Pluriel

1) terminaison **zéro**, si le nom est un être animé:
- соба́ка → соба́к
- ры́ба → рыб
- коро́ва → коро́в

2) si le nom est un inanimé, les terminaisons du pluriel du cas accusatif coïncident à celles du pluriel du cas nominatif:
- рука́ → ру́ки
- земля́ → зе́мли
- гора́ → го́ры
- берёза → берёзы
- ко́пия → ко́пии

EXEMPLES

Я чита́ю интере́сную кни́гу.
Чита́ю что? - Кни́гу.
Je lis un livre intéressant.

Comme vous avez observé, les questions du cas accusatif ressemblent à celles des cas nominatif (*Что?*) et génitif (*Кого?*). Les apprenants de russe confondent souvent les noms aux cas accusatif, nominatif et génitif parce que leurs terminaisons se ressemblent. Pour comprendre quel cas est employé dans la phrase on a inventé une astuce. La voilà!

Quel cas?

Кого?
Она́ бои́тся <u>дете́й</u>.

Кого?
Она́ ко́рмит <u>дете́й</u>.

Что?
<u>Кни́ги</u> лежа́т на столе́.

Что?
Он чита́ет <u>кни́ги</u>.

Pour identifier le cas, au lieu du nom présenté dans la phrase il faut mettre un autre <u>nom inanimé de la 1re déclinaison au singulier</u>, par exemple **берёза**:

Она́ бои́тся <u>дете́й</u>. → Она́ бои́тся берё́<u>зы</u>.

La terminaison **-ы** qui indique le cas génitif singulier témoigne que le mot **детей** est au <u>cas génitif</u>, tandis que le même nom dans la deuxième phrase prend une autre forme:

Она́ ко́рмит <u>дете́й</u>. → Она́ ко́рмит берё́<u>зу</u>.

La terminaison **-у** nous dit que dans cette phrase il est employé le <u>cas accusatif</u>. Le changement du nom aide aussi à distinguer le cas nominatif et accusatif:

<u>Кни́ги</u> лежа́т на столе́. → <u>Берёза</u> лежи́т на столе́ (nominatif).
Он чита́ет <u>кни́ги</u>. → Он чита́ет берё́<u>зу</u> (accusatif).

NOM - ИМЯ СУЩЕСТВИТЕЛЬНОЕ
DECLINAISON - СКЛОНЕНИЕ

2e déclinaison

Singulier

1) terminaison **-a**, si le nom masculin est animé et se termine par une consonne (excepté **й**):

- друг ⟶ друѓа
- брат ⟶ брат́а
- защи́тник ⟶ защи́тника

2) terminaison **-я**, si le nom masculin est animé et se termine par **-ь** ou **-й**:

- конь ⟶ коня́
- коро́ль ⟶ короля́
- ге́ний ⟶ ге́ния

3) terminaison **zéro**, si le nom masculin est inanimé:

- ка́мень ⟶ ка́мень☐
- стул ⟶ стул☐
- проспе́кт ⟶ проспе́кт☐

4) terminaison **-о/-е**, si le nom est inanimé et se termine par **-о** ou **-е**:

- о́зеро ⟶ о́зеро
- зе́ркало ⟶ зе́ркало
- живо́тное ⟶ живо́тное

Pour les inanimés

1) terminaison **-и**, si le nom masculin se termine par par la lettre **-ж, -ч, -ш, -щ, -й** ou **-ь**:

- плащ ⟶ плащи́
- нож ⟶ ножи́
- мяч ⟶ мячи́
- обы́чай ⟶ обы́чаи

2) terminaison **-ы**, dans d'autres cas (si devant la lettre finale du radical il y a la lettre **е/ё**, elle disparaît):

- лист ⟶ листы́
- бульва́р ⟶ бульва́ры
- пе́рец ⟶ перцы́
- ковёр ⟶ ковры́

3) terminaison **-а**, si le nom est du genre neutre et se termine par **-о** ou **-же, -ше, -ще, -че**:

- окно́ ⟶ о́кна
- о́зеро ⟶ озёра
- храни́лище ⟶ храни́лища

Pluriel

Pour les animés

1) terminaison **-ей**, si le nom se termine par la lettre **-ж, -ч, -ш, -щ** ou **-ь**:

- врач ⟶ враче́й
- сто́рож ⟶ сторже́й
- клещ ⟶ клеще́й
- секрета́рь ⟶ секретаре́й
- фо́рель ⟶ форе́лей

2) terminaisons **-ев/-ёв**, si le nom se termine par **-ай/-ей** (si la lettre finale de la racine est **б** ou **в**, il faut ajouter la lettre **ь**):

- воробе́й ⟶ воробьёв
- евре́й ⟶ евре́ев
- самура́й ⟶ самура́ев
- мураве́й ⟶ муравьёв

3) terminaison **-ев**, si le nom se termine par **-ц** et désigne une nationalité (la lettre **-е** devant **-ц** disparaît):

- америка́нец ⟶ америка́нцев
- не́мец ⟶ не́мцев
- япо́нец ⟶ япо́нцев

4) terminaison **-ов**, si le nom se termine par **-ц** et ne désigne pas une nationalité (la lettre **-е** devant **-ц** disparaît):

- певе́ц ⟶ певцо́в
- продаве́ц ⟶ продавцо́в
- оте́ц ⟶ отцо́в

5) terminaison **-ов** dans d'autres conditions pour les noms masculins:

- францу́з ⟶ францу́зов
- пасту́х ⟶ пастухо́в
- актёр ⟶ актёров

4) terminaison **-я**, si le nom est du genre neutre et se termine par **-е**:

- мо́ре ⟶ моря́
- упражне́ние ⟶ упражне́ния
- зда́ние ⟶ зда́ния
- сомне́нье ⟶ сомне́нья

NOM - ИМЯ СУЩЕСТВИТЕЛЬНОЕ

DECLINAISON - СКЛОНЕНИЕ

3e déclinaison

Singulier

1) terminaison zéro:
- дочь → дочь
- рожь → рожь
- боль → боль

Pluriel

1) terminaison -и:
- боль → боли
- соль → соли
- болезнь → болезни
- *mais:* мать → матерей
- дочь → дочерей

EXEMPLES

2e déclinaison

Я люблю это озеро.
Люблю что? - Это озеро.
J'aime ce lac.

Она встретила в музее китайцев.
Встретила кого? - Китайцев.
Dans le musée elle a rencontré des Chinois.

Мальчик делает упражнения.
Делает что? - Упражнения.
Le garçon fait des exercices.

3e déclinaison

Он хочет увидеть эту площадь.
Увидеть что? - Эту площадь.
Il veut voir cette place.

Она совсем не чувствует боль.
Не чувствует что? - Боль.
Elle ne sent pas du tout la douleur.

Журналист сделал записи беседы.
Сделал что? - Записи.
Le journaliste a fait des notes de l'entretien.

Déclinaison irrégulière

Observez la déclinaison de ces noms au cas accusatif et comparez-la avec le cas nominatif des noms à gauche:

Singulier		Pluriel	
время	→ время	времена	→ времена
бремя	→ бремя	-	-
имя	→ имя	имена	→ имена
пламя	→ пламя	-	-
семя	→ семя	семена	→ семена
племя	→ племя	племена	→ племена
знамя	→ знамя	знамёна	→ знамёна
стремя	→ стремя	стремена	→ стремена
темя	→ темя	-	-
вымя	→ вымя	-	-
путь	→ путь	пути	→ пути
дитя	→ дитя	дети	→ детей

Les noms qui n'existent qu'au pluriel ne changent pas la forme dans le cas accusatif. Observez:

Он купил новые брюки.
Il a acheté un nouveau pantalon.
Я потерял деньги.
J'ai perdu mon argent.

Retenez les noms qui ont une déclinaison particulière dans le cas accusatif pluriel: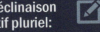

- друг - друзей
- сын - сыновей
- сестра - сестёр
- брат - братьев
- стул - стулья
- семья - семьи
- хозяин - хозяев
- цветок - цветы

NOM - ИМЯ СУЩЕСТВИТЕЛЬНОЕ
DECLINAISON - СКЛОНЕНИЕ

Le cas accusatif sert à ...

introduire le complément d'objet direct

Я зна́ю э́того писа́теля.
Зна́ю кого́? - Писа́теля.
Je connais cet écrivain.

Она́ купи́ла цветы́.
Купи́ла что? - Цветы́.
Elle a acheté des fleurs.

introduire le complément circonstanciel de temps avec les prépositions в, че́рез

Они́ уезжа́ют в понеде́льник.
Во что? Когда́? - В понеде́льник.
Ils partent lundi.

Мы прие́дем че́рез неде́лю.
Че́рез что? Когда́? - Че́рез неде́лю.
Nous viendrons dans une semaine.

introduire le complément circonstanciel de lieu avec les prépositions в, на, под, че́рез

Мы пошли́ в рестора́н.
Во что? Куда́? - В рестора́н.
Nous sommes allés au restaurant.

Каранда́ш упа́л под стол.
Упа́л под что? - Под стол.
Le crayon est tombé sous la table.

introduire le complément d'objet indirect des verbes говори́ть (parler), расска́зывать (raconter), сказа́ть (dire) avec la préposition про

Он рассказа́л про свою́ семью́.
Про что? - Про семью́.
Il a parlé de sa famille.

Де́вушка говори́ла про подру́гу.
Про кого́? - Про подру́гу.
La jeune fille parlait de son amie.

Quel cas faut-il employer dans la négation?

La négation demande l'emploi du génitif ou de l'accusatif. Mais il y a quelques nuances qu'il faut prendre en considération pour ne pas faire de fautes.

cas génitif	cas accusatif
- avec les expressions **не име́ть, нет** et les verbes **получа́ть, находи́ть** à la forme négative (négation absolue): У меня́ нет уче́бника. *Je n'ai pas de manuel.* - avec les verbes de réflexion, perception: Он не ви́дит оши́бки. *Il ne voit pas de faute.* - avec les noms abstraits: Ты не де́лаешь успе́хов. *Tu n'as pas de succès.* - dans la négation "ni... ni...": Он не зна́ет ни бо́ли ни ра́дости. *Il ne connaît ni le mal ni la joie.*	- avec les verbes de réflexion et perception, si le nom est déterminé par les interlocuteurs, un autre mot ou une subordonnée avec **кото́рый/-ую/-ого/-ых**. Comparez avec le cas génitif: Он не ви́дит свою́ оши́бку. *Il ne voit pas sa faute.* Он не бои́тся лес, кото́рый нахо́дится недалеко́ от дере́вни. *Il ne craint pas la forêt qui est non loin du village.* - dans les inversions, si le complément est au début de la phrase. Comparez: Ни боль ни ра́дость он не зна́ет. *Il ne connaît ni le mal ni la joie.*

NOM - ИМЯ СУЩЕСТВИТЕЛЬНОЕ   DECLINAISON - СКЛОНЕНИЕ

Exercices et explications

1. Formez le cas accusatif des noms suivants :

тетрадь, вход, охотник, подушки, карта, школы, преподаватель, пешеходы, волк, занятие, группы, совещание, месяц, делегаты, выражения, глагол, советы, истории, телефон, вечер, решение, экзамены, продавец, начальник, программисты

2. Mettez les noms qui manquent:

Cas nominatif	Cas accusatif
ветка	ветку
кошка	-
-	девушку
-	любителя
фонарь	-
игрушки	-
-	колёса
правило	-
-	солдата

3. Répondez aux questions en employant les noms entre parenthèses et en donnant des réponses complètes (sujet, verbe, complément). Ajoutez des prépositions si nécessaire :

1. Куда ты положил ножницы? (шкаф) 2. Что вы читаете? (письмо) 3. Что вы слушаете? (музыка) 4. Куда ты идёшь? (музей) 5. Где вы живёте? (Италия) 6. Куда уехал ваш отец? (деревня) 7. Сколько яблок купила мама? (пять килограммов) 8. Что она попросила у своей подруги? (духи) 9. Чего нет в вашем городе? (памятники) 10. Где вы потеряли ключи? (университет) 11. Когда начинается учёба? (среда) 12. Про что вам рассказывал преподаватель? (животные)

4. Parmi les groupes de mots ci-dessous trouvez ceux qui contiennent les noms au cas accusatif :

найти деньги, положить в карман, уйти с работы, открыть дверь, позвонить другу, написать письмо, купить телефон, поздравить брата, приготовить котлеты, стать преподавателем, включить телевизор, не иметь квартиры, закрыть окно, сесть в автобус, говорить про жизнь, взять сумку, бояться темноты, семь улиц, ради детей, коробка яблок, пойти в супермаркет, возле дерева, привести пример, слушать оркестр, переводить текст

5. Traduisez en faisant attention au cas (génitif ou accusatif) :

1. Je ne peux pas trouver mes clés. 2. Est-ce que tu connais notre nouveau professeur ? 3. Elle aime les chats, elle a deux chatons. 4. Il habite près du ministère. 5. Jacques range ses vêtements dans un placard. 6. Le train arrive dans une minute. 7. Les cours commencent jeudi. 8. J'apprends le russe. 9. Sa famille habite à la campagne. 10. Elle met une robe. 11. Je passe chaque jour devant leur maison. 12. Nous avons discuté toutes les nouvelles. 13. Ils n'ont pas compris votre explication. 14. Elle ne trouve pas le parapluie que son mari lui a offert. 15. Je n'ai ni voiture ni vélo. 16. Le 1 septembre est son anniversaire. 17. Pierre quitte la Russie. 18. Je ne sais pas le prix de cet appartement. 19. Le président a beaucoup parlé du chômage et de la crise. 20. Ce chien veut attirer votre attention.

NOM - ИМЯ СУЩЕСТВИТЕЛЬНОЕ
DECLINAISON - СКЛОНЕНИЕ

 Corrigés

1. тетради, входы, охотников, подушки, карты, школы, преподавателей, пешеходов, волков, занятия, группы, совещание, месяц☐, делегатов, выражения, глагол☐, советы, истории, телефон☐, вечер☐, решение, экзамены, продавца, начальника, программистов

2.

Cas nominatif	Cas accusatif
ветка	ветку
кошка	кошку
девушка	девушку
любитель	любителя
фонарь	фонарь
игрушки	игрушки
колёса	колёса
правило	правило
солдат	солдата

3. 1. Я положил ножницы в шкаф. 2. Я читаю письмо. 3. Я слушаю музыку. 4. Я иду в музей. 5. Я живу в Италии. 6. Мой отец уехал в деревню. 7. Мама купила пять килограммов яблок. 8. Она попросила у своей подруги духи. 9. В нашем городе нет памятников. 10. Я потерял ключи в университете/возле университета. 11. Учёба начинается в среду. 12. Преподаватель нам рассказывал про животных.

4. найти деньги, положить в карман, открыть дверь, написать письмо, купить телефон, поздравить брата, приготовить котлеты, включить телевизор, закрыть окно, сесть в автобус, говорить про жизнь, взять сумку, бояться темноты, пойти в супермаркет, привести пример, слушать оркестр, переводить текст

5. 1. Я не могу найти мои ключи. 2. Ты знаешь нашего нового преподавателя? 3. Она любит кошек, у нее есть два котёнка. 4. Он живет возле министерства. 5. Жак складывает свою одежду в шкаф. 6. Поезд прибывает через одну минуту. 7. Занятия начинаются в четверг. 8. Я изучаю русский язык. 9. Его семья живёт в деревне. 10. Она одевает платье. 11. Я прохожу каждый день мимо их дома. 12. Мы обсудили все новости. 13. Они не поняли ваше объяснение. 14. Она не находит зонт, который ей подарил муж. 15. У меня нет ни автомобиля ни велосипеда. 16. 1 сентября - его день рождения. 17. Пьер покидает Россию (уезжает из России). 18. Я не знаю цену этой квартиры. 19. Президент много рассказывал про безработицу и кризисе. 20. Эта собака хочет привлечь ваше внимание.

NOM - ИМЯ СУЩЕСТВИТЕЛЬНОЕ — *DECLINAISON - СКЛОНЕНИЕ*

CAS INSTRUMENTAL
ТВОРИТЕЛЬНЫЙ ПАДЕЖ

Le nom au cas instrumental en russe correspond le plus souvent à un complément circonstanciel d'instrument en français avec les prépositions **à, de, avec, par** ou de lieu avec les prépositions **devant, derrière, entre, sous, au-dessus de**. Le nom au cas instrumental peut être accompagné des prépositions **с, со, за, над, под, пе́ред, ме́жду, ря́дом с**.

Le nom au cas instrumental répond aux questions **Кем?** ou **Чем?**.

1re déclinaison

Singulier

1) terminaison **-ой**, si le nom à la forme initiale se termine par **-а**:
   - рука́ → руко́й
   - ци́фра → цифро́й
   - метла́ → метло́й

2) terminaison **-ей/-ёй**, si le nom se termine par **-я**:
   - земля́ → землёй
   - ба́шня → ба́шней
   - ста́нция → ста́нцией

Pluriel

1) terminaison **-ами**, si le nom se termine par **-а**:
   - гру́ппа → гру́ппами
   - оши́бка → оши́бками
   - кома́нда → кома́ндами

2) terminaison **-ями**, si le nom se termine par **-я**:
   - эмо́ция → эмо́циями
   - ко́пия → ко́пиями
   - неде́ля → неде́лями

2e déclinaison

Singulier

1) terminaison **-ом**, si le nom se termine par une consonne et la lettre **о**, ou après les lettres **ш, щ, ч, ж**, <u>si l'accent tombe sur la dernière syllabe</u>:
   - шарф → шарфо́м
   - каранда́ш → карандашо́м
   - борщ → борщо́м

2) terminaison **-ем**, si le nom se termine par **-е**, ou après les lettres **ш, щ, ч, ж**, <u>si l'accent ne tombe pas sur la dernière syllabe</u>:
   - разви́тие → разви́тием
   - сто́рож → сто́рожем
   - о́вощ → о́вощем

3) terminaison **-ём**, si le nom masculin se termine par **-ь**:
   - слова́рь → словарём

Pluriel

1) terminaison **-ями**, si le nom masculin se termine par **-ь**:
   - слова́рь → словаря́ми
   - гвоздь → гвоздя́ми

2) terminaison **-ами** dans d'autres situations:
   - язы́к → языка́ми
   - бога́ч → богача́ми
   - гара́ж → гаража́ми
   - блю́дце → блю́дцами
   - мяч → мяча́ми

mais:
   - сын → сыновья́ми
   - стул → сту́льями
   - друг → друзья́ми
   - брат → бра́тьями

NOM - ИМЯ СУЩЕСТВИТЕЛЬНОЕ — DECLINAISON - СКЛОНЕНИЕ

EXEMPLES

1re déclinaison

Он пи́шет ру́чкой.
Пи́шет чем? - Ру́чкой.
Il écrit au stylo.

Это живо́тное живёт под землёй.
Под чем? - Под землёй.
Cet animal vit sous terre.

Он пи́шет сообще́ния с оши́бками.
С чем? - С оши́бками.
Il écrit les messages avec des fautes.

2e déclinaison

Она́ лю́бит занима́ться спо́ртом.
Занима́ться чем? - Спо́ртом.
Elle aime faire du sport.

Этот го́род был населён ва́рварами.
Населён кем? - Ва́рварами.
Cette ville était peuplée par des barbares.

За до́мом слышны́ кри́ки.
За чем? - За до́мом.
On entend des cris derrière la maison.

3e déclinaison

Singulier

1) terminaison -ю:
- дверь → две́рью
- фасо́ль → фасо́лью
- ночь → но́чью
- *mais:* мать → ма́терью
- дочь → до́черью

Pluriel

1) terminaison -ами, si le nom se termine par -чь, -щь, -шь:
- ночь → ноча́ми
- вещь → веща́ми
- ме́лочь → мелоча́ми
- *mais:* дочь → дочеря́ми

2) terminaison -ями dans d'autres situations:
- боль → боля́ми
- на́дпись → надпися́ми
- боле́знь → болезня́ми
- *mais:* мать → матеря́ми

EXEMPLES

Она́ пригото́вила суп с фасо́лью.
С чем? - С фасо́лью.
Elle a préparé la soupe aux haricots.

Déclinaison irrégulière

Observez la déclinaison des noms irréguliers au cas instrumental et retenez-la:

Singulier		Pluriel	
вре́мя	вре́менем	времена́	времена́ми
бре́мя	бре́менем	-	-
и́мя	и́менем	имена́	имена́ми
пла́мя	пла́менем	-	-
се́мя	се́менем	семена́	семена́ми
пле́мя	пле́менем	племена́	племена́ми
зна́мя	зна́менем	знамёна	знамёнами
стре́мя	стре́менем	стремена́	стремена́ми
те́мя	те́менем	-	-
вы́мя	вы́менем	-	-
путь	путём	пути́	путя́ми
дитя́	дитём	де́ти	детьми́

NOM - ИМЯ СУЩЕСТВИТЕЛЬНОЕ
DECLINAISON - СКЛОНЕНИЕ

Le cas instrumental ...

① ... introduit un complément circonstanciel d'instrument sans préposition

Он вы́копал я́му лопа́т<u>ой</u>.
Il a creusé un trou avec la pelle.

Я разби́л окно́ ка́мн<u>ем</u>.
J'ai cassé la fenêtre avec la pierre.

② ... introduit un complément circonstanciel de lieu avec les prépositions **за, над, под, пе́ред, ме́жду, ря́дом с**

Докуме́нты лежа́т ме́жду кни́г<u>ами</u>.
Les documents sont entre les livres.

Она́ лю́бит прогу́лку под дожд<u>ём</u>.
Elle aime la promenade sous la pluie.

③ ... s'emploie pour introduire un complément d'agent dans la forme passive du verbe

Аме́рика откры́та Колу́мб<u>ом</u>.
L'Amérique est découverte par Colomb.

Буты́лка напо́лнена вод<u>о́й</u>.
La bouteille est remplie d'eau.

④ ... introduit un complément d'objet indirect avec la préposition **с**

Он разгова́ривает с дру́г<u>ом</u>.
Il parle avec son ami.

Я живу́ с ма́тер<u>ью</u>.
J'habite avec ma mère.

⑤ ... s'emploie pour introduire un complément d'objet indirect sans préposition

А́лекс интересу́ется иску́сств<u>ом</u>.
Alex s'intéresse à l'art.

Она́ по́льзуется словар<u>ём</u>.
Elle utilise le dictionnaire.

⑥ ... sert à introduire un complément circonstanciel de but avec les prépositions **с** et **за**

Она́ позвони́ла с жа́лоб<u>ой</u> на шум.
Elle a téléphoné pour se plaindre du bruit.

Он пришёл за уче́бник<u>ом</u>.
Il est venu chercher le manuel.

⑦ ... introduit un complément circonstanciel de temps avec les prépositions **пе́ред** ou **за**

Мы попи́ли ко́фе пе́ред ле́кци<u>ей</u>.
Nous avons pris du café avant le cours.

Мы поговори́м об э́том за обе́д<u>ом</u>.
Nous causerons de cela en déjeunant.

! N'oubliez pas qu'on ne peut pas décliner les mots d'origine étrangère qui se terminent par les lettres **o** ou **e**!

бу́лочка с ~~ко́фем~~ → бу́лочка с ко́фе

ждать пе́ред ~~метро́м~~ → ждать пе́ред метро́

жить ря́дом с ~~бюро́м~~ → жить ря́дом с бюро́

Les mots qui sont toujours au pluriel ont la même déclinaison au cas instrumental que les noms ordinaires au pluriel:

Он пришёл в шко́лу с роди́тел<u>ями</u>.
Il est venu à l'école avec ses parents.

Она́ ре́жет бума́гу но́жниц<u>ами</u>.
Elle coupe le papier avec les ciseaux.

NOM - ИМЯ СУЩЕСТВИТЕЛЬНОЕ — DECLINAISON - СКЛОНЕНИЕ

> **ⓘ Exercices et explications** ✕

1. Observez l'emploi des prépositions dans différentes situations et comparez les phrases russes avec la version française.

1. Стул стоит <u>перед</u> столом. - La chaise est devant la table.
   Мы купили билеты <u>перед</u> концертом. - Nous avons acheté des billets avant le concert.
2. Магазин находится <u>за</u> аптекой. - Le magasin est derrière la pharmacie.
   Отец пошёл в аптеку <u>за</u> лекарством. - Mon père est allé chercher des médicaments à la pharmacie.
3. Мальчик играет <u>с</u> друзьями. - Le garçon joue avec ses amis.
   Мужчина обратился к продавцу <u>с</u> извинениями. - L'homme s'est excusé devant le vendeur.
4. Лампа висит <u>над</u> столом. - La lampe est pendue au dessus de la table.
   Мальчик шутит <u>над</u> другом. - Le garçon se moque de son ami.

2. Lisez le texte et trouvez les mots employés au cas instrumental. Précisez si le nom est employé avec une préposition.

В прошлом году Саша закончил школу. Он стал студентом медицинского университета и сейчас он учится со своими друзьями на стоматологическом факультете. Саша всегда увлекался медициной, потому что он хотел быть врачом. Родители никогда не спорили с сыном и не давали советов. Саша приезжает домой только на каникулы. Когда он дома, родители разговаривают с Сашей о том, что он планирует делать в будущем. Отец советует ему хорошо учиться, чтобы стать хорошим врачом.

3. Ouvrez les parenthèses en mettant les noms au cas instrumental. Employez une préposition, si nécessaire.

1. Андрей работает … (врач) в больнице. 2. Родители гордятся … (дети). 3. Студент интересуется … (технологии). 4. Он всегда спорит … (друзья). 5. Мы долго разговаривали … (директор). 6. Анна всегда шутит … (подругой). 7. Врач измеряет температуру … (термометр). 8. Молодой врач часто советуется … (хирург). 9. Раньше он занимался … (футбол). 10. В школе я увлекалась … (музыка). 11. В саду она любовалась … (розы). 12. Нам надо пользоваться … (компьютер). 13. Мой отец работает (учитель). 14. Мальчик в автобусе пользуется … (наушники). 15. Моя подруга занимается … (гимнастика).

4. Lisez et justifiez l'emploi du cas instrumental dans chaque phrase.

Чем Анна и Олег интересовались в школе? – Они интересовались математикой.
Чем пишут все люди? – Все люди пишут ручкой.
Кем гордится мать? – Мать гордится дочерью.
Кем был твой дедушка? – Мой дедушка был инженером.
Чем был разрушен этот город? – Этот город был разрушен землетрясением.
Кем хочет стать твоя сестра? – Моя сестра хочет стать актрисой.

> **❗** On utilise la préposition *co* au lieu de *c* lorsque le mot suivant commence par *с, з, ж, ш* + une consonne ou bien par la lettre *щ* :
> *Он гуляет с сестрой.* mais *Он гуляет со своей сестрой.*

NOM - ИМЯ СУЩЕСТВИТЕЛЬНОЕ — DECLINAISON - СКЛОНЕНИЕ

5. Trouvez une bonne réponse à la question.

1. Чем интересуются Иван и Олег?
a) Они интересуются политикой.
b) Они интересуются с политикой.

2. Чем вы написали это письмо?
a) Я написал его с ручкой.
b) Я написал его ручкой.

3. Кем гордится вся страна?
a) Вся страна гордится под учёными.
b) Вся страна гордится учёными.

4. Рядом с кем ты сидел?
a) Я сидел рядом с сестрой.
b) Я сидел сестрой.

5. Кем ты хочешь стать после университета?
a) После университета я хочу стать хирургом.
b) После университета я хочу стать с хирургом.

6. Чем вы пользуетесь, чтобы ездить на работу?
a) Я пользуюсь автобусом.
b) Я пользуюсь над автобусом.

6. Composez des phrases à partir des mots ci-dessous en employant le cas instrumental.

1. Отец, спорить, друзья.
2. Студент, разговаривать, преподаватель.
3. Моя сестра, работать, школа, учитель.
4. Подруга, мечтать познакомиться, певица Вера Брежнева.
5. Его сын, интересоваться, музыка.
6. Я, ездить, Москва, мама, папа.

7. Traduisez en employant le cas instrumental dans chaque phrase:

1. Pour ouvrir cette bouteille il faut utiliser un instrument. 2. Avant la projection du film le professeur nous explique les règles. 3. J'aime regarder cette émission avant le petit déjeuner. 4. Devant notre bâtiment il y a un parking. 5. Une grande fenêtre se trouve entre l'armoire et le divan. 6. Un bel oiseau a volé au dessus de notre maison. 7. Chaque jour elle se promène avec son enfant. 8. Il est venu à son anniversaire avec des roses. 9. Ma mère a préparé du bortsch de chou. 10. Mon frère travaille comme médecin à la clinique. 11. Je veux devenir journaliste. 12. Il se passionne du football. 13. Cette boîte est remplie de jouets. 14. Les étudiants s'intéressent des peintures de XVII siècle. 15. Chaque soir Anne et Léon vont sur le quai pour admirer le coucher du soleil. 16. La lettre est signée par les habitants de la ville. 17. Le père est fier de ses enfants. 18. Irène viendra à la soirée avec son mari. 19. La ville a été détruite par les Romains. 20. Elle essuie la table avec un torchon.

Voilà la liste récapitulative des verbes après lesquelles on emploie le nom au cas instrumental:

быть (умным, врачом, студентом), гордиться, заниматься (музыкой, рисованием), интересоваться, казаться (грустным, больным), притворяться (спящим), оказываться (мошенником), оставаться (другом), поздравлять с, пользоваться, спорить с (отцом), советоваться с, становиться - стать (врачом, учителем), считаться (лучшим студентом, хорошим работником), увлекаться, управлять (машиной, страной), шутить над (другом), хвастаться, являться (директором, президентом)

NOM - ИМЯ СУЩЕСТВИТЕЛЬНОЕ — DECLINAISON - СКЛОНЕНИЕ

 Corrigés

2. студентом, со своими друзьями, медициной, врачом, с сыном, с Сашей, хорошим врачом.

3. 1. врачом 2. детьми 3. технологиями. 4. друзьями 5. с директором 6. над подругой 7. термометром 8. с хирургом 9. футболом 10. музыкой 11. розами 12. компьютером 13. учителем 14. наушниками 15. гимнастикой

4. Чем Анна и Олег интересовались в школе? – Они интересовались математикой.
Dans cette phrase le mot *математикой* est le complément d'objet indirect du verbe *интересоваться* et répond à la question *Чем?* Le mot *математикой* à la forme initiale est *математика* et se rapporte à la 1re déclinaison, c'est pourquoi la terminaison est *-ой*.

Чем пишут все люди? – Все люди пишут ручкой.
Le mot *ручкой* est le complément circonstanciel d'instrument du verbe *писать*, se rapporte à la 1re déclinaison (*ручка*) et a la terminaison du cas instrumental *-ой*.

Кем гордится мать? – Мать гордится дочерью.
Le mot *дочерью* est le complément d'objet indirect du verbe *гордиться*, se rapporte à la 3e déclinaison (*дочь*) et a la terminaison du cas instrumental *-ю*.

Чем был разрушен этот город? – Этот город был разрушен землетрясением.
Dans la phrase donnée le mot *землетрясением* est le complément d'agent du verbe *разрушать* à la forme passive (*быть разрушенным*), se rapporte à la 2e déclinaison (*землетрясение*) et à la terminaison du cas instrumental *-ем*.

Кем хочет стать твоя сестра? – Моя сестра хочет стать актрисой.
Le mot *актрисой* est le complément d'objet indirect du verbe *стать*, se rapporte à la 1re déclinaison (*актриса*) et a la terminaison *-ой*.

5. 1. a) Они интересуются политикой.
2. b) Я написал его ручкой.
3. b) Вся страна гордится учёными.
4. a) Я сидел рядом с сестрой.
5. a) После университета я хочу стать хирургом.
6. a) Я пользуюсь автобусом.

6. 1. Отец спорит с друзьями.
2. Студент разговаривает с преподавателем.
3. Моя сестра работает в школе учителем.
4. Подруга мечтает познакомиться с певицей Верой Брежневой.
5. Его сын интересуется музыкой.
6. Я ездил в Москву с мамой и папой.

NOM - ИМЯ СУЩЕСТВИТЕЛЬНОЕ — DECLINAISON - СКЛОНЕНИЕ

7. 1. Чтобы открыть эту бутылку нужно воспользоваться инструментом. 2. Перед показом фильма преподаватель нам объясняет правила. 3. Я люблю смотреть эту передачу перед завтраком. 4. Перед нашим зданием есть парковка. 5. Большое окно находится между шкафом и диваном. 6. Красивая птица пролетела над нашим домом. 7. Каждый день она гуляет со своим ребёнком. 8. Он пришёл на её день рождения с розами. 9. Моя мать приготовила борщ с капустой. 10. Мой брат работает врачом в клинике. 11. Я хочу стать журналистом. 12. Он увлекается футболом. 13. Эта коробка наполнена игрушками. 14. Студенты интересуются картинами 17-го века. 15. Каждый день Анна и Леон идут на набережную, чтобы любоваться закатом солнца. 16. Письмо подписано жителями города. 17. Отец гордится своими детьми. 18. Ирен придёт на вечеринку со своим мужем. 19. Город был разрушен римлянами. 20. Она вытирает стол тряпкой.

La préposition russe *за* peut introduire un complément circonstanciel de lieu au cas instrumental aussi bien qu'au cas accusatif. Le choix de tel ou tel cas dépend du sens qu'on traduit dans la phrase. Ainsi si le complément circonstanciel de lieu répond à la question *куда?* (la direction), après la préposition *за* on emploie le nom à l'accusatif. Si le complément répond à la question *где?* (la position dans l'espace), le nom qui suit après la préposition *за* est au cas instrumental. Comparez les phrases:

Семья́ пое́хала за го́род.	Семья́ нахо́дится за го́родом.
La famille est partie à la campagne.	*La famille est à la campagne.*
семья́ пое́хала куда́?	семья́ нахо́дится где?
за́ город - accusatif	за́ го́родом - instrumental
Ма́льчик бро́сил мяч за забо́р.	Мяч лежи́т за забо́ром.
Le garçon a lancé la balle derrière la clôture.	*La balle est derrière la clôture.*
он бро́сил мяч куда́?	мяч лежи́т где?
за забо́р - accusatif	за забо́ром - instrumental

Encore un fait intéressant lié avec la préposition *за*. Donc avec les verbes *сиде́ть, сесть, устро́иться* elle a le sens contraire, "devant". Observez:

За до́мом стро́ят шко́лу.	Ма́льчик сиди́т за столо́м.
On bâtit une école derrière la maison.	*Le garçon est assis à la table.*
за - derrière	**за - à, devant**

NOM - ИМЯ СУЩЕСТВИТЕЛЬНОЕ
DECLINAISON - СКЛОНЕНИЕ

CAS PRÉPOSITIONNEL
ПРЕДЛОЖНЫЙ ПАДЕЖ

Comme il ressort du titre du cas, le cas prépositionnel sert à introduire un nom avec une préposition qui joue, le plus souvent, le rôle du complément d'objet indirect.

Le nom au cas prépositionnel est toujours employé avec l'une des prépositions suivantes: **о, об, в, во, на, по, при**.

Le nom au cas prépositionnel donne la réponse aux questions
О ком?, О чём?, В ком?, В чём?, На ком? ou На чём?.

1re déclinaison

Singulier

1) terminaison **-е**, si le nom se termine par **-а** ou **-я**:

пап́а ⟶ пáпе
травá ⟶ травé
земля́ ⟶ землé

2) terminaison **-и**, si le nom se termine par **-ия**:

лéкция ⟶ лéкции
экспедíция ⟶ экспедíции
Фрáнция ⟶ Фрáнции

Pluriel

1) terminaison **-ах**, si le nom au singulier se termine par **-а**:

пáпа ⟶ пáпах
ры́ба ⟶ ры́бах
кры́ша ⟶ кры́шах

2) terminaison **-ях**, si le nom se termine par **-я** ou **-ия**:

коллéкция ⟶ коллéкциях
сéрия ⟶ сéриях
кáпля ⟶ кáплях

2e déclinaison

Singulier

1) terminaison **-е** pour tous les noms qui se terminent par une consonne ou les lettres **-о, -е**:

институ́т ⟶ институ́те
дéрево ⟶ дéреве
словáрь ⟶ словарé

2) terminaison **-и**, si le nom se termine par **-ие** ou **-ий**:

задáние ⟶ задáнии
сценáрий ⟶ сценáрии

3) terminaison **-ом/-ем**, si le nom se termine par **-ое** ou **-ее**:

живóтное ⟶ живóтном
бýдущее ⟶ бýдущем

3) terminaison **-ых/-их**, si le nom se termine par **-ое** ou **-ее**:

Pluriel

1) terminaison **-ях**, si le nom se termine par les lettres **-ь, -е** (si elle n'est pas précédée par les lettres **ц, щ**), **-й** et **-ие/-ье**:

гусь ⟶ гуся́х
мóре ⟶ моря́х
знáние ⟶ знáниях
трамвáй ⟶ трамвáях

2) terminaison **-ах** dans d'autres situations:

письмó ⟶ пи́сьмах
врач ⟶ врачáх
блю́дце ⟶ блю́дцах
тáнец ⟶ тáнцах

живóтное ⟶ живóтных
млекопитáющее ⟶ млекопитáющих

NOM - ИМЯ СУЩЕСТВИТЕЛЬНОЕ
DECLINAISON - СКЛОНЕНИЕ

EXEMPLES

1re déclinaison

Он расска́зывает об учёбе.
О чём? - Об учёбе.
Il parle de ses études.

Ма́льчики игра́ют на траве́.
На чём? - На траве́.
Les garçons jouent dans l'herbe.

В на́шей шко́ле мно́го ученико́в.
В чём? - В шко́ле.
Dans notre école il y a beaucoup d'élèves.

2e déclinaison

Мои́ роди́тели в о́тпуске.
В чём? - В о́тпуске.
Mes parents sont en congé.

Она́ уви́дела я́блоко на де́реве.
На чём? - На де́реве.
Elle a vu une pomme sur l'arbre.

Мы говори́ли о путеше́ствии в А́фрику.
О чём? - О путеше́ствии.
Nous parlions du voyage en Afrique.

3e déclinaison

Singulier

1) terminaison -и:
- дверь → две́ри
- фасо́ль → фасо́ли
- ночь → но́чи

mais:
- мать → ма́тери
- дочь → до́чери

Pluriel

1) terminaison -ах, si le nom se termine par -чь, -щь, -шь:
- печь → печа́х
- вещь → веща́х
- мышь → мыша́х

mais: дочь → дочеря́х

2) terminaison -ях dans d'autres situations:
- боль → боля́х
- зверь → зверя́х
- боле́знь → болезня́х

mais: мать → матеря́х

EXEMPLES

Я нашёл свой уче́бник на крова́ти.
На чём? - На крова́ти.
J'ai trouvé mon manuel sur le lit.

Attention!!!
Certains noms inanimés de la 2e déclinaison ont deux variantes de terminaison au singulier du cas prépositionnel (le plus souvent ces noms sont composés d'une seule syllabe). Le choix dépend du rôle que le nom joue dans la phrase. Ainsi, si le nom est un complément d'objet indirect avec la préposition **о/об**, il a la terminaison **-е**. Si le nom fait partie du complément circonstanciel de lieu avec les prépositions **в** ou **на**, on utilise la terminaison **-у/-ю**. Observez et retenez les noms qui peuvent avoir les terminaisons **-е** ou **-у/-ю**.

Retenez les noms de la 2e déclinaison qui ont des formes particulières du pluriel du cas prépositionnel:
- сын → сыновья́х
- стул → стулья́х
- друг → друзья́х
- брат → бра́тьях
- де́рево → дере́вьях

COI	CC de lieu
Мы говори́м о ле́се.	Мы гуля́ем в лесу́.
Мы говори́м о са́де.	Мы гуля́ем в саду́.
Мы говори́м о шка́фе.	Оде́жда лежи́т в шкафу́.
Мы говори́м о бе́реге.	Мы лежи́м на берегу́.
Мы говори́м о мосте́.	Мы стои́м на мосту́.
Мы говори́м о сне́ге.	Ша́пка лежи́т на снегу́.
Мы говори́м об аэропо́рте.	Мы ждём друзе́й в аэропорту́.
Мы говори́м о гла́зе.	Я нашёл сори́нку в глазу́.
Мы говори́м о кра́е.	Таре́лка лежи́т на краю́.

NOM - ИМЯ СУЩЕСТВИТЕЛЬНОЕ
DECLINAISON - СКЛОНЕНИЕ

Déclinaison irrégulière

Observez la déclinaison des noms irréguliers au cas prépositionnel et retenez-la:

Singulier
- вре́мя → вре́мени
- бре́мя → бре́мени
- и́мя → и́мени
- пла́мя → пла́мени
- се́мя → се́мени
- пле́мя → пле́мени
- зна́мя → зна́мени
- стре́мя → стре́мени
- те́мя → те́мени
- вы́мя → вы́мени
- путь → пути́
- дитя́ → дитя́ти

Pluriel
- времена́ → времена́х
- - → -
- имена́ → имена́х
- - → -
- семена́ → семена́х
- племена́ → племена́х
- знамёна → знамёнах
- стремена́ → стремена́х
- - → -
- - → -
- пути́ → путя́х
- де́ти → де́тях

Quand utilise-t-on le cas prépositionnel ?

Les noms qui sont toujours au pluriel ont la même déclinaison que les noms ordinaires au pluriel:
- брю́ки - брю́ках
- де́ньги - де́ньгах
- очки́ - очка́х

Quand on exprime la position dans l'espace (где?)

Мы отдыха́ем в Ту́рции.
　　Отдыха́ем где? - В Ту́рции.
Маши́на в гараже́.
　　Маши́на где? - В гараже́.
Они́ бы́ли на вы́ставке.
　　Бы́ли где? - На вы́ставке.

Quand on parle des semaines, des mois, des années ou d'une période

Мы уезжа́ем в ию́не.
　　Уезжа́ем когда? - В ию́не.
Дом постро́ен в 2015 году́.
　　Постро́ен когда? - В 2015 году́.
В де́тстве он люби́л чита́ть.
　　Люби́л чита́ть когда? - В де́тстве.

Quand on parle des instruments musicaux

Он уме́ет игра́ть на скри́пке.
　　Игра́ть на чём? - На скри́пке.
Де́вочка игра́ет на гита́ре.
　　Игра́ет на чём? - На гита́ре.

Quand on exprime l'objet de la pensée ou du discours

Она́ ду́мает о свои́х де́тях.
　　Ду́мает о ком? - О де́тях.
Де́вушка мечта́ет о любви́.
　　Мечта́ет о чём? - О любви́.
Па́рень говори́т о рабо́те.
　　Говори́т о чём? - О рабо́те.

Quand on parle du déplacement en véhicule

Я е́ду на рабо́ту на маши́не.
　　Е́ду на чём? - На маши́не.
Мы ката́емся на велосипе́де.
　　На чём? - На велосипе́де.
Он лети́т на самолёте.
　　Лети́т на чём? - На самолёте.

Quand on introduit un complément de nom

Расска́з о дру́жбе.　Кни́га на ру́сском языке́.
　О чём? - О дру́жбе.　На чём? - На ру́сском языке́.

NOM - ИМЯ СУЩЕСТВИТЕЛЬНОЕ
DECLINAISON - СКЛОНЕНИЕ

> **Exercices et explications**

1. Ouvrez les parenthèses en mettant les noms au cas prépositionnel :

1. Студенты учатся в (университет). 2. Жители города отдыхают в (парк). 3. Девушка покупает конверты и марки на (почта). 4. Ученики читают книги и журналы в (библиотека). 5. Мальчики обедают в (кафе). 6. Этим летом мы ездили в (Бразилия). 7. Мой брат живёт в (Берлин). 8. Мы любим путешествовать на (поезд). 9. Его отец работает на (завод). 10. Я встречаю друга в (аэропорт). 11. Мой дом находится на (берег) моря. 12. Он покупает газеты в (киоск). 13. Сергей получил деньги в (банк). 14. Я встречаюсь с подругой в (музей). 15. Мы познакомились на (выставка). 16. Моя сестра работает на (компьютер). 17. Сегодня они играют в футбол на (стадион). 18. Мигель родился в (Мадрид), а Антон в (Самара). 19. Мой друг живет на (улица) Гёте. 20. Его семья отдыхает на (юг). 21. Ваза стоит на (окно). 22. Дети смотрят фильм в (кинотеатр). 23. Наша бабушка живёт в (деревня). 24. На (бульвар) много людей. 25. Его дедушка родился на (Кавказ). 26. Он работает программистом в (компания).

В ou НА?

Ces deux prépositions s'emploient pour indiquer le lieu en mettant le nom au cas prépositionnel (ne confondez pas avec la direction où les noms utilisés avec ces prépositions sont au cas accusatif). Pourtant, elles ont beaucoup de particularités. Retenez-les:

В/ВО

1. Pour indiquer un objet qui se trouve dans un autre objet:
в сумке, в коробке, в машине etc.

2. Pour indiquer un objet qui se trouve dans un espace clos:
в магазине, в квартире, в доме etc.

3. Avec les noms des continents:
в Азии, в Европе, в Америке etc.

4. Avec les mots район, область, провинция, город, страна, республика **et les noms des villes, des régions et des pays:**
во Франции, в Москве, в Ленинградской области, в городе etc.

5. Avec les mots начало, середина, конец:
в середине, в конце

6. Avec les noms qui expriment l'état d'âme:
в печали, в радости, в отчаянии etc.

7. Avec les noms qui forment des groupes stables:
в группе, в лесу, в парке, в саду etc.

НА

1. Pour indiquer un objet qui se trouve à la surface d'un autre objet:
на столе, на полке, на земле etc.

2. Avec les noms qui désignent des espaces ouverts:
на улице, на площади, на поле etc.

3. Avec les noms qui désignent des événements publics:
на конференции, на собрании, на концерте etc.

4. Avec le mot остров **et les noms des îles:**
на острове, на Карибах, на Гаваях

5. Avec les mots qui désignent les points cardinaux:
на севере, на востоке, на юге

6. Si les verbes qui expriment le mouvement sont accompagnés d'un nom de transport:
ехать на автобусе, лететь на самолёте, плыть на корабле etc.

7. Avec les noms qui forment des groupes stables:
на уроке, на лекции, на почте etc.

NOM - ИМЯ СУЩЕСТВИТЕЛЬНОЕ

DECLINAISON - СКЛОНЕНИЕ

2. Mettez une préposition du cas prépositionnel (о/об, в/во, на) qui convient d'après le sens de chaque phrase :

1. Мы обедали … ресторане. 2. Птица сидит … дереве. 3. Мы случайно встретились … вокзале. 4. … экскурсии нам показывали картины Айвазовского. 5. Она постоянно думает … своих родителях. 6. Эта книга напоминает … войне. 7. … этом отеле есть бассейн? 8. Я не люблю загорать … пляже. 9. Вы знаете … открытии супермаркета? 10. Она увидела … концерте свою любимую певицу. 11. Дети обычно гуляют … дворе или … стадионе. 12. Сегодня мы с сестрой были … балете. 13. Девочка часто вспоминала … маме. 14. … школе мы читали сказку … Снегурочке. 15. Жители написали письмо … проблемах города. 16. На телепередаче женщина говорила … искусстве. 17. Наша квартира … четвёртом этаже. 18. Мы смотрим фильм … жизни в Канаде. 19. Его брат учится … факультете журналистики. 20. Во время путешествия они жили … гостинице. 21. Она увидела … улице незнакомца.

3. Trouvez un équivalent russe de la phrase dans la deuxième colonne. Posez les questions *Куда?* ou *Где?* pour comprendre quel cas il faut employer (accusatif ou prépositionnel) :

1. Sa famille habite à Londres.
   a) Его семья живёт в Лондоне.
   b) Его семья живёт в Лондон.

2. Je veux voyager à Londres.
   a) Я хочу поехать в Лондоне.
   b) Я хочу поехать в Лондон.

3. Notre équipe part au Canada.
   a) Наша команда едет в Канаду.
   b) Наша команда едет в Канаде.

4. Au Canada il y a beaucoup de touristes.
   a) В Канаде много туристов.
   b) В Канаду много туристов.

5. J'ai rencontré mon amie à Moscou.
   a) Я встретила мою подругу в Москве.
   b) Я встретила мою подругу в Москву.

6. Je vais à Moscou pour voir mon amie.
   a) Я еду в Москве, чтобы встретиться с подругой.
   b) Я еду в Москву, чтобы встретиться с подругой.

4. Donnez les réponses aux questions qui suivent en employant les mots entre parenthèses (utilisez l'accusatif ou le prépositionnel) et les prépositions qui conviennent :

- Когда приезжают твои родители? - (июнь)
- Где твоя сестра? - (школа)
- Где твой брат? - (улица)
- Куда поехал твой отец? - (работа)
- Когда заканчивается твоя учёба? - (декабрь)
- Куда ты поедешь на каникулах? - (деревня)
- Где находится твой дом? - (проспект Мира)
- Где лежат твои учебники? - (полка)
- Когда они отдыхали в Испании? - (июль)

Retenez que si la préposition *по* est employée au sens "après qch" le nom qui suit est au cas prépositionnel :
по прие́зде - *à son arrivée*
по возвраще́нии - *après le retour, à son retour*
по оконча́нии - *à la fin*
Dans toutes les autres situations il faut utiliser le cas datif:
мы путеше́ствуем по Евро́пе, он уда́рил по лицу́, она́ гуля́ет по бульва́ру, ко́шка идёт по столу́

NOM - ИМЯ СУЩЕСТВИТЕЛЬНОЕ

DECLINAISON - СКЛОНЕНИЕ

✓ Corrigés

1. 1. университете 2. парке 3. почте 4. библиотеке 5. кафе 6. Бразилии 7. Берлине 8. поезде 9. заводе 10. аэропорту 11. берегу 12. киоске 13. банке 14. музее 15. выставке 16. компьютере 17. стадионе 18. Мадриде, Самаре 19. улице 20. юге 21. окне 22. кинотеатре 23. деревне 24. бульваре 25. Кавказе 26. компании.

2.
1. в
2. на
3. на
4. на
5. о
6. о
7. в
8. на
9. об
10. на
11. во, на
12. на
13. о
14. в, о
15. о
16. об
17. на
18. о
19. на
20. в
21. на

> En russe il y a un petit nombre de noms qui se terminent par -ая. Au cas prépositionnel ils ont une terminaison spécifique -ой au singulier et -ых au pluriel. Observez:
> *Столо́вая* - la cantine
> Мы обе́даем в столо́вой.
> Я разрабо́тал меню́ для столо́вых.
> *Бу́лочная* - la boulangerie
> Она́ рабо́тает в бу́лочной.
> В бу́лочных продаю́т круасса́ны.

3.
1. a
2. b
3. a
4. a
5. a
6. b

4.
- Когда приезжают твои родители? - Мои родители приезжают в июне.
- Где твоя сестра? - Моя сестра в школе.
- Где твой брат? - Мой брат на улице.
- Куда поехал твой отец? - Мой отец поехал на работу.
- Когда заканчивается твоя учёба? - Моя учёба заканчивается в декабре.
- Куда ты поедешь на каникулах? - На каникулах я поеду в деревню.
- Где находится твой дом? - Мой дом находится на проспекте Мира.
- Где лежат твои учебники? - Мои учебники лежат на полке.
- Когда они отдыхали в Испании? - Они отдыхали в июле.

> Le rôle du cas prépositionnel dans la caractéristique des objets et des personnes est immense. A l'aide du prépositionnel on peut exprimer:
>
> 1. la langue dans laquelle est l'objet:
> кни́га на англи́йском языке́ - un livre en anglais
> статья́ на ру́сском языке́ - un article en russe
>
> 2. les vêtements d'une personne:
> ма́льчик в си́них брю́ках - un garçon au pantalon bleu
> же́нщина в кра́сном пла́тье - une femme en robe rouge
> мужчи́на в очка́х - un homme avec des lunettes
>
> 3. le sujet d'un livre, d'un film, d'un article etc.
> фильм о любви́ - un film d'amour
> исто́рия о жи́зни - une histoire de vie
>
> 4. les noms de certains plats:
> у́тка в кита́йском со́усе - un canard à la sauce chinoise
> говя́дина на кости́ - un bœuf à l'os
> соси́ски в те́сте - des saucisses en pâte

NOM - ИМЯ СУЩЕСТВИТЕЛЬНОЕ
DECLINAISON - СКЛОНЕНИЕ

> ❗ Exercices de révision. La déclinaison et les cas ✕

1. Déclinez les mots suivants aux cas (attention au nombre des noms).

a) au cas génitif :
маска, диплом, экзамены, успех, жизнь, класс, страны, грибы, деревья, автомобиль, динозавр, центр, водители, автобусы, кофе, дверь, комната

b) au cas datif :
компьютеры, фильм, газеты, студент, ящики, библиотека, детство, соревнования, награда, выставка, самолёты, ночи, кухня, здания, туристы

c) au cas accusatif :
буквы, одеяло, медведь, вазы, гостиницы, писатель, учителя, грамматика, текст, поликлиника, фотографии, гитара, правила, девушка, задача, собрание, посылки

d) au cas instrumental :
посуда, ведро, интерес, рассказы, часы, светильники, открытка, рисунок, кровати, игрушки, рюкзак, блокнот, дороги, стадионы, издательство, няня

e) au cas prépositionnel :
цифра, выключатель, салфетка, наушники, ковёр, кресло, портфели, фотоаппарат, балкон, топор, таблетки, полотенце, стекло, шоссе, перекрёсток

2. Utilisez le mot en italique dans les phrases en le mettant aux cas qui conviennent. Employez une préposition si nécessaire.

Кремль
1. В центре Москвы находится … .
2. Каждый день туристы приходят … .
3. Они знакомятся с историей … .
4. Гид рассказывал нам легенды … .
5. Мы еще не ходили … .

Музей
1. В Париже есть интересный … .
2. Я читал в журнале статью … .
3. Мой друг ходил … .
4. Ему очень понравился … .
5. В … много картин и экспонатов.
6. Завтра мы с подругой пойдем … .

Магазин
1. Рядом с нами нет … .
2. Чтобы купить продукты я иду … .
3. Рядом с … есть парковка.
4. Я оставляю машину около … .
5. В … много людей.
6. Мне нравится этот … .

3. Lisez les phrases et mettez tous les noms au pluriel en conservant le cas.
Exemple :
Я читаю книгу — Я читаю книги

1. Он приготовил бутерброд.
2. Мы обсуждаем проблему.
3. Анна смотрит на афишу.
4. Виктор ремонтирует пылесос.
5. Они выиграли обогреватель.
6. Дима потерял портмоне.
7. Я надеваю носок.
8. Ты принес стул?
9. Таня играет в игру.
10. У меня нет карты.
11. Рома не пользуется щёткой.
12. Она не рассказывала про отпуск.
13. Иван не имеет привычки.
14. Мы не заказывали пиццу.

NOM - ИМЯ СУЩЕСТВИТЕЛЬНОЕ — DECLINAISON - СКЛОНЕНИЕ

4. Terminez les phrases en employant les noms de la liste et en les accordant au cas correspondant.

Беседа, путешествие, пенсия, рецепт, собрание, грамматика, самолет, среда, щетка, одноклассник, метро, средство, часы, магазин, лифт, год

1. Я попросил помощи у … .
2. В начале … журналист включил диктофон.
3. На … директор завода поздравил рабочих.
4. Он купил учебник по … .
5. Автомобиль — это транспортное … .
6. Девочка чистит зубы … .
7. В нашем доме нет … .
8. Завтра мы уезжаем в … .
9. На день рождения родители подарили мне … .
10. Врач выписал больному … .
11. Ракета «Протон» стартовала в … .
12. Этот писатель родился в 1912 … .
13. На … 135 пассажиров.
14. На работу она ездит на … .
15. Моя мама работает в … , а мой отец на … .

En russe les noms des villes sont juxtaposés à mot *го́род*:

го́род Москва́, го́род Мадри́д

Alors, le nom de la ville est toujours décliné suivant le cas du mot *го́род*:

в го́роде Москве́ *(prépositionnel)*, из го́рода Мадри́да *(génitif)* etc.

Les noms des rues se placent après le mot *у́лица* et sont toujours au cas <u>génitif</u>:

у́лица Побе́ды, на у́лице Побе́ды, по у́лице Побе́ды, с у́лицы Побе́ды, ря́дом с у́лицей Побе́ды etc.

Les noms des monuments et des statues dédiées aux personnes connues sont placés après les mots *па́мятник* ou *ста́туя* et sont toujours au cas <u>datif</u>:

па́мятник Ле́нину, у па́мятника Ле́нину, к па́мятнику Ле́нину, с па́мятником Ле́нину etc.

---

5. Trouvez des fautes de déclinaison des noms dans les phrases et justifiez votre choix.

Меня зовут Артур. Я из Германию. В прошлом годе я приехал в Москве, чтобы поступить в московский университете. Сейчас я учусь на факультете журналистике. В моей группе 15 студенты. Каждый день у нас 3 или 4 лекция. После учёбой мы идем в библиотеке, чтобы поработать над проект. Вечером я прихожу в студенческое общежитие и учу русский язык. В субботе мы гуляем в парк, ходим в кинотеатр, посещаем музеи, встречаемся с друзей в студенческих кафе. В выходные дни я люблю гулять по Арбат и встречаться с другими иностранными студенты. Там я познакомился с Патриком, студентом из Франция. Я помогаю ему учить русский языка, мы вместе делаем упражнений и учим словах. Мне нравится учёбой в Москве, я мечтаю стать хорошим журналиста.

---

6. Répondez aux questions en donnant la réponse positive a) et la réponse négative b).

a) 1. У вас есть дети? 2. Вы ходили в магазин? 3. Вы читали эту книгу? 4. Вы нарисовали рисунок? 5. Вы сделали упражнение? 6. Вы купили хлеба?

b) 1. Ваш брат - художник? 2. У вас есть ручка? 3. У вашей тёти есть сын или дочь? 4. Вы слышите музыку? 5. Вы заметили тревожность вашего друга? 6. Ваш преподаватель задавал вопросы?

7. Remplacez les points par les prépositions *в* ou *на*. Mettez les noms entre parenthèses aux cas datif ou prépositionnel.

a) Снег лежит … (дома), … (улицы) и … (поля). Много снега … (сады) и … (леса). Зимой дети катаются … (коньки). Семьи едут … (горы), чтобы покататься … (лыжи).
b) Студенты сидят … (аудитории). Они пишут упражнения … (тетради) и ищут незнакомые слова … (словари). Через один час они пойдут … (столовая) … (перерыв).
c) Летом мы ездили … (Москва). Мы были … (музеи) и … (выставки), ходили … (спектакли) … (театры).
d) Это мой брат Иван. Он работает врачом … (поликлиника). Каждое утро он ездит … (работа) … (автобус). Его жена — учительница. Она работает … (школа). Иван умеет играть … (футбол). Его жена играет … (гитара).

8. Traduisez en russe.

1. Tu comprends la différence entre les verbes учить et изучать? 2. Comme il n'y a pas d'université dans ma ville, je suis parti pour Moscou. 3. Hier Henri s'est réveillé à huit heures. 4. J'ai déjeuné au restaurant près du parc. 5. Elle a regardé sa montre. 6. Non loin de notre école il y a un stade. 7. As-tu apporté la valise ? 8. Nous habitons rue Lomonosov 5. 9. J'aime la poésie russe, j'aime les poèmes de Pouchkine. 10. Il fait chaud ici, ouvrez les fenêtres. 11. Vous partez à 11 h, vous devez être à l'aéroport à 9 h. 12. Donnez-moi une tasse de café, s'il vous plaît. 13. Chaque matin je mange une tartine, j'achète un journal au kiosque et je prends le métro. 14. Mon frère est ingénieur, il travaille à la fabrique. 15. Marine vous a envoyé un fichier, vérifiez votre mail.

9. Lisez le texte, trouvez tous les noms et justifiez les cas auxquels ils sont déclinés.

Я учу́сь в техни́ческом университе́те. Он нахо́дится в го́роде Санкт-Петербу́рге. Он осно́ван в 1828 году́. Гла́вный ко́рпус университе́та нахо́дится на Моско́вском проспе́кте. Это большо́е зда́ние. В университе́те мно́го аудито́рий, большо́й а́ктовый зал, бога́тая библиоте́ка и удо́бное общежи́тие. Наш университе́т даёт хоро́шие зна́ния и гото́вит квалифици́рованные ка́дры.

У нас на факульте́те пятьсо́т студе́нтов. В университе́те мы изуча́ем матема́тику, хи́мию, фи́зику и други́е предме́ты.

У меня́ есть хоро́шие друзья́. Мы вме́сте гуля́ем в па́рке, хо́дим в библиоте́ку, посеща́ем музе́и и теа́тры. Ве́чером обы́чно мы отдыха́ем в общежи́тии. Мы чита́ем газе́ты и журна́лы, смо́трим фи́льмы.

Мне и мои́м однокурсникам нра́вится наш университе́т.

NOM - ИМЯ СУЩЕСТВИТЕЛЬНОЕ — DECLINAISON - СКЛОНЕНИЕ

 Corrigés

1. a) au cas génitif :
маски, диплома, экзаменов, успеха, жизни, класса, стран, грибов, деревьев, автомобиля, динозавра, центра, водителей, автобусов, кофе, двери, комнаты

b) au cas datif :
компьютерам, фильму, газетам, студенту, ящикам, библиотеке, детству, соревнованиям, награде, выставке, самолётам, ночам, кухне, зданиям, туристам

c) au cas accusatif :
буквы, одеяло, медведя, вазы, гостиницы, писателя, учителей, грамматику, текст, поликлинику, фотографии, гитару, правила, девушку, задачу, собрание, посылки

d) au cas instrumental :
посудой, ведром, интересом, рассказами, часами, светильниками, открытками, рисунком, кроватями, игрушками, рюкзаком, блокнотом, дорогами, стадионами, издательством, нянями

e) au cas prépositionnel :
цифре, выключателе, салфетке, наушниках, ковре, кресле, портфелях, фотоаппарате, балконе, топоре, таблетках, полотенце, стекле, шоссе, перекрестке

2. *Кремль*
1. В центре Москвы находится Кремль.
2. Каждый день туристы приходят в Кремль.
3. Они знакомятся с историей Кремля.
4. Гид рассказывал нам легенды Кремля.
5. Мы еще не ходили в Кремль.

Музей
1. В Париже есть интересный музей.
2. Я читал в журнале статью про музей.
3. Мой друг ходил в музей.
4. Ему очень понравился музей.
5. В музее много картин и экспонатов.
6. Завтра мы с подругой пойдем в музей.

Магазин
1. Рядом с нами нет магазина.
2. Чтобы купить продукты я иду в магазин.
3. Рядом с магазином есть парковка.
4. Я оставляю машину около магазина.
5. В магазине много людей.
6. Мне нравится этот магазин.

3.
1. Он приготовил бутерброды.
2. Мы обсуждаем проблемы.
3. Анна смотрит на афиши.
4. Виктор ремонтирует пылесосы.
5. Они выиграли обогреватели.
6. Дима потерял портмоне.
7. Я надеваю носки.
8. Ты принес стулья?
9. Таня играет в игры.
10. У меня нет карт.
11. Рома не пользуется щетками.
12. Она не рассказывала про отпуска.
13. Иван не имеет привычек.
14. Мы не заказывали пиццы.

NOM - ИМЯ СУЩЕСТВИТЕЛЬНОЕ — DECLINAISON - СКЛОНЕНИЕ

4.
1. Я попросил помощи у *одноклассника*.
2. В начале *беседы* журналист включил диктофон.
3. На *собрании* директор завода поздравил рабочих.
4. Он купил учебник по *грамматике*.
5. Автомобиль — это транспортное *средство*.
6. Девочка чистит зубы *щеткой*.
7. В нашем доме нет *лифта*.
8. Завтра мы уезжаем в *путешествие*.
9. На день рождения родители подарили мне *часы*.
10. Врач выписал больному *рецепт*.
11. Ракета «Протон» стартовала в *среду*.
12. Этот писатель родился в 1912 *году*.
13. На *самолете* 135 пассажиров.
14. На работу она ездит на *метро*.
15. Моя мама работает в *магазине*, а мой отец на *пенсии*.

5. Меня зовут Артур. Я из Германи**и** (Из чего? Откуда? /génitif/ - Из Германии). В прошлом год**у** (В чём? Когда? /prépositionnel/ - В году) я приехал в Москв**у** (Во что? Куда? /accusatif/ - В Москву), чтобы поступить в московский университет☐ (Во что? Куда? /accusatif/ - В университет). Сейчас я учусь на факультете журналистик**и** (Факультет чего? /génitif/ - Журналистики). В моей группе 15 студент**ов** (15 кого? /génitif/ - Студентов). Каждый день у нас 3 или 4 лекци**и** (4 чего? /génitif/ - Лекции). После учёб**ы** (После чего? /génitif/ - После учёбы) мы идем в библиотек**у** (Во что? Куда? /accusatif/ - В библиотеку), чтобы поработать над проект**ом** (Над чем? /instrumental/ - Над проектом). Вечером я прихожу в студенческое общежитие и учу русский язык. В суббот**у** (Во что? Когда? /accusatif/ - В субботу) мы гуляем в парк (В чём? Где? /prépositionnel/ - В парке), ходим в кинотеатр, посещаем музеи, встречаемся с друзь**ями** (С кем? /prépositionnel/ - С друзьями) в студенческих кафе. В выходные дни я люблю гулять по Арбат**у** (По чему? Где? /datif/ - По Арбату) и встречаться с другими иностранными студент**ами** (С кем? /prépositionnel/ - Со студентами). Там я познакомился с Патриком, студентом из Франци**и** (Из чего? Откуда? /génitif/ - Из Франции). Я помогаю ему учить русский язык☐ (Учить что? /accusatif/ - Язык), мы вместе делаем упражнени**я** (Делаем что? /accusatif/ - Упражнения) и учим слов**а** (Учим что? /accusatif/ - Слова). Мне нравится учёб**а** (Нравится что? /nominatif/ - Учёба) в Москве, я мечтаю стать хорошим журналист**ом** (Стать кем? /instrumental/ - Журналистом).

En russe la possession s'exprime par la déclinaison du nom qui détermine le nom principal au cas génitif. Ainsi le groupe de mots "le livre du frère" peut être traduit comme "книга брата"

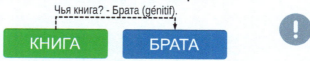

Alors la phrase de possession employée dans la construction verbale s'accorde avec le verbe, mais c'est le nom principal qui change la forme en fonction du verbe tandis que le nom déterminant reste au cas génitif:

NOM - ИМЯ СУЩЕСТВИТЕЛЬНОЕ — DECLINAISON - СКЛОНЕНИЕ

6. a) 1. У меня есть дети. 2. Я ходил в магазин. 3. Я читал эту книгу. 4. Я нарисовал рисунок. 5. Я сделал упражнение. 6. Я купил хлеба.
b) 1. Мой брат не художник. 2. У меня нет ручки. 3. У моей тёти нет ни сына ни дочери. 4. Я не слышу музыки. 5. Я не заметил тревожность моего друга. 6. Мой преподаватель не задавал вопросов.

7. a) Снег лежит на домах, на улицах и на полях. Много снега в садах и в лесах. Зимой дети катаются на коньках. Семьи едут в горы, чтобы покататься на лыжах.
b) Студенты сидят в аудиториях. Они пишут упражнения в тетрадях и ищут незнакомые слова в словарях. Через один час они пойдут в столовую на перерыв.
c) Летом мы ездили в Москву. Мы были в музеях и на выставках, ходили на спектакли в театры.
d) Это мой брат Иван. Он работает врачом в поликлинике. Каждое утро он ездит на работу на автобусе. Его жена — учительница. Она работает в школе. Иван умеет играть в футбол. Его жена играет на гитаре.

8. 1. Ты понимаешь разницу между глаголами и изучать. 2. Поскольку в моём городе нет университета, я уехал в Москву. 3. Вчера Анри проснулся в восемь часов. 4. Я пообедал в ресторане возле/около парка. 5. Она посмотрела на часы. 6. Недалеко от нашей школы есть стадион. 7. Ты принёс чемодан? 8. Мы живём на улице Ломоносова 5. 9. Я люблю русскую поэзию, я люблю стихи Пушкина. 10. Здесь жарко, откройте окна. 11. Вы уезжаете в 11 часов, вы должны быть в аэропорту в 9 часов. 12. Дайте мне чашку кофе, пожалуйста. 13. Каждое утро я ем бутерброд, покупаю газету в киоске и еду на метро. 14. Мой брат инженер, он работает на фабрике. 15. Марина вам отправила файл, проверьте почту.

9. университе́те - Учусь в чём? Учусь где? /prépositionnel/ - В университете.
го́роде Санкт-Петербу́рге - В чём? Где? /prépositionnel/ - В городе Санкт-Петербурге.
году́ - В чём? Когда? /prépositionnel/ - В году.
ко́рпус - Что находится? /nominatif/ - Корпус.
университе́та - Корпус чего? /génitif/ - Корпус университета.
проспе́кте - Находится на чём? Где? /prépositionnel/ - На проспекте.
зда́ние - Это что? /nominatif/ - Здание.
университе́те - В чём? Где? /prépositionnel/ - В университете.
аудито́рий - Много чего? /génitif/ - Много аудиторий.
зал - Что? /nominatif/ - Зал.
библиоте́ка - Что? /nominatif/ - Библиотека.
общежи́тие - Что? /nominatif/ - Общежитие.
университе́т - Что? /nominatif/ - Университет.
зна́ния - Даёт что? /datif/ - Знания.
ка́дры - Готовит кого? /accusatif/ - Кадры.
факульте́те - На чём? Где? /prépositionnel/ - На факультете.
студе́нтов - Пятьсо́т кого? /génitif/ - Студентов.
матема́тику, хими́ю, фи́зику, предме́ты - Изучаем что? /accusatif/ - Математику, химию, физику, предметы.
друзья́ - Есть кто? /nominatif/ - Друзья.
па́рке - Гуляем в чём? Где? /prépositionnel/ - В парке.
библиоте́ку - Ходим во что? Куда? /accusatif/ - В библиотеку.
музе́и, теа́тры - Посещаем что? /accusatif/ - Музеи, театры.
общежи́тии - Отдыхаем в чём? Где? /prépositionnel/ - В общежитии.
газе́ты, журна́лы - Читаем что? /accusatif/ - Газеты, журналы.
фи́льмы - Смотрим что? /accusatif/ - Фильмы.
однокýрсникам - Нравится кому? /datif/ - Однокурсникам.
университе́т - Нравится что? /nominatif/ - Университет.

FORMATION DES NOMS

образование существительных

En russe la formation des noms ressemble à celle du français. La différence principale consiste en ce que le russe a une grande diversité de suffixes et de préfixes qui manquent en français. Observez les voies essentielles de la formation des noms.

Le russe a plus d'instruments de formation des noms par rapport au français.

types de formation des noms

1) à l'aide des suffixes

УЧИ**ТЕЛЬ**

La voie la plus importante de la formation des noms. Les suffixes peuvent être ajoutés aux racines des verbes, des adjectifs et d'autres noms

2) à l'aide des préfixes

ПЕРЕХОД

La plupart de nouveaux noms formés à l'aide des préfixes sont formés d'autres noms et ont le sens similaire que les noms de référence

3) à l'aide des préfixes et des suffixes

БЕЗРАБОТ**ИЦА**

C'est un type complexe de formation des noms. La plupart des noms formés désignent des choses abstraites et innombrables

4) la substantivation

БОЛЬНОЙ

C'est la voie la plus simple qui ne demande que l'emploi d'un adjectif qualitatif ou verbal au lieu du nom.

5) de deux noms

БИЗНЕС-ПЛАН

C'est une voie principale de formation des termes scientifiques ou des noms de domaine professionnel

6) sans aucun élément

ХОД

C'est la source de formation des noms simples qui expriment des sens fondamentaux dans tous les domaines de l'activité humaine

NOM - ИМЯ СУЩЕСТВИТЕЛЬНОЕ

FORMATION DES NOMS - ОБРАЗОВАНИЕ СУЩЕСТВИТЕЛЬНЫХ

FORMATION À L'AIDE DES SUFFIXES

radical d'un verbe / d'un nom / d'un adjectif **+ suffixe***

* - pour former les noms féminins il faut encore ajouter une terminaison

- –тель (–тельница)**
- –ник (–ница)
- –чик (–чица)
- –щик (–щица)
- –льщик (–льщица)
- –ец (–ица, le plus rare –щица)
- –ик
- –ович/–евич (–овна/–евна)
- –анин/–чанин (–анка/–чанка)
- –ич (–ичка)
- –ист (–истка)
- –ун (–унья)

Ces suffixes (avec la terminaison -a à la forme féminine) s'emploient pour former les noms de personne qui désignent:

1) un agent: получить - получатель***, исполнить - исполнитель, хранить - хранитель, стирать - стиратель
2) un métier: учить - учитель, водить - водитель, двор - дворник, убирать - уборщик, полиграфия - полиграфист
3) une activité humaine: бороться - борец, продавать - продавец, акваланг - аквалангист, гитара - гитарист
4) un origine: Москва - москвич, Париж - парижанин
5) une qualité: шутить - шутник, позор - позорник, лгать - лгун, любимый - любимчик, отличие - отличник
6) un patronyme russe: Иван - Иванович, Пётр - Петровна

** - entre parenthèses sont présentés les suffixes des noms féminins avec la terminaison **-a**

*** - pour garder l'harmonie des sons dans le mot on ajoute souvent les suffixes **-а-** ou **-и-** devant le suffixe **-тель (-тельница)**

- –тель
- –ник
- –чик
- –щик
- –льник
- –лка
- –ка
- –овка

Ces suffixes (certains desquels sont accompagnés de la terminaison -a à la forme féminine) s'emploient pour former les noms de chose qui désignent:

1) un appareil: двигать - двигатель, выключать - выключатель, излучать - излучатель, сеять - сеялка, будить - будильник, передать - передатчик, холодить - холодильник
2) un agent: окислить - окислитель, красить - краситель, охладить - охладитель
3) autres: визит - визитка, указ - указка, конец - концовка, купать - купальник, плита - плитка, открывать - открывашка

- –ние
- –ка
- –ация

Ces suffixes (avec les terminaisons -a, -e, -я) s'emploient pour former de différents noms abstraits:

визуальный - визуализация, наказать - наказание, вербовать - вербовка, стричь - стрижка

- –ость/–есть
- –ота/–ета
- –изна
- –ина
- –ство

Ces suffixes (avec les terminaisons -a, -o) s'emploient pour former de différents noms abstraits à partir des adjectifs:

добрый - доброта, голубой - голубизна, быстрый - быстрота, автономный - автономность, близкий - близость, безумный - безумство, глубокий - глубина, богатый - богатство

- –изм
- –ика
- –ия
- –ство
- –иада
- –иат

Ces suffixes (avec les terminaisons -a, -o, -я) s'emploient pour former les noms abstraits qui désignent le plus souvent un domaine d'activité:

журналист - журналистика, демократ - демократия, социальный - социализм, Олимп - олимпиада, педагог - педагогика, лингвист - лингвистика, фермер - фермерство, комиссар - комиссариат, секретарь - секретариат

NOM - ИМЯ СУЩЕСТВИТЕЛЬНОЕ

FORMATION DES NOMS - ОБРАЗОВАНИЕ СУЩЕСТВИТЕЛЬНЫХ

-льня -лище -лка	*Ces suffixes (avec les terminaisons -a, -e, -я) s'emploient pour former de différents noms qui désignent des endroits:* жить - жилище, спать - спальня, раздевать - раздевалка, парить - парилка, хранить - хранилище
-ина -атина -ятина	*Ces suffixes (avec la terminaison -a) s'emploient pour former les noms qui désignent la viande des animaux:* конь - конина, свинья - свинина, заяц - зайчатина, телёнок - телятина, осетр - осетрина

-ик -чик	-ок/-ек	pour les noms masculins
-ица -ка	-очка -ечка	pour les noms féminins
-ышко -ице	-ко -ечко	pour les noms du genre neutre

Ces suffixes (avec les terminaisons -a, -o) s'emploient pour former des diminutifs et des petits surnoms:
ель - ёлочка, стул - стульчик, лампа - лампочка, ваза - вазочка, ковёр - коврик, дом - домик, солнце - солнышко

Parfois ce type sert à former des noms désignant des objets qui ressemblent aux objets exprimés par les noms initiaux. Par exemple, le mot **нога** (pied) se rapporte aux gens, tandis que le mot **ножка** désigne le pied d'une table, d'une chaise, d'un fauteuil etc.

FORMATION À L'AIDE DES PRÉFIXES

préfixe + radical d'un nom

а- анти- де-/дез- противо- контр-	не- без-	*Ces préfixes s'emploient pour former les noms qui expriment un sens opposé à celui du nom initial:* демократ - антидемократ, террорист - антитеррорист, информация - дезинформация, платёж - неплатёж, ответственность - безответственность, знание - незнание, разведка - контрразведка, действие - противодействие, монтаж - демонтаж
сверх- супер- ультра-	*Ces préfixes s'emploient comme booster du sens des noms:* надёжность - супернадёжность, сила - суперсила, герой - супергерой, прибыль - сверхприбыль, размер - ультраразмер, звук - ультразвук
под- вице- экс-	*Ces préfixes s'emploient pour indiquer un objet qui se trouve au-dessous d'un autre objet dans l'hiérarchie:* президент - вице-президент, заголовок - подзаголовок, директор - экс-директор
пере- ре-	*Ces préfixes s'emploient pour désigner la répétition d'une action:* регистрация - перерегистрация, смотр - пересмотр, форма - реформа, трансляция - ретрансляция

FORMATION SANS AUCUN ÉLÉMENT

radical d'un verbe / d'un nom / d'un adjectif

Ce type consiste en ce que la formation des noms se produit avec la suppression des suffixes et des terminaisons. Historiquement certains noms ont reçu des terminaisons indiquant le genre féminin ou neutre

ходи~~ть~~ – ход☐   виде~~ть~~ – вид☐
замени~~ть~~ – замена

NOM - ИМЯ СУЩЕСТВИТЕЛЬНОЕ

FORMATION DES NOMS - ОБРАЗОВАНИЕ СУЩЕСТВИТЕЛЬНЫХ

FORMATION À L'AIDE DES PRÉFIXES ET DES SUFFIXES

préfixe + radical + suffixe

Les noms créés à l'aide des préfixes et des suffixes ne sont pas nombreux et désignent une situation, une action, un phénomène, une chose abstraite contraire à celui qui est exprimé par le nom initial:

рабо́та - безрабо́тица, лими́т - делимита́ция, исхо́д - безисхо́дность, смысл - бессмы́слица

SUBSTANTIVATION

mot ⟶ nom

On distingue 2 types de substantivation:

adjectif ⟶ nom	больно́й, слепо́й, крива́я (une ligne), заку́сочная, ви́нная (où on vend du vin)
participe ⟶ nom	уста́вший, обвиня́емый, осуждённый, потерпе́вший, поги́бший, пропа́вший

FORMATION DE DEUX NOMS

nom 1 + nom 2

deux noms juxtaposés : би́знес-пла́н, мясокомбина́т, хлебопека́рня, водокана́л, шка́ф-купе́, сто́л-ту́мба

авиа-	ви́део-	ми́кро-
а́вто-	поли-	ми́ни-
агро-	гео-	теле-
астро-	гидро-	техно-
аудио-	кино-	радио-
био-	макро-	электро-

la lettre **o** qui apparaît entre les deux mots ne sert qu'à les lier et ne veut rien dire: лес + парк = лесопа́рк, сам + лёт = самолёт

авиасало́н, автомастерска́я, агропромы́шленность, астропрогно́з, аудиоматериа́л, биогене́тика, видеоро́лик, геоэнерге́тика, гидротрансформа́тор, киностуди́я, макроэконо́мика, микроми́р, миниавтомоби́ль, полиметалл, телека́мера, технопа́рк, радиоста́нция, электрошо́к

On peut mettre en relief encore un type de formation des noms qui consiste en composition d'un nom à partir des lettres initiales/finales d'autres noms. Quand on prend les lettres initiales de quelques mots, on appelle le nom formé "sigle".

Nom + Nom = NN	Росси́йская Федера́ция ⟶ РФ (on lit "эр-эф")
	Соединённые Шта́ты Аме́рики ⟶ США (on lit "с-ш-а")
Nom + Nom = NNo	Гла́вное управле́ние лагере́й ⟶ ГУЛа́г
	Челя́бинский Госуда́рственный Университе́т ⟶ ЧелГУ
nom + nom = nonom	городско́й суд ⟶ горсу́д
	областно́й комите́т ⟶ облкомите́т
nom + nom = noom	мотоци́кл-велосипе́д ⟶ мопе́д
	эска́дренный миноно́сец ⟶ эсми́нец

NOM - ИМЯ СУЩЕСТВИТЕЛЬНОЕ

FORMATION DES NOMS - ОБРАЗОВАНИЕ СУЩЕСТВИТЕЛЬНЫХ

> ℹ️ Exercices et explications ✕

1. Observez la formation des noms et tâchez d'expliquer le sens des noms formés sans consulter le dictionnaire:

1) бег - бегун, строить - строитель, учить - учитель, Африка - африканец, мудрый - мудрец, плавать - пловец, сторожить - сторож, летать - летчик, перевозить - перевозчик, переводить - переводчик, руководить - руководитель;

2) земля + трясение = землетрясение, ветер + генератор = ветрогенератор, везде + ходить = вездеход, кофе + варить = кофеварка, посуда + мойка = посудомойка, новый + строить = новостройка, овощ + хранилище = овощехранилище, море + плавать = мореплаватель, инженер + конструктор = инженер-конструктор;

3) управляющий сотрудник - управляющий, проверяющий сотрудник - проверяющий, богатый человек - богатый, родные люди - родные;

4) кольцо - колечко, сердце - сердечко, собака - собачка, кот - котик, улица - улочка, лес - лесок, лиса - лисичка, брат - братишка, машина - машинка, книга - книжка.

2. Comparez la formation des noms en français et en russe, trouvez des points communs:

1) indiquer - un indicateur / указывать - указатель;
2) s'approcher - une approche / подходить - подход;
3) arriver - une arrivée / приезжать - приезд;
4) sortir - une sortie / выходить - выход;
5) former - une formation / образовать - образование;
6) porter + une monnaie = un porte-monnaie / бумага - бумажник;
7) vendre - un vendeur / продавать - продавец;
8) anti + une corruption = une anticorruption / анти + коррупция = антикоррупция;
9) un jardin - un jardinage / сад - садоводство;
10) anti + un douleur = un antidouleur / обезболивающее лекарство - обезболивающее;
11) petit - un petit / малый - малыш;
12) brave - un brave / храбрый - храбрец;
13) tirer - un tireur / стрелять - стрелок;
14) sourd + muet = un sourd-muet / глухой + немой = глухонемой.

3. Formez des noms à l'aide des suffixes et des préfixes indiqués. Tâchez de comprendre le sens du nom formé:

a) -ек, -чик, -ик: апельсин, барабан, внук, горох, диван, ёж, карандаш, карман, кирпич, помидор, палец, стакан, стол, стул;
b) -ец, -нец: Гвинея, Голландия, Италия, Мексика, Япония, Китай;
c) -чик, -щик: баня, бетон, гонки, рассказывать, перевозить, грузить, шифровать, резать, летать, дрессировать, перебегать, регулировать;
d) -ист: трактор, мотор, автомобиль, велосипед, журнал, машина, массаж, программа, стиль, хоккей, юмор;
e) без-: опасность, действие, религиозность, вредность, законность, нравственность, ответственность, грамотность.

NOM - ИМЯ СУЩЕСТВИТЕЛЬНОЕ

FORMATION DES NOMS - ОБРАЗОВАНИЕ СУЩЕСТВИТЕЛЬНЫХ

 **Corrigés**

3.
a) апельсинчик, барабанчик, внучек, горошек, диванчик, ёжик, карандашик, карманчик, кирпичик, помидорчик, пальчик, стаканчик, столик, стульчик;
b) гвинеец, голландец, итальянец, мексиканец, японец, китаец;
c) банщик, бетонщик, гонщик, рассказчик, перевозчик, грузчик, шифровщик, резчик, летчик, дрессировщик, перебежчик, регулировщик;
d) тракторист, моторист, автомобилист, велосипедист, журналист, машинист, массажист, программист, стилист, хоккеист, юморист;
e) безопасность, бездействие, безрелигиозность, безвредность, беззаконность, безнравственность, безответственность, безграмотность.

Quel suffixe ajouter au nom de métier? -чик ou -щик?

1. Si la racine à laquelle vous ajoutez le suffixe se termine par les lettres **д, т, з, с, ж**, on ajoute **-чик**:
заказа́ть *(commander)* - зака́зчик *(un client)*
захвати́ть *(capturer)* - захва́тчик *(un envahisseur)*
грузи́ть *(charger)* - гру́зчик *(un chargeur)*
водопрово́д *(une plomberie)* - водопрово́дчик *(un plombier)*

2. Dans d'autres cas on ajoute **-щик**:
съём *(une location)* - съёмщик *(un locataire)*
мо́йка *(un lavage)* - мо́йщик *(un laveur)*
страхова́ть *(assurer)* - страховщи́к *(un assureur)*

Attention!!! On utilise cette règle pour les noms de métier et non pour les diminutifs auxquels on n'ajoute que le suffixe **-чик**:
бока́льчик *(un petit verre)*, сту́льчик *(une petite chaise)*, дива́нчик *(un petit canapé)*

LE FÉMININ DES NOMS

женский род существительных

Certains noms, généralement ceux qui désignent un métier, une nationalité, le sexe d'un être animé, peuvent avoir le féminin. On distingue deux voies de formation du féminin des noms: 1) en changeant toute la forme du mot (муж - жена́, пету́х - ку́рица); 2) en modifiant les suffixes et les terminaisons des mots (продаве́ц - продавщи́ца, учи́тель - учи́тельница). Ci-dessous nous allons analyser cette voie-ci.

-тель → -тельница
- писа́тель - писа́тельница
- жи́тель - жи́тельница
- граби́тель - граби́тельница
- люби́тель - люби́тельница

-як → -ячка
- бедня́к - бедня́чка
- земля́к - земля́чка
- поля́к - поля́чка
- холостя́к - холостя́чка

-щик → -щица
- убо́рщик - убо́рщица
- нату́рщик - нату́рщица
- ба́нщик - ба́нщица
- носи́льщик - носи́льщица

-ист → -истка
- альпини́ст - альпини́стка
- пиани́ст - пиани́стка
- гитари́ст - гитари́стка
- гимнази́ст - гимнази́стка

-чик → -чица
- вкла́дчик - вкла́дчица
- лётчик - лётчица
- подпи́счик - подпи́счица
- разве́дчик - разве́дчица

-ец → -ка
- не́мец - не́мка
- европе́ец - европе́йка
- испа́нец - испа́нка
- ира́нец - ира́нка

-ник → -ница
- шко́льник - шко́льница
- спу́тник - спу́тница
- шу́тник - шу́тница
- сопе́рник - сопе́рница

- → -ка
- швед - шве́дка
- мона́х - мона́шка
- цыга́н - цыга́нка
- ара́б - ара́бка

Si vous avez remarqué, l'indice principal du féminin est la terminaison **-a**

-ант → -антка
- курса́нт - курса́нтка
- дебюта́нт - дебюта́нтка
- диверса́нт - диверса́нтка
- коммерса́нт - коммерса́нтка

- → -ица
- лев - льви́ца
- тигр - тигри́ца
- осёл - осли́ца
- медве́дь - медве́дица

-ент → -ентка
- студе́нт - студе́нтка
- диссиде́нт - диссиде́нтка
- конкуре́нт - конкуре́нтка
- пацие́нт - пацие́нтка

Les formules présentées ne sont pas universelles. Parfois les suffixes de formation du féminin peuvent se différer. Nous conseillons de consulter un dictionnaire pour éviter des fautes.

- → -иха
- слон - слони́ха
- волк - волчи́ха
- трус - труси́ха
- за́яц - зайчи́ха

La formation du féminin des noms a beaucoup d'exceptions. Par exemple, certains noms n'ont pas de féminin même s'ils ont une forme qui implique la formation du féminin. Comparez:

чита́тель - чита́тельница
mais водитель - водительница

клие́нт - клие́нтка
mais президе́нт - президе́нтка

NOM - ИМЯ СУЩЕСТВИТЕЛЬНОЕ
LE FEMININ DES NOMS - ЖЕНСКИЙ РОД СУЩЕСТВИТЕЛЬНЫХ

Exercices et explications

1. Trouvez le féminin. Marquez les noms qui n'ont que la forme du masculin:

masculin	féminin
повар	
официант	
гимнаст	
художник	
дирижёр	
консультант	
дизайнер	
помощник	
солдат	

2. Voilà une liste de noms. Cochez les mots qui ne peuvent pas avoir la forme féminine (même dans la langue parlée). Utilisez un dictionnaire si nécessaire:

охотник   лидер   пилот
преподаватель   демократ   директор
пешеход   политик   академик
волк   аналитик   кассир
делегат   певец   моряк
советчик   румын   менеджер
историк   царь   портной
продавец   артист   рыбак
начальник   танцовщик   почтальон
программист   практикант   пекарь
публицист   пожарник   садовник
таксист   спортсмен   массажист
игрок   архитектор   футболист

3. Transformez les phrases en modifiant le genre des noms:
Exemple: Театр пригласил новых <u>актёров</u>. - Театр пригласил новых <u>актрис</u>.

1. Директор поздравил <u>школьников</u> с праздником. 2. Инженер позвонил <u>помощнику</u>. 3. Мне нравятся картины <u>художника</u>. 4. <u>Покупатель</u> оставил свой кошелёк в магазине. 4. У меня есть все книги <u>писателя</u>. 5. <u>Журналист</u> пишет статью о русской культуре. 6. На концерте <u>певцу</u> вручили награду. 7. На экзамене <u>студенты</u> получили хорошие оценки. 8. Я попросил <u>официанта</u> принести соль. 9. Врач выписал рецепт <u>пациенту</u>. 10. В зоопарке мы видели <u>льва</u>. 11. Мы знаем <u>переводчика</u> этой книги. 12. Мы наблюдали за игрой <u>шахматиста</u>.

En modifiant le genre du nom il est indispensable de modifier les terminaisons suivant le cas!

Мы узна́ли продавца́. (*Кого́? - Продавца́ / accusatif*)
— la terminaison du masculin singulier
— la terminaison du féminin singulier
Мы узна́ли продавщи́цу. (*Кого́? - Продавщи́цу / accusatif*)

NOM - ИМЯ СУЩЕСТВИТЕЛЬНОЕ
LE FÉMININ DES NOMS - ЖЕНСКИЙ РОД СУЩЕСТВИТЕЛЬНЫХ

✅ **Corrigés**

1.

masculin	féminin
повар	повариха
официант	официантка
гимнаст	гимнастка
художник	художница
дирижёр	дирижёр
консультант	консультантка
дизайнер	дизайнер
помощник	помощница
солдат	солдат

2.

пешеход	демократ	пилот
делегат	политик	академик
историк	аналитик	менеджер
игрок	пожарник	
лидер	архитектор	

3. 1. Директор поздравил <u>школьниц</u> с праздником. 2. Инженер позвонил <u>помощнице</u>. 3. Мне нравятся картины <u>художницы</u>. 4. <u>Покупательница</u> оставила свой кошелёк в магазине. 4. У меня есть все книги <u>писательницы</u>. 5. <u>Журналистка</u> пишет статью о русской культуре. 6. На концерте <u>певице</u> вручили награду. 7. На экзамене <u>студентки</u> получили хорошие оценки. 8. Я попросил <u>официантку</u> принести соль. 9. Врач выписал рецепт <u>пациентке</u>. 10. В зоопарке мы видели <u>львицу</u>. 11. Мы знаем <u>переводчицу</u> этой книги. 12. Мы наблюдали за игрой <u>шахматистки</u>.

NOM - ИМЯ СУЩЕСТВИТЕЛЬНОЕ

⚠️ **Auto-évaluation. Le nom**

1. Le nom désigne...

a) l'action d'un objet
b) un objet ou une personne
c) l'indice d'un objet
d) la façon de l'action

2. Dans la phrase suivante trouvez tous les noms :
Каждое утро Анри садится в автобус, выходит на остановке ВДНХ, идёт на станцию метро и через 15 минут он на входе университета.

a) автобус, остановка, ВДНХ, станция, метро, минут, университет
b) утро, Анри, автобус, выходит, остановка, ВДНХ, станция, метро, минут
c) утро, Анри, автобус, остановка, ВДНХ, станция, метро, минут, вход, университет
d) утро, Анри, автобус, остановка, ВДНХ, идёт, станция, минут, вход, университет

3. Dans la phrase suivante trouvez tous les noms du genre masculin :
Мальчик не хотел уезжать из города и поэтому он придумал историю о том, что его собака потеряла ошейник и нужно было вернуться в аэропорт.

a) мальчик, город, история, собака, ошейник
b) мальчик, город, ошейник, аэропорт
c) мальчик, город, собака, ошейник, аэропорт
d) мальчик, ошейник, собака, аэропорт

4. Choisissez le cas qui n'existe pas en russe.

a) accusatif
b) prépositionnel
c) datif
d) verbal

5. Le nom qui est toujours au pluriel c'est...

a) деньги
b) масло
c) молодёжь
d) апельсины

6. Dans la phrase «Виктор мечтает о велосипеде» le dernier mot est au cas...

a) prépositionnel
b) nominatif
c) datif
d) instrumental

NOM - ИМЯ СУЩЕСТВИТЕЛЬНОЕ

7. Trouvez la phrase où le nom a une terminaison incorrecte.

a) У меня нет телефона.
b) Мы встречаемся с друзья.
c) Они играют в футбол.
d) Я возвращаюсь домой.

8. Trouvez les noms qui appartiennent à la 1re déclinaison.

a) машина, медведь, дедушка, бумага
b) мышь, тишина, буква, время
c) путешествие, яхта, мечта, баня
d) папа, сабля, коробка, статуя

9. Trouvez le nom qui a le même radical que le verbe «строить».

a) страница
b) стройка
c) бистро
d) строчка

10. Dans quelle phrase le mot «парикмахер» est au cas instrumental ?

a) Анна работает парикмахером.
b) Я иду к парикмахеру.
c) Он ищет работу парикмахера.
d) Парикмахер поздоровался с клиентом.

11. Le nom qui est après la préposition «около» est au cas...

a) instrumental
b) accusatif
c) génitif
d) prépositionnel

12. Dans la phrase «Девочка играет с мяч... со своими друзья...» mettez les terminaisons correctes.

a) -а; -ми
b) -и; -х
c) -ом; -ми
d) -у; -м

NOM - ИМЯ СУЩЕСТВИТЕЛЬНОЕ

13. Dans quelle phrase a-t-on commis une faute de déclinaison ?
a) Бабушка дала внуку игрушку.
b) Мальчик катается на велосипеде.
c) Автобус остановился на остановкой.
d) В нашем саду растут цветы.

14. Dans les groupes de mots «много детей», «десять конфет», «нет статьи» les noms sont au cas ...
a) génitif
b) accusatif
c) instrumental
d) prépositionnel

15. Trouvez la bonne traduction de la phrase « Nous parlons de notre jardin ».
a) Мы говорим в нашем саду.
b) Мы говорим о нашем саду.
c) Мы говорим в нашем саде.
d) Мы говорим о нашем саде.

16. Dans les groupes de mots «открыть дверь», «слушать концерт», «писать письмо» les noms *дверь*, *концерт* et *письмо* sont au cas ...
a) instrumental
b) accusatif
c) génitif
d) datif

17. Trouvez les équivalents au pluriel des noms dans les groupes de mots «встретить друга», «открыть окно», «мыть лошадь».
a) встретить другов, открыть окна, мыть лошади
b) встретить друзей, открыть окна, мыть лошадей
c) встретить друзей, открыть окно, мыть лошади
d) встретить друзей, открыть окно, мыть лошадей

18. Le nom *стол* dans la phrase «Кошка сидит под столом» joue le rôle du ...
a) complément d'objet indirect
b) complément circonstanciel de temps
c) sujet
d) complément circonstanciel de lieu

NOM - ИМЯ СУЩЕСТВИТЕЛЬНОЕ

19. Ouvrez les parenthèses : «Дед Мороз дарит (подарки) (дети)».

a) Дед Мороз дарит подарки детям.
b) Дед Мороз дарит подаркам дети.
c) Дед Мороз дарит подаркам детям.
d) Дед Мороз дарит подарки дети.

20. Trouvez le féminin du nom сосед.

a) соседчица
b) соседница
c) соседка
d) соседица

✅ Corrigés

1. b)	11. c)
2. c)	12. c)
3. b)	13. c)
4. d)	14. a)
5. a)	15. d)
6. a)	16. b)
7. b)	17. b)
8. d)	18. d)
9. b)	19. a)
10. a)	20. c)

LE PRONOM

МЕСТОИМЕНИЕ remplace un nom, désigne une personne ou une chose et joue le rôle du sujet ou du complément dans la phrase

- PRONOM PERSONNEL
  - PRONOM SUJET
  - PRONOM COMPLÉMENT
- PRONOM POSSESSIF
- PRONOM INTERROGATIF
- PRONOM NÉGATIF
- PRONOM DÉMONSTRATIF
- PRONOM RÉFLÉCHI
- PRONOM RELATIF

Particularités des pronoms russes:

pronom possessif = adjectif possessif
Чья это ручка? - Моя́.
Это моя́ ручка.

pronom démonstratif = adjectif démonstratif
Какой дом ты купи́л? - Э́тот.
Я купи́л э́тот дом.

Tous les pronoms peuvent être déclinés. C'est pourquoi avec la forme initiale des pronoms il est indispensable d'apprendre les formes déclinées.
Э́тот учени́к у́чится хорошо́.
Cet élève étudie bien.
Э́тому ученику́ нужна́ по́мощь.
Cet élève a besoin de l'aide.

Tous les pronoms peuvent être employés indépendamment de leur position et leur rôle dans la phrase.
Я люблю́ э́тот парк.
J'aime ce parc.
Кто зада́л вопро́с? - Я.
Qui a posé la question? - Moi.

PRONOM - МЕСТОИМЕНИЕ
PRONOMS PERSONNELS - ЛИЧНЫЕ МЕСТОИМЕНИЯ

PRONOMS PERSONNELS
ЛИЧНЫЕ МЕСТОИМЕНИЯ

En russe les pronoms personnels ont la déclinaison tout comme les noms et, par rapport au français, on distingue le pronom de la 3e personne du singulier du genre neutre "оно́".

Retenez toutes les formes des pronoms personnels et observez leur usage

cas	singulier					pluriel		
PRONOM SUJET								
nominatif	я	ты	он	она́	оно́	мы	вы	они́
PRONOM COMPLÉMENT								
génitif	меня́	тебя́	его́ / него́*	её / неё*	его́ / него́*	нас	вас	их / них*
datif	мне	тебе́	ему́ / нему́*	ей / ней*	ему́ / нему́*	нам	вам	им / ним*
accusatif	меня́	тебя́	его́ / него́*	её / неё*	его́ / него́*	нас	вас	их / них*
instrumental	мной	тобо́й	им / ним*	ей / ней*	им / ним*	на́ми	ва́ми	и́ми / ни́ми*
prépositionnel	обо мне	о тебе́	о нём	о ней	о нём	о нас	о вас	о них

*- ces formes s'emploient après les prépositions: *про неё, о́коло них, ми́мо него́, из-за них, с ни́ми* etc.

Emploi des pronoms sujets

Par rapport aux pronoms français, les pronoms russes n'ont pas de place stricte

comme sujet dans les phrases nominales et verbales

<u>Студе́нт</u> сдал экза́мен. ⟶ <u>Он</u> сдал экза́мен. = Экза́мен <u>он</u> сдал.

Кто режиссёр спекта́кля? - <u>Я</u>.

Emploi des pronoms compléments

Le pronom doit être décliné au même cas que le nom qu'il remplace

comme complément d'objet direct ou indirect

Студе́нт сдал <u>экза́мен</u> *(accusatif)*. ⟶ Студе́нт <u>его́</u> сдал.

<u>Кого́</u> *(génitif)* нет на фотогра́фии? - <u>Меня́</u>.

comme complément circonstanciel avec ou sans préposition

Я гуля́ю с <u>подру́гой</u> *(instrumental)*. ⟶ Я гуля́ю с <u>ней</u>.

К <u>кому́</u> *(datif)* вы идёте? - К <u>ним</u>.

Grâce aux terminaisons des verbes les pronoms sujets peuvent être omis:

Они живу́т в Росси́и. = Живу́т в Роси́и.

PRONOM - МЕСТОИМЕНИЕ

PRONOMS PERSONNELS - ЛИЧНЫЕ МЕСТОИМЕНИЯ

 Exercices et explications

1. Observez l'emploi des pronoms personnels :

Мальчик одевает шапку. → Он одевает шапку.
Мальчик её одевает.
Он её одевает.

Рита разговаривает с подругой. → Она разговаривает с подругой.
Рита разговаривает с ней.
Она разговаривает с ней.

Саша сидит рядом с папой. → Он сидит рядом с папой.
Саша сидит рядом с ним.
Он сидит рядом с ним.

Женщина идёт в магазин. → Она идёт в магазин.
Женщина туда идёт.
Она туда идёт.

2. Observez l'emploi des pronoms personnels него, неё, ним, ней, них etc. :

Мы говорим о путешествии. → Мы говорим о нём.
Она живёт около аптеки. → Она живёт около неё.
Он гулял по улице. → Он гулял по ней.
Таня ушла к подружкам. → Таня ушла к ним.
Я узнал новость от друзей. → Я узнал новость от них.
Это история про счастье. → Это история про него.
Мальчик играет с девочкой. → Мальчик играет с ней.

3. Transformez les phrases en remplaçant les noms soulignés par les pronoms personnels :

1. Мы мечтаем о новой квартире. 2. Они хотят посмотреть этот фильм. 3. Аня и Катя готовятся к экзамену. 4. Бабушка закрыла окно. 5. Самолёт прилетел в аэропорт. 6. Я сделал упражнения. 7. Анри надевает брюки. 8. В нашем городе пять мостов и десять парков. 9. Женя попросил своего брата прийти. 10. В университете много студентов. 11. Книга находится на столе. 12. Мы хорошо написали диктант. 13. Ася подарила родителям подарок. 14. Собака спит возле дерева. 15. Телефон упал на пол. 16. Я рассказал друзьям о моей поездке в Москву.

Seuls les compléments circonstanciels de lieu ne peuvent pas être remplacés par les pronoms personnels. On emploie les adverbes там, туда **ou** оттуда :

Па́па рабо́тает на заво́де.
Па́па рабо́тает на нём.
Па́па там рабо́тает.

Они́ е́дут на юг.
Они́ е́дут на него́.
Они́ туда́ е́дут.

Pourtant parfois pour préciser le lieu ou un espace limité les compléments circonstanciels de lieu avec les prépositions в, во́зле, о́коло, пе́ред, под, над **etc. peuvent être remplacés par un pronom:**

Я живу́ в э́том до́ме.
Я в нём живу́.
Я там живу́.

Игру́шки лежа́т в коро́бке.
Игру́шки лежа́т в ней.
Игру́шки лежа́т там.

N'oubliez pas que les pronoms personnels remplacent les noms avec tous les attributs qui les accompagnent et sont du même genre que les noms remplacés:

Ма́ленькая де́вочка гуля́ет во дворе́.
Она́ гуля́ет во дворе́.

Я познако́мился с изве́стным писа́телем.
Я познако́мился с ним.

PRONOM - МЕСТОИМЕНИЕ

PRONOMS PERSONNELS - ЛИЧНЫЕ МЕСТОИМЕНИЯ

> Par rapport au français, les pronoms personnels russes peuvent être à la forme négative avec la particule **не**. Observez et comparez les traductions des phrases:
>
> Я **не** отказа́л им. - *Je ne leur ai pas refusé.*
> Я отказа́л **не** им. - *Ce ne sont pas eux à qui j'ai refusé.*
>
> Он **не** купи́л их. - *Il n'en a pas acheté.*
> Он купи́л **не** их. - *Ce ne sont pas eux qu'il a achetés.*
>
> Он **не** подари́л ей цветы́. - *Il ne lui a pas offert de fleurs.*
> Он подари́л **не** ей цветы́. - *Ce n'est pas elle à qui il a offert des fleurs.*

4. Traduisez en faisant attention au genre des noms en français et en russe:

1. Je pense venir chez vous vendredi. 2. Félix les a apportés hier (les livres). 3. Il ne l'a pas vu depuis trois ans (son ami). 4. Nous voulons les visiter (les parents). 5. Le jeune homme lui a téléphoné (à la jeune fille). 6. Il faut l'allumer (la lampe). 7. J'ai passé toute la soirée chez elle (ma sœur). 8. Paul veut la vendre (sa maison). 9. Elle ne peut pas le trouver (son dictionnaire). 10. Claire ne veut pas le regarder (le téléviseur). 11. Vous pouvez vous adresser à lui (au directeur). 12. Victor l'a perdue (sa montre). 13. Il l'a mis (le pantalon). 14. La fille ne l'a pas reconnue (sa mère). 14. Ce n'est pas pour lui que j'ai apporté ce manuel de français. 15. Pourquoi ne l'apprenez-vous pas? (l'espagnol) 16. Galina les aime beaucoup (les roses). 17. L'étudiant ne l'a pas remarquée (sa faute). 18. Je doit le rédiger demain (l'article).

> La place des pronoms compléments n'est pas strictement déterminée même si dans la phrase il y en a quelques:
>
> Он принёс <u>де́вушке</u> <u>пода́рок</u>.
> ↓
> Он его́ ей принёс. = Он ей его́ принёс. = Он ей принёс его́. = Он его́ принёс ей. = Он принёс его́ ей. = Он принёс ей его́.

5. Trouvez les équivalents en français:

1. Поль его объяснил (правило).
a) Paul l'a expliquée.
b) Paul lui a expliqué.

2. Эрик её уже прочитал (книгу).
a) Eric l'a déjà lu.
b) Eric lui a déjà lu.

3. Он хотел её спросить (подругу).
a) Il voulait la demander.
b) Il voulait lui demander.

4. Я уже ему отправил (брату).
a) Je l'ai déjà envoyé.
b) Je lui ai déjà envoyé.

5. Она отказалась от неё (от помощи).
a) Elle l'a refusée.
b) Elle lui a refusé.

6. Мы думаем не о них (о проблемах).
a) Nous n'y pensons pas.
b) Ce n'est pas à eux que nous pensons.

PRONOM - МЕСТОИМЕНИЕ

PRONOMS PERSONNELS - ЛИЧНЫЕ МЕСТОИМЕНИЯ

✅ Corrigés ✕

3. 1. Мы мечтаем о <u>ней</u>. 2. Они хотят посмотреть <u>его</u>. 3. Аня и Катя готовятся к <u>нему</u>. 4. Бабушка закрыла <u>его</u>. 5. <u>Он</u> прилетел в аэропорт. 6. Я сделал <u>их</u>. 7. Анри надевает <u>их</u>. 8. В <u>нём</u> пять мостов и десять парков. 9. Женя попросил <u>его</u> прийти. 10. В университете много <u>их</u>. 11. Книга находится на <u>нём</u>. 12. Мы хорошо написали <u>его</u>. 13. Ася подарила <u>им</u> подарок. 14. Собака спит возле <u>него</u>. 15. <u>Он</u> упал на пол. 16. Я рассказал друзьям о <u>ней</u>.

4. 1. Я думаю приехать к вам в пятницу. 2. Феликс принёс их вчера. 3. Он его не видел три года. 4. Мы хотим повидать их. 5. Молодой человек позвонил ей. 6. Надо её включить. 7. Я провёл весь вечер у неё. 8. Поль хочет его продать. 9. Она не может найти его. 10. Клэр не хочет его смотреть. 11. Вы можете к нему обратиться. 12. Виктор их потерял. 13. Он их надел. 14. Девочка её не узнала. 14. Я принёс этот учебник по французскому не для него. 15. Почему вы его не учите? 16. Галина их очень любит. 17. Студент её не заметил. 18. Я должен её написать завтра.

5. 1. a)   4. b)
     2. a)   5. a)
     3. b)   6. b)

Le placement du pronom complément au début de la phrase met en relief ce pronom et met l'accent logique sur lui. Comparez:

Я верну́л ей де́ньги. – *Je lui ai rendu son argent.*
Ей я верну́л де́ньги. – *C'est à elle que j'ai rendu son argent.*

   Она́ встре́тила его́. – *Elle l'a rencontré.*
   Его́ она́ встре́тила. – *C'est lui qu'elle a rencontré.*

Pourtant si l'on veut mettre en relief le pronom sujet, il ne faut que modifier l'intonation sur ce pronom et la rendre plus prolongée:

Мы забы́ли зо́нтик. – *Nous avons oublié le parapluie.*
Мы (on prononce "мыыы") забы́ли зо́нтик. –
            C'est nous qui avons oublié le parapluie.

Я пойду́ в кино́. – *J'irai au cinéma.*
Я (on prononce "яаа") пойду́ в кино́. – *C'est moi qui irai au cinéma.*

PRONOM - МЕСТОИМЕНИЕ

PRONOMS POSSESSIFS
ПРИТЯЖАТЕЛЬНЫЕ МЕСТОИМЕНИЯ

Par rapport aux pronoms possessifs français les pronoms possessifs russes ont la même forme que les adjectifs possessifs, ils sont inséparables. C'est pourquoi nous allons les aborder tous.

PRONOM POSSESSIF = ADJECTIF POSSESSIF

Retenez la déclinaison des possessifs

cas	я	ты	он оно	она	мы	вы	они
nominatif	мой m моя́ f моё n мои́ pl	твой m твоя́ f твоё n твои́ pl	его́	её	наш m на́ша f на́ше n на́ши pl	ваш m ва́ша f ва́ше n ва́ши pl	их
génitif	моего́ m мое́й f моего́ n мои́х pl	твоего́ m твое́й f твоего́ n твои́х pl	его́	её	на́шего m на́шей f на́шего n на́ших pl	ва́шего m ва́шей f ва́шего n ва́ших pl	их
datif	моему́ m мое́й f моему́ n мои́м pl	твоему́ m твое́й f твоему́ n твои́м pl	его́	её	на́шему m на́шей f на́шему n на́шим pl	ва́шему m ва́шей f ва́шему n ва́шим pl	их
accusatif	моего́ m мою́ f моего́ n мои́х pl	твоего́ m твою́ f твоего́ n твои́х pl	его́	её	на́шего m на́шу f на́шего n на́ших pl	ва́шего m ва́шу f ва́шего n ва́ших pl	их
instrumental	мои́м m мое́й f мои́м n мои́ми pl	твои́м m твое́й f твои́м n твои́ми pl	его́	её	на́шим m на́шей f на́шим n на́шими pl	ва́шим m ва́шей f ва́шим n ва́шими pl	их
prépositionnel	о моём m о мое́й f о моём n о мои́х pl	о твоём m о твое́й f о твоём n о твои́х pl	о его́	о её	о на́шем m о на́шей f о на́шем n о на́ших pl	о ва́шем m о ва́шей f о ва́шем n о ва́ших pl	об их

- les possessifs qui s'accordent avec le possesseur et l'objet qui lui appartient
- les possessifs qui marquent le genre et le nombre du possesseur

PRONOM - МЕСТОИМЕНИЕ

PRONOMS POSSESSIFS - ПРИТЯЖАТЕЛЬНЫЕ МЕСТОИМЕНИЯ

Emploi des possessifs en tant qu'adjectifs

Les possessifs inscrits dans les carrés jaunes s'emploient avec les noms avec lesquels ils s'accordent en nombre et en genre. En outre leurs formes marquent le nombre du possesseur

Мой дом нахо́дится не далеко́.
Ma maison n'est pas loin.
Ма́льчик гуля́ет с на́шей соба́кой.
Le garçon se promène avec notre chien.
У твои́х роди́телей есть автомоби́ль?
Tes parents ont-ils une voiture?

Les possessifs inscrits dans les carrés oranges s'emploient avec les noms avec lesquels ils ne s'accordent pas. Ces possessifs ne marquent que le nombre (их) ou le nombre et le genre (его, её) du possesseur

Его́ кни́га лежи́т на дива́не.
Son livre est sur le divan.
Ле́на у́чится в их университе́те.
Léna étudie dans leur université.
Я не нашёл её телефо́н.
Je n'ai pas trouvé son téléphone.

Observez l'emploi des possessifs *его, её* en comparant les traductions des phrases.

Son frère travaille au restaurant.
Le possessif français ne traduit pas le genre de la personne à qui appartient une personne/un objet.

Его́ брат рабо́тает в рестора́не.
Le possessif russe indique que le possesseur est du genre masculin (le frère d'un homme).

Её брат рабо́тает в рестора́не.
Le possessif russe précise que le possesseur est du genre féminin (le frère d'une femme).

Её тетра́ди в су́мке.
Le possessif russe précise que c'est une fille/femme qui possède les cahiers.

Ses cahiers sont dans le sac.
Le possessif français ne donne pas l'information complète (sauf que le possesseur est de la 3e personne du singulier), mais il indique le pluriel de l'objet (les cahiers)

Ainsi d'après les possessifs russes on peut définir le genre grammatical du possesseur

Emploi des possessifs en tant que pronoms

Les possessifs peuvent remplacer les noms en indiquant la personne à laquelle ils appartiennent. L'emploi de его, её, их est le même

Чей рюкза́к лежи́т на сту́ле? - Мой.
О чьих пробле́мах вы вчера́ говори́ли? - О её.
На чьём велосипе́де ты ката́ешься? - На его́.
Во́зле чьего́ до́ма вы живёте? - Во́зле ва́шего.
На чей день рожде́ния вы купи́ли пода́рки? - На их.

PRONOM - МЕСТОИМЕНИЕ

PRONOMS POSSESSIFS - ПРИТЯЖАТЕЛЬНЫЕ МЕСТОИМЕНИЯ

Emploi du possessif "свой"

Les possessifs свой, своя́, своё, свои́ peuvent être employés au lieu des possessifs essentiels. Eux aussi ils ont la déclinaison mais s'accordent avec le nom qui suit.

Он не мо́жет найти́ свой журна́л.
Она́ лю́бит смотре́ть свои́ фотогра́фии.
Они́ потеря́ли своего́ дру́га.
Вчера́ мы е́здили к свои́м роди́телям.

Retenez la déclinaison

cas	masc.	fém.	neutre	pluriel
nominatif	свой	своя́	своё	свои́
génitif	своего́	свое́й	своего́	свои́х
datif	своему́	свое́й	своему́	свои́м
accusatif	своего́	свою́	своё	свои́/свои́х
instrumental	свои́м	свое́й	свои́м	свои́ми
prépositionnel	о своём	о свое́й	о своём	о свои́х

Observez l'emploi des possessifs свой, своя, своё, свои en comparant les traductions des phrases.

La fille joue avec son chat. → **Де́вочка игра́ет с её ко́шкой.**

↓

Де́вочка игра́ет со свое́й ко́шкой.

Dans cette phrase le possessif "свое́й" qui est accordé avec le nom "ко́шка" en nombre, en genre et décliné au même cas indique que le chat appartient à cette fille et il n'y a aucun tiers. Si vous voulez exprimer cette idée, il est préférable d'employer le possessif "своя́" afin d'éviter l'équivoque.

Dans cette phrase le possessif "её" indique que, logiquement, le chat appartient à cette fille-là. Pourtant pour les natifs russes l'emploi de ce possessif signifierait qu'il y a encore une autre fille/femme à laquelle appartient ce chat et la fille joue avec le chat de cette personne. C'est pourquoi l'emploi de "её" provoquerait une équivoque.

Я чита́ю свою́ газе́ту. → **Je lis mon journal.**

свой → его
его ↛ свой

En français il n'y pas d'équivalent du mot russe "своя́", c'est pourquoi la seule variante est possible. Pourtant, pour exprimer ou renforcer la possession d'un objet/une personne on peut ajouter au nom l'adjectif propre:

Je lis mon propre journal.

... ou ajouter l'expression "à + pronom personnel tonique":

Je lis mon journal à moi.

PRONOM - МЕСТОИМЕНИЕ

PRONOMS POSSESSIFS - ПРИТЯЖАТЕЛЬНЫЕ МЕСТОИМЕНИЯ

Exercices et explications

1. Mettez les possessifs convenables.
Modèle :
Это моя сестра, а это .... подруга.
Это моя сестра, а это ёё подруга.

1. Это Андрей, а это .... мама. 2. Это Иван, а это .... сестра. 3. Это мои дедушка и бабушка, а это .... фотография. 4. Это дети, а это .... родители. 5. Это мой сосед, а это .... машина. 6. Это наши друзья, а это .... родственники.

2. Ouvrez les parenthèses en mettant les possessifs aux cas convenables.

1. Я хочу познакомить тебя с (мой) другом.
2. Расскажи о (своя) подруге.
3. Это комната (моя) младшей сестры.
4. Вы видели новое здание (наш) университета?
5. Обычно я хожу в кино со (свои) одноклассниками.
6. Мы поздоровались с (наш) преподавателем.
7. Ты знаешь (его) планы на завтра?
8. Он принёс цветы (моя) сестре.
9. Я говорил по телефону с (твой) братом.
10. Я помогаю изучать русский язык (свои) студентам.
11. Он любит (свои) родителей.
12. Мы были в гостях у (наши) старых друзей.
13. Вчера они приходили к (ваши) родителям.
14. Вы видели результаты (ваша) работы?
15. Ты звонил (мои) соседям?
16. Мальчик не узнал (свой) отца.
17. Девушка прочитала (его) письмо.

3. Trouvez des fautes dans le texte en faisant attention aux possessifs.

Сегодня я встретил своего друга Андрея. Он сказал, что не может найти свою книгу. Когда я пришёл домой, я увидел свою книгу на моём столе. Я позвонил Андрею и сказал, что своя книга у меня. Андрей попросил вернуть её. Вечером я отнёс другу его книгу.

Faites attention à ce que les possessifs *свой, своя, своё, свои* ne peuvent pas accompagner le sujet de la phrase ou le prédicat nominal:

~~Своя~~
Её ру́чка не пи́шет.

~~Свои~~
На́ши друзья́ не приду́т.

~~Свой~~
Это их дом.

En outre, si l'objet/la personne exprimé par le complément d'objet n'appartient pas à l'objet/la personne exprimé par le sujet, les possessifs ne peuvent JAMAIS être remplacés par les possessifs *свой, своя, своё, свои*:

Я взял ключи́ бра́та.

~~свои~~
Я взял его ключи́.

Si vous utilisez *свои*, vous voulez dire que les clés sont à vous.

Он укра́л портмоне́ моего́ отца́.

~~свой~~ ←
Он укра́л его портмоне́.

Si on met *свой*, cela signifiera que le porte-monnaie appartient à celui qui l'a volé.

Де́вушка наде́ла пальто́ подру́ги.

~~своё~~
Де́вушка оде́ла её пальто́.

Dans d'autres cas il est préférable d'employer *свой, своя, своё, свои* pour rendre la phrase plus authentique:

Я нашёл мою́ тетра́дь.

Я нашёл свою́ тетра́дь.

Le cahier est à moi, c'est pourquoi on peut employer *свою*.

PRONOM - МЕСТОИМЕНИЕ *PRONOMS POSSESSIFS - ПРИТЯЖАТЕЛЬНЫЕ МЕСТОИМЕНИЯ*

4. Répondez aux questions d'après le modèle.
Modèle: Чей это учебник? Твой? (*твой*) – Нет, это не мой. Это *твой* учебник.
  Чья это ручка? Ваша? - Да, моя.

1. Чей это словарь? Твой? (их) - Нет, _____
2. Чья это книга? Ваша? (моя) - Да, _____
3. Чьё это письмо? Моё? (его) - Нет, _____
4. Чьи это тетради? Наши? (мои) - Нет, _____
5. Чей это автомобиль? Твой? (её) - Нет, _____
6. Чей это компьютер? Ваш? (мой) - Да, _____
7. Чья это сумка? Моя? (моя) - Нет, _____

5. Mettez les possessifs convenables.
Modèle: Сестра спит. Это ... комната.
  Сестра спит. Это её комната.

1. Студентка пишет текст. Это ... тетрадь.
2. Я читаю книгу. Это ... книга.
3. Мы сидим здесь. Это ... класс.
4. Он курит. Это ... сигареты.
5. Она работает в школе. Это ... кабинет.
6. Брат читает. Это ... газета.
7. Ты повторяешь слова. Это ... словарь.
8. Мой друг учится на экономическом факультете. Это ... университет.
9. Его родители ездили в Италию. Это ... фотографии.
10. Елена пойдёт в музей. Это ... билеты.
11. Ваня и Катя учат английский язык. Это ... преподаватель.
12. Я люблю животных. Это ... собака.
13. Саше подарили игрушки. Это ... железная дорога.
14. Они приехали. Это ... вещи.

> Si la phrase contient les expressions "У меня есть ...", "У тебя есть ...", "У него есть ..." etc., il faut employer **les possessifs** свой, своя, своё, свои **au lieu des possessifs essentiels.** Observez:
> У меня́ есть своя́ кварти́ра (au lieu de "У меня́ есть моя́ кварти́ра")
>
> У него́ есть свой ключ (au lieu de "У него́ есть его́ ключ")
>
> **En employant ces mots on souligne la possession d'un objet ce qui est exprimé en français par l'adjectif "propre":**
> У меня́ есть своя́ кварти́ра.
>   - J'ai mon propre appartement.
>
> У него́ есть свой ключ.
>   - Il a sa propre clé.

6. Traduisez en faisant attention aux particularités des possessifs russes :

1. C'est une histoire sur une famille pauvre, sur sa vie, sur ses difficultés.
2. Nous avons discuté nos problèmes, nous avons parlé de mes études à l'université.
3. Est-ce votre enfant qui pleure? - Non, ce n'est pas mon enfant. C'est l'enfant du voisin.
4. Vous avez vu mes lunettes? - Non, je ne les ai pas vues. Alors je ne trouve pas les miennes.
5. Où habite ton amie Nicole? Je veux la voir. - Sa chambre est au-dessous de la nôtre.
6. Tenez, voilà mes cigarettes. - Merci, j'ai les miennes.
7. Ce n'est pas seulement la faute de François, c'est aussi la tienne.
8. Voilà nos manuels et voilà les leurs.
9. Il a refusé de donner son adresse aussi bien que la vôtre.
10. Ouvrez vos cahiers, prenez vos stylos et écrivez la date.
11. Ma sœur aime voyager. Elle prend toujours son carnet, ses crayons et dessine la nature.
12. Tu as apporté son livre? - Oui, je vais le lui rendre. Et toi, tu as apporté le mien?

PRONOM - МЕСТОИМЕНИЕ

PRONOMS POSSESSIFS - ПРИТЯЖАТЕЛЬНЫЕ МЕСТОИМЕНИЯ

✅ **Corrigés** ✕

1. 1. Это Андрей, а это <u>его</u> мама. 2. Это Иван, а это <u>его</u> сестра. 3. Это мои дедушка и бабушка, а это <u>их</u> фотография. 4. Это дети, а это <u>их</u> родители. 5. Это мой сосед, а это <u>его</u> машина. 6. Это наши друзья, а это <u>их</u> родственники.

2. 1. Я хочу познакомить тебя с <u>моим</u> другом. 2. Расскажи о <u>своей</u> подруге. 3. Это комната <u>моей</u> младшей сестры. 4. Вы видели новое здание <u>нашего</u> университета? 5. Обычно я хожу в кино со <u>своими</u> одноклассниками. 6. Мы поздоровались с <u>нашим</u> преподавателем. 7. Ты знаешь <u>его</u> планы на завтра? 8. Он принёс цветы <u>моей</u> сестре. 9. Я говорил по телефону с <u>твоим</u> братом. 10. Я помогаю изучать русский язык <u>своим</u> студентам. 11. Он любит <u>своих</u> родителей. 12. Мы были в гостях у <u>наших</u> старых друзей. 13. Вчера они приходили к <u>вашим</u> родителям. 14. Вы видели результаты <u>вашей</u> работы? 15. Ты звонил <u>моим</u> соседям? 16. Мальчик не узнал <u>своего</u> отца. 17. Девушка прочитала <u>его</u> письмо.

3. Сегодня я встретил своего друга Андрея. Он сказал, что не может найти свою книгу. Когда я пришёл домой, я увидел <u>его</u> книгу на моём столе. Я позвонил Андрею и сказал, что <u>его</u> книга у меня. Андрей попросил вернуть её. Вечером я отнёс другу его книгу.

4.
1. Чей это словарь? Твой? (их) - Нет, это не мой. Это их словарь.
2. Чья это книга? Ваша? (моя) - Да, моя.
3. Чьё это письмо? Моё? (его) - Нет, это не твоё. Это его письмо.
4. Чьи это тетради? Наши? (мои) - Нет, это не твои. Это мои тетради.
5. Чей это автомобиль? Твой? (её) - Нет, это не мой. Это её автомобиль.
6. Чей это компьютер? Ваш? (мой) - Да, мой.
7. Чья это сумка? Моя? (моя) - Нет, это не твоя. Это моя сумка.

5. 1. Студентка пишет текст. Это её тетрадь. 2. Я читаю книгу. Это моя книга. 3. Мы сидим здесь. Это наш класс. 4. Он курит. Это его сигареты. 5. Она работает в школе. Это её кабинет. 6. Брат читает. Это его газета. 7. Ты повторяешь слова. Это твой словарь. 8. Мой друг учится на экономическом факультете. Это его университет. 9. Его родители ездили в Италию. Это их фотографии. 10. Елена пойдёт в музей. Это её билеты. 11. Ваня и Катя учат английский язык. Это их преподаватель. 12. Я люблю животных. Это моя собака. 13. Саше подарили игрушки. Это его железная дорога. 14. Они приехали. Это их вещи.

6. 1. Это история о бедной семье, о её жизни, о её трудностях. 2. Мы обсудили наши проблемы, мы поговорили о моей учебе в университете. 3. Это ваш ребёнок плачет? - Нет, это не мой ребёнок. Это ребёнок соседа. 4. Вы видели мои очки? - Нет, я их не видел. Теперь я не нахожу свои. 5. Где живёт твоя подруга Николь? - Её комната под нашей. 6. Держите, вот мои сигареты. - Спасибо, у меня есть свои. 7. Это не только ошибка Франсуа, это также твоя. 8. Вот наши учебники, а вот их. 9. Он отказался дать свой адрес также как твой. 10. Откройте свои тетради, возьмите свои ручки и напишите дату. 11. Моя сестра любит путешествовать. Она берет всегда свой блокнот, свои карандаши и рисует природу. 12. Ты принёс его/её книгу? - Да, я верну её. А ты, ты принёс мою?

PRONOMS RELATIFS
ОТНОСИТЕЛЬНЫЕ МЕСТОИМЕНИЯ

Les pronoms relatifs introduisent les propositions subordonnées et jouent dans la phrase le même rôle que les conjonctions. Tous les pronoms relatifs se déclinent.

Retenez la déclinaison des pronoms relatifs "кто" et "что"

cas	кто	что
nominatif	кто	что
génitif	кого́	чего́
datif	кому́	чему́
accusatif	кого́	что
instrumental	кем	чем
prépositionnel	о ком	о чём

Emploi des pronoms relatifs "кто", "что"

Le pronom "кто" désigne une personne ou un animé. Dans la phrase il peut jouer le rôle du sujet (le verbe est à la 3e personne du singulier masculin) ou du complément (le verbe s'accorde avec le sujet)

Мы не зна́ли, кто вошёл в дом.
Nous ne savions qui était entré dans la maison.
Она́ не слы́шала, о ком говори́ли её друзья́.
Elle n'entendait pas de qui ses amis parlaient.
Он не понима́л, пе́ред кем он выступа́л.
Il ne comprenait pas devant qui il chantait.

Le pronom "что" désigne un objet inanimé. Il peut jouer le rôle du sujet (le verbe est à la 3e personne du singulier neutre) ou du complément (le verbe s'accorde avec le sujet)

Я не по́нял, что упа́ло в ко́мнате.
Je n'ai pas compris ce qui est tombé dans la chambre.
Он сказа́л всё, что он ду́мает о тебе́.
Il a dit tout ce qu'il pense de toi.
Мы по́мним всё, чему́ вы нас учи́ли.
Nous nous rappelons tout ce que vous nous avez appris.

PRONOM - МЕСТОИМЕНИЕ
PRONOMS RELATIFS - ОТНОСИТЕЛЬНЫЕ МЕСТОИМЕНИЯ

Retenez la déclinaison des pronoms relatifs "чей", "какой" et "который"

cas	masc.	fém.	neutre	pluriel
nominatif	чей како́й кото́рый	чья кака́я кото́рая	чьё како́е кото́рое	чьи каки́е кото́рые
génitif	чьего́ како́го кото́рого	чьей како́й кото́рой	чьего́ како́го кото́рого	чьих каки́х кото́рых
datif	чьему́ како́му кото́рому	чьей како́й кото́рой	чьему́ како́му кото́рому	чьим каки́м кото́рым
accusatif	чей (чьего́) како́й (како́го) кото́рый (кото́рого)	чью каку́ю кото́рою	чьё како́е кото́рое	чьи (чьих) каки́е (каки́х) кото́рые (кото́рых)
instrumental	чьим каки́м кото́рым	чьей како́й кото́рой	чьим каки́м кото́рым	чьи́ми каки́ми кото́рыми
prépositionnel	о чьём о како́м о кото́ром	о чьей о како́й о кото́рой	о чьём о како́м о кото́ром	о чьих о каки́х о кото́рых

Emploi du pronom relatif "чей"

Le pronom "чей" exprime la possession d'un objet animé ou inanimé. Dans la phrase il peut jouer le rôle d'un complément d'objet indirect ou faire partie d'un attribut

Я не уве́рен, чья это тетра́дь.
Je ne suis pas sûr à qui est ce cahier.

Он у меня́ спроси́л, чья маши́на была́ припарко́вана во́зле вхо́да.
Il m'a demandé à qui était la voiture garée près de la sortie.

Ты до́лжен ему́ сказа́ть, чьи де́ньги ты взял.
Tu dois lui dire à qui est l'argent que tu as pris.

⚠ Faites attention à ce que <u>devant tous les pronoms relatifs</u> il est indispensable de mettre la virgule!!! Retenez-le:

Он не по́мнил, кто вошёл в зал.
Я не ви́дел, что происхо́дит за две́рью.

PRONOM - МЕСТОИМЕНИЕ

PRONOMS RELATIFS - ОТНОСИТЕЛЬНЫЕ МЕСТОИМЕНИЯ

Emploi du pronom relatif "какой"

Le pronom "какой" marque l'indice d'un objet. Dans la phrase il peut jouer le rôle d'un attribut de nom ou d'un prédicat

Он мне не говорил, какой цвет ему нравится.
Il ne m'a pas dit quelle couleur lui plaît.

Она не помнит, какая марка автомобиля была у её клиента.
Elle ne se rappelle pas quelle était la marque de l'auto de client.

Emploi du pronom relatif "который"

Le pronom "который" marque l'indice d'un objet. Mais par rapport aux autres pronoms relatifs dans la phrase il peut jouer le rôle d'un sujet, d'un complément direct ou indirect, d'un attribut de nom

Человек, которого я вам рекомендовал, является знаменитым фотографом.
L'homme que je vous ai recommandé est un photographe connu.

Я не могу найти книгу, о которой ты мне говорила.
Je ne peux pas trouver le livre dont tu m'as parlé.

Мы хотим пойти на площадь, на которой находится памятник Толстому.
Nous voulons visité la place où se trouve le monument à Tolstoï.

Retenez la déclinaison du pronom négatif "сколько"

cas	pluriel
nominatif	сколько
génitif	скольких
datif	скольким
accusatif	сколько (скольких)
instrumental	сколькими
prépositionnel	о скольких

⚠ La déclinaison du pronom relatif "сколько" n'existe qu'au pluriel

Emploi du pronom relatif "сколько"

Le pronom "сколько" exprime la quantité d'un objet. Son rôle dans la phrase dépend de la manière de son emploi. Alors si le pronom est employé au nominatif avec un nom au génitif, il peut jouer le rôle du sujet, du complément direct ou du complément circonstanciel. Pourtant, si "сколько" est décliné à un des cas excepté le nominatif, il ne joue que le rôle d'un complément direct ou indirect

Они не знают, сколько рек в стране.
Ils ne savent combien de fleuves il y a au pays.

Напомните ему, о скольких гостях мы говорили.
Rappelez-lui de combien d'invités on a parlé.

PRONOM - МЕСТОИМЕНИЕ
PRONOMS RELATIFS - ОТНОСИТЕЛЬНЫЕ МЕСТОИМЕНИЯ

 Exercices et explications

1. Observez l'emploi des pronoms relatifs russes et français, tâchez de dégager leurs différences essentielles.

a) 1. Это проблема, которую он не может решить.
   C'est un problème qu'il ne peut pas résoudre.
2. Это проблема, которая его очень беспокоит.
   C'est un problème qui le dérange beaucoup.
3. Это проблема, о которой он часто думает.
   C'est un problème auquel il pense beaucoup.
4. Это проблема, о которой он мне часто говорит.
   C'est un problème dont il me parle souvent.
5. Это проблема, с которой он постоянно жил.
   C'est un problème avec lequel il vivait toujours.

b) 1. Я не знаю человека, который вошёл.
   Je ne connais pas la personne qui est entrée.
2. Я не знаю человека, которого ты мне рекомендуешь.
   Je ne connais pas la personne que tu me recommande.
3. Я не знаю человека, о котором идёт речь.
   Je ne connais pas la personne dont on parle.
4. Я не знаю человека, с которым вчера беседовал.
   Je ne connais pas la personne à qui tu as parlé hier.
5. Я не знаю человека, которому пообещал помощь.
   Je ne connais pas la personne à qui j'ai promis mon aide.
6. Я не знаю человека, чьё имя тут написано.
   Je ne connais pas la personne dont le nom est écrit ici.
7. Я не знаю человека, с которым гуляла моя сестра.
   Je ne connais pas la personne avec qui ma sœur se promenait.

Grâce à la déclinaison le russe ne dispose pas de l'abondance des pronoms relatifs que le français. Le seul pronom "который" peut jouer le rôle du sujet, du complément direct ou indirect, du complément prépositionnel, tandis qu'en français ces rôles sont joués par de différents pronoms:

друг, кото́рый мне позвони́л (друг est un sujet) - l'ami qui m'a téléphoné

друг, кото́рому я благода́рен (друг est un complément d'objet indirect) - l'ami à qui je suis reconnaissant

друг, кото́рого я уважа́ю (друг est un complément d'objet direct) - l'ami que je respecte

друг, о кото́ром я тебе́ говори́л (друг est un complément d'objet indirect) - l'ami dont je t'ai parlé

друг, с кото́рым я путеше́ствовал (друг est un complément prépositionnel) - l'ami avec qui j'ai voyagé

---

2. Traduisez les séries ci-dessous.

1. дом, за которым они прячутся
2. журналы, на которые я хочу подписаться
3. шум, который не прекращался
4. роль, которую она сыграла
5. комната, в которой мы жили
6. друг, которому я вас рекомендовал
7. суп, который стоит на столе
8. словарь, которым ты пользуешься
9. совет, которым я воспользовался
10. ответ, которым она удивлена
11. дело, за которое мы ответственны
12. газета, которую ты оставил у меня
13. деньги, которые ты потерял
14. правила, которые написаны в книге
15. друг, чьё имя я забыл
16. писатель, чьи романы я читал

PRONOM - МЕСТОИМЕНИЕ
PRONOMS RELATIFS - ОТНОСИТЕЛЬНЫЕ МЕСТОИМЕНИЯ

3. Trouvez l'emploi correct des pronoms relatifs français.

I.
1. студентка, с которой я познакомился
2. студентка, которая сидит у окна
3. студентка, к которой я ходил
4. студентка, которую ты увидел
5. студентка, которой я написал письмо
6. студентка, которой я доволен

a) l'étudiante dont ...
b) l'étudiante à qui ...
c) l'étudiante que ...
d) l'étudiante qui ...
e) l'étudiante avec qui ...
f) l'étudiante chez qui ...

II.
1. книга, которую я прочитал
2. книга, которая лежит на полке
3. книга, автор которой мой отец
4. книга, с которой она пришла на лекцию
5. книга, о которой вы постоянно думаете

a) le livre qui ...
b) le livre auquel ...
c) le livre dont ...
d) le livre que ...
e) le livre avec lequel ...

4. Traduisez en russe.

1. Voilà la femme qui vous attend depuis une heure. 2. Le train que vous attendez arrive dans cinq minutes. 3. Le concert auquel il doit assister a lieu la semaine prochaine. 4. J'ai rencontré Pierre avec qui je voulais allez au cinéma. 5. La discussion à laquelle il doit prendre part se passe demain. 6. Elle parle à son amie pour qui elle a préparé ce cadeau. 7. Anne habite la maison qui se trouve non loin du musée de l'Ermitage. 8. Nous lisons la lettre que nos parents ont envoyée. 9. Je veux acheter le livre qu'Alex m'a recommandé. 10. Il a oublié le manuel de russe qui était sur son bureau. 11. Elle veut rendre visite à sa mère qui travaille à l'agence touristique. 12. J'attends le voyage en Russie auquel je pense tous les jours. 13. Éric connaît le peintre dont les tableaux ornent les murs de sa maison. 14. Il ne peut pas trouver le jouet que son père a ramené du Canada. 15. C'est mon ami de la faculté avec qui je veux aller à la conférence.

5. Lisez les phrases et observez l'emploi des pronoms "кто", "что" et "какой". Tâchez de trouver l'équivalent des pronoms en français.

1. Анжелика знает, кто ответственный за эту конференцию.
2. Антон в курсе, кто забрал цветы с вазой.
3. Я не понимаю, кого вы ищете в этом зале.
4. Она слышала, кому поручили это дело.
5. Давид догадывается, о ком идет речь.
6. Моя дочь видела, кому вы отдали портмоне.

    1. Она вам скажет, что лежит в этой коробке.
    2. Сашу интересует, что находится за этим домом.
    3. Вы понимаете, к чему всё это приведёт?
    4. То, что он нарисовано на картинке, мечта моего отца.
    5. Скажите нам, что вы хотите сделать.
    6. Она не обратила внимание на то, что происходило вокруг неё.

Attention!!! Le pronom "ce" devant les pronoms "que" et "qui" est rarement employé en russe.

Je sais <u>ce</u> que tu veux me dire.
Я знаю, что ты хо́чешь мне сказа́ть.

1. Покажи, какую игрушку ты хочешь.
2. Она знает, какое платье я люблю.
3. Я не видел, какой автомобиль они купили.
4. Отгадай, какой мой любимый цвет.
5. Меня интересует, в какой из музеев мы идём.
6. Он не понимает, на каком языке она говорит.

PRONOM - МЕСТОИМЕНИЕ

PRONOMS RELATIFS - ОТНОСИТЕЛЬНЫЕ МЕСТОИМЕНИЯ

6. Mettez les pronoms relatifs qui conviennent.

1. Мы идём в клинику, в ... работает моя сестра. 2. Я ищу словарь, ... подарил мне брат. 3. Ему нужен инструмент, без ... он не может обойтись. 4. Сегодня я сдаю экзамен, ... боятся все студенты. 5. Это то, ... ей нравится больше всего. 6. Мы вошли в комнату, в середине ... стоял стол. 7. Я не нашёл журнал, ... ты оставил у меня дома. 8. Он с радостью читал газету, в ... опубликована его статья. 9. Это мой друг, ... я очень уважаю. 10. Врач, ... ты мне рекомендовал, работает по вторникам. 11. Он вошёл в кабинет и не знал, к ... преподавателю обратиться. 12. Мария смотрит фильм, ... мы смотрели в кинотеатре. 13. Давайте пойдём в ресторан, ... находится возле Красной площади. 14. Он не знает, ... это учебник. 15. В детстве я играл с друзьями, ... жили недалеко от моего дома. 16. Мы хотим присутствовать на соревнованиях, к ... готовится наш сын. 17. Он не подозревал, к ... трагедии могли привести его действия. 18. Подскажите мне, ... ответственный за организацию соревнования. 19. Мы идём на спектакль, в ... играет знаменитый актёр. 20. Девушка, с ... вы разговаривали, это моя дочь. 21. В комнате было два окна, одно из ... было открыто. 22. Я хочу познакомить тебя с писателем, книги ... известны во всём мире. 23. Мне нравится парфюм, ... мне подарила Анна на день рождения. 24. Покажите мне человека, ... способен решить эту задачу за один день. 25. Он не может найти дерево, у ... он познакомился со своей женой.

7. Composez la proposition de deux phrases en employant les pronoms relatifs.

Modèle: Я знаю студента. У него есть хороший словарь.
— Я знаю студента, у которого есть хороший словарь.

1. У меня есть друг. Его зовут Натан. 2. Я живу возле парка. В этом парке растут красивые деревья. 3. Это наши студенты. Они приехали из Франции. 4. Мой друг смотрел фильм. Ему понравился этот фильм. 5. Это мой старший брат. У него есть мотоцикл. 6. Это мои друзья. Их вчера не было на вечеринке. 7. Я написал письмо. Я рассказал в письме о моем путешествии. 8. Анри подарил мне записную книжку. В записной книжке я записываю свои идеи. 9. Эрик рассказал мне историю. Конец этой истории никому не известен. 10. На кухне стоял стол. Под столом лежали игрушки. 11. Это ваза. Мы приехали в магазин ради этой вазы. 12. Я слушаю песню. Я не знаю автора этой песни. 13. Это моя подруга. Я вчера весь вечер была у своей подруги. 14. У моих родителей есть огромная собака. Все соседи боятся этой собаки. 15. Сегодня я прочитал интересную статью. Содержание этой статьи я рассказал профессору. 16. Вот цветок. Моя бабушка любит запах этого цветка. 17. Этот учёный провёл исследования. Результаты исследований всех удивили. 18. Машина остановилась возле дома. Напротив этого дома был маленький сад.

Faites attention à ce que le sens des pronoms relatifs "чей" et "который" peut être identique. Cela dépend de la façon d'emploi de ce dernier. Ainsi si le pronom "который" a un antécédent (un nom qui est placé devant lui), il peut être remplacé par le pronom "чей". Observez:

Эту картину нарисовал художник, <u>имя</u> которого я забыл.
= Эту картину нарисовал художник, чьё имя я забыл.

Мы идём в музей, <u>название</u> которого придумал я.
= Мы идём в музей, чьё название придумал я.

PRONOM - МЕСТОИМЕНИЕ
PRONOMS RELATIFS - ОТНОСИТЕЛЬНЫЕ МЕСТОИМЕНИЯ

8. Mettez le pronom relatif "сколько" au cas convenable.

1. Я забыл, … студентов учится на нашем факультете. 2. Продавец сказал, … стоит эта книга. 3. Преподаватель уточнил, у … студентов были хорошие оценки. 4. Он посчитал, … стульев не хватает в кабинете. 5. Я сказал туристам, в … музеях есть экскурсии. 6. Он не догадывался, … ученикам нужны словари. 7. Продавец написал, … продуктов он продал за весь день. 8. Мальчик не услышал, о … игрушках идёт речь. 9. Дайте мне информацию, … сотрудникам необходимо направить результаты работы в понедельник. 10. Подскажите мне, … президентов было за всю историю США. 11. Он забыл, у … гостей не хватало тарелок. 12. Мне интересно, в … странах мира есть выход к морю. 13. Посоветуйте мне, … яблок можно купить для детей. 14. Ей нужно узнать, в … домах не работает Интернет.

PRONOM - МЕСТОИМЕНИЕ

PRONOMS RELATIFS - ОТНОСИТЕЛЬНЫЕ МЕСТОИМЕНИЯ

✓ Corrigés

2.
1. la maison derrière laquelle ils se cachent
2. les revues auxquelles je veux m'abonner
3. le bruit qui ne cessait pas
4. le rôle qu'elle a joué
5. la chambre dans laquelle nous avons habité
6. l'ami à qui je vous ai recommandé
7. la soupe qui est sur la table
8. le dictionnaire que tu utilises
9. le conseil que j'ai suivi
10. la réponse dont elle est surprise
11. l'affaire dont nous sommes responsables
12. le journal que tu as laissé chez moi
13. l'argent que tu as perdu
14. les règles qui sont écrites dans le livre
15. l'ami dont j'ai oublié le nom
16. l'écrivain dont j'ai lu les romans

3.
I. 1. e) 2. d) 3. f) 4. c) 5. b) 6. a)
II. 1. d) 2. a) 3. c) 4. e) 5. b)

4. 1. Вот женщина, которая ждёт вас в течение часа. 2. Поезд, который вы ждёте, прибывает через пять минут. 3. Концерт, на котором он должен присутствовать, на следующей неделе. 4. Я встретил Пьера, с которым я хотел пойти в кино. 5. Обсуждение, в котором он должен принять участие, пройдёт завтра. 6. Она разговаривает с подругой, для которой она приготовила этот подарок. 7. Анна живёт в доме, который находится не далеко от музея Эрмитажа. 8. Мы читаем письмо, которое отправили наши родители. 9. Я хочу купить книгу, которую мне рекомендовал Алекс. 10. Он забыл учебник по русскому языку, который лежал на его письменном столе. 11. Она хочет повидаться со своей матерью, которая работает в туристическом агентстве. 12. Я жду путешествие в Россию, о котором я думаю все время. 13. Эрик знает художника, чьи картины украшают его дом. 14. Он не может найти игрушку, которую его отец привёз из Канады. 15. Это мой друг с факультета, с которым я хочу пойти на конференцию.

6. 1. которой; 2. который; 3. которого; 4. которого; 5. что; 6. которой; 7. который; 8. которой; 9. которого; 10. которого; 11. какому; 12. который; 13. который; 14. чей; 15. которые; 16. которым; 17. какой; 18. кто; 19. котором; 20. которой; 21. которых; 22. которого; 23. который; 24. который; 25. которого

PRONOM - МЕСТОИМЕНИЕ

PRONOMS RELATIFS - ОТНОСИТЕЛЬНЫЕ МЕСТОИМЕНИЯ

7. 1. У меня есть друг, которого зовут Натан. 2. Я живу возле парка, в котором растут красивые деревья. 3. Это наши студенты, которые приехали из Франции. 4. Мой друг смотрел фильм, который ему понравился. 5. Это мой старший брат, у которого есть мотоцикл. 6. Это мои друзья, которых вчера не было на вечеринке. 7. Я написал письмо, в котором я рассказал о моем путешествии. 8. Анри подарил мне записную книжку, в которой я записываю свои идеи. 9. Эрик рассказал мне историю, конец которой никому не известен (=чей конец никому не известен). 10. На кухне стоял стол, под которым лежали игрушки. 11. Это ваза, ради которой мы приехали в магазин. 12. Я слушаю песню, автора которой я не знаю автора. 13. Это моя подруга, у которой я вчера была весь вечер. 14. У моих родителей есть огромная собака, которую боятся все соседи. 15. Сегодня я прочитал интересную статью, содержание которой я рассказал профессору. 16. Вот цветок, запах которого любит моя бабушка (=чей запах любит моя бабушка). 17. Этот ученый провёл исследования, результаты которых всех удивили (=чьи результаты всех удивили). 18. Машина остановилась возле дома, напротив которого был маленький сад.

8. 1. сколько; 2. сколько; 3. скольких; 4. сколько; 5. скольких; 6. скольким; 7. сколько; 8. скольких; 9. скольким; 10. сколько; 11. скольких; 12. скольких; 13. сколько; 14. скольких

PRONOMS INTERROGATIFS
ВОПРОСИТЕЛЬНЫЕ МЕСТОИМЕНИЯ

Les pronoms interrogatifs coïncident complètement aux pronoms relatifs et ont la même déclinaison. La différence consiste en ce que les pronoms interrogatifs s'emploient pour former les phrases interrogatives tandis que les pronoms relatifs s'emploient dans les phrases déclaratives.

Emploi des pronoms interrogatifs "кто", "что"

Les pronoms interrogatifs "кто" (pour les êtres animés) et "что" (pour les inanimés) s'emploient pour poser la question portant sur le sujet ou le complément (direct, indirect, prépositionnel) de la phrase

Кто откры́л окно́ в ко́мнате?
Qui a ouvert la fenêtre dans la chambre?

О ко́м вы говори́ли с преподава́телем?
De qui avez-vous parlé au professeur?

Пе́ред чем нахо́дится на́ша больни́ца?
Devant quoi se trouve notre hôpital?

Что ты мне хоте́л показа́ть?
Qu'est-ce que tu voulais me montrer?

Emploi des pronoms interrogatifs "чей", "како́й", "кото́рый"

Le pronom interrogatif "чей" s'emploie pour former la question sur la possession, "како́й" sur l'indice de l'objet et "кото́рый" sur le choix entre quelques objets. Ces derniers sont souvent accompagnés par la préposition "из" qui le suit

Чья ша́пка лежи́т на полу́?
A qui est le chapeau qui est par terre?

Каки́е цветы́ нра́вятся ва́шей ма́ме?
Quelles sont les fleurs préférables de votre mère?

В кото́ром до́ме живу́т твои́ друзья́?
Dans laquelle maison habitent tes amis?

Кото́рую из э́тих книг вы хоти́те купи́ть?
Lequel de ces livres voulez-vous acheter?

Emploi des pronom interrogatif "ско́лько"

Le pronom interrogatif "ско́лько" s'emploie pour former la question portant sur le nombre des objets. Aussi il peut être utilisé pour savoir l'heure, l'âge d'une personne ou le prix d'un objet

Ско́лько живо́тных в э́том зоопа́рке?
Combien d'animaux y a-t-il dans ce zoo?

Во ско́лько часо́в прихо́дит по́езд?
A quelle heure arrive le train?

Ско́лько лет твоему́ отцу́?
Quel âge a ton père?

PRONOM - МЕСТОИМЕНИЕ

PRONOMS INTERROGATIFS - ВОПРОСИТЕЛЬНЫЕ МЕСТОИМЕНИЯ

 Exercices et explications

1. Mettez les pronoms interrogatifs qui conviennent d'après le sens de la phrase. Employez le cas convenable.

a) 1. ... нарисовал ваш портрет? - Мой брат. 2. ... предпочитает ваш дядя, воду или сок? - Сок. 3. ... книги читает твой друг? - Французские романы. 4. ... портфель стоит на столе? - Господина Иванова. 5. ... не хватает в этой комнате? - Цветов. 6. ... цвет любит твоя сестра? - Жёлтый. 7. ... хочет стать ваш сын? - Инженером. 8. ... вы ищете? - Директора компании. 9. ... рубашку ты одел? - Моего старшего брата. 10. ... красками она любит рисовать? - Акварельными. 11. ... сегодня день? - Четверг. 12. ... стоят эти карандаши? - Сто рублей. 13. ... из этих девушек нужно помочь? - Той, которая в белой блузке. 14. ... вы доверяете? - Своему другу Андрею. 15. ... нужно чистить зубы? - Зубной пастой. 16. ... автомобиль лучше всех в вашем салоне? - Тот, который стоит возле входа.

b) 1. На ... лекции вы были? - На лекции по литературе. 2. В ... театре был Антон? - В Большом театре. 3. От ... пришли ваши родители? - От своих друзей. 4. О ... говорили студенты на конференции? - О произведениях Пушкина. 5. В ... музей мы пойдем завтра? - В музей современного искусства. 6. В ... квартире ты живёшь? - В двенадцатой. 7. Возле ... находится твоя школа? - Возле парка. 8. На ... выставку вы пойдёте? - На выставку картин. 9. Перед ... ты сидишь в классе? - Перед Антоном. 10. О ... просил ваш сосед? - О помощи. 11. О ... он думает всё время? - О своей подруге. 12. С ... ты говоришь по телефону? - С Андреем. 13. Из ... дома он вышел? - Из того, который стоит на углу. 14. На ... часов вас позвали в гости? - На семь часов вечера. 15. С ... века началась эпоха Возрождения? - С четырнадцатого века. 16. На ... лет твой друг старше тебя? - На два года.

2. Formez les questions à partir des réponses présentées. Employez les pronoms interrogatifs au cas convenable avec ou sans préposition.

1. ...? - Мне нравится чёрный галстук.
2. ...? - Это словарь моей сестры.
3. ...? - Он ушёл домой в одиннадцать часов.
4. ...? - Мне двадцать лет.
5. ...? - Я подарил маме красивую вазу.
6. ...? - Мы поедем в Москву.
7. ...? - Он живёт на улице Победы.
8. ...? - Летом я читал "Войну и мир" Толстого.
9. ...? - Ту игрушку, которая лежит на витрине.
10. ...? - В соревнованиях участвуют десять детей.

PRONOM - МЕСТОИМЕНИЕ

PRONOMS INTERROGATIFS - ВОПРОСИТЕЛЬНЫЕ МЕСТОИМЕНИЯ

 Corrigés

1. a) 1. кто; 2. что; 3. какие; 4. чей; 5. чего; 6. какой; 7. кем; 8. кого; 9. чью; 10. какими; 11. какой; 12. сколько; 13. которой; 14. кому; 15. чем; 16. который

b) 1. какой; 2. каком; 3. кого; 4. чём; 5. какой; 6. какой; 7. чего; 8. какую; 9. кем; 10. чём; 11. ком; 12. кем; 13. которого; 14. сколько; 15. какого; 16. сколько

2.
1. Какой галстук тебе нравится? / Какой цвет галстука тебе нравится?
2. Чей это словарь?
3. Во сколько часов он ушёл домой?
4. Сколько тебе лет?
5. Что ты подарил маме?
6. В какой город вы поедите?
7. На какой улице он живёт?
8. Какую книгу ты читал лето? / Что ты читал летом?
9. Которую игрушку вам показать? / Какую игрушку вам показать?
10. Сколько детей участвуют в соревнованиях?

PRONOMS DÉMONSTRATIFS
УКАЗАТЕЛЬНЫЕ МЕСТОИМЕНИЯ

Tout comme les possessifs les pronoms démonstratifs russes ont la même forme que les adjectifs démonstratifs. Ils s'accordent avec les noms en genre, en nombre et en cas. Les démonstratifs les plus utilisés sont э́тот et тот.

PRONOM DÉMOSTRATIF = ADJECTIF DÉMONSTRATIF

Retenez la déclinaison des démonstratifs

cas	masc.	fém.	neutre	pluriel
nominatif	э́тот / тот	э́та / та	э́то / то	э́ти / те
génitif	э́того / того́	э́той / той	э́того / того́	э́тих / тех
datif	э́тому / тому́	э́той / той	э́тому / тому́	э́тим / тем
accusatif	э́того / того́	э́ту / ту	э́то / то	э́ти / те
instrumental	э́тим / тем	э́той / той	э́тим / тем	э́тими / те́ми
prépositionnel	об э́том / о том	об э́той / о той	об э́том / о том	об э́тих / о тех

Emploi des démonstratifs "э́тот", "э́та", "э́то", "э́ти"

Ces démonstratifs servent à mettre en relief un objet/une personne parmi tous les autres. En français leurs équivalents sont ce, cette, ceux, celles

Я не зна́ю э́того челове́ка.
Моя́ сестра́ не лю́бит э́ти конфе́ты.
Его́ роди́тели хотя́т купи́ть э́тот дом.
Пода́йте мне э́ту таре́лку.

Le démonstratif "э́то" peut servir de sujet des verbes "есть" ou "быть" qui sont souvent omis et parfois précédés des mots "должно́" ou "мо́жет". En français son équivalent est le pronom démonstratif neutre ce

Э́то (есть) на́ша дере́вня.
Э́то (есть) мои́ ма́ма и па́па.
Э́то (есть) её шко́ла.
Э́то мо́жет быть шу́тка.
Э́то должно́ быть пришёл Ро́ма.

PRONOM - МЕСТОИМЕНИЕ

PRONOMS DEMONSTRATIFS - УКАЗАТЕЛЬНЫЕ МЕСТОИМЕНИЯ

Le démonstratif "это" peut jouer le rôle du complément direct ou indirect (attention au cas!!!) et être traduit en français par les pronoms cela, ça, le, y, en et les constructions prépositionnelles à cela, de cela, avant cela etc.

Вы по́мните э́то?
Vous en souvenez-vous?

Мы не говори́ли об э́том.
Nous n'en avons pas parlé.

Не ду́май об э́том.
Ne pense pas à cela.

Emploi des démonstratifs "тот", "та", "то", "те"

Ces démonstratifs servent à mettre en relief un objet/une personne qui se trouve plus loin des interlocuteurs dans l'espace ou le temps. En français on exprime cette idée à l'aide de la particule là qui est placée après le nom

Я не зна́ю того́ челове́ка.
Je ne connais pas cette personne-là.

Моя́ сестра́ не лю́бит те конфе́ты.
Ma soeur n'aime pas ces bonbons-là.

Его́ роди́тели хотя́т купи́ть тот дом.
Ses parents veulent acheter cette maison-là.

Le démonstratif "тот" peut être employé pour former la construction dont l'équivalent français est "celui qui". Ainsi la construction "тот, кто" sert de sujet dans la phrase et désigne un être humain

Э́тот челове́к тот, кто помо́жет.
Cet homme est celui qui aidera.

Тот, кто зна́ет э́то - молчи́т.
Celui qui le sait se tait.

Я зна́ю того́, кто укра́л э́ти де́ньги.
Je connais celui qui a volé cet argent.

Le démonstratif "то" peut être employé pour former la construction dont l'équivalent français est "ce que", "ce à quoi", "ce dont". Ainsi la construction "то, что" sert de complément d'objet direct ou indirect (attention au cas du mot "что"!!!)

Вы удиви́тесь тому́, что я скажу́.
Vous serez surpris de ce que je vais vous dire.

Дай мне то, что тебе́ не ну́жно.
Donne-moi ce dont tu n'as pas besoin.

Скажи́ мне то, о чём ты ду́маешь.
Dis-moi ce à quoi tu penses.

Les démonstratifs "тот", "та", "то", "те" peuvent être employés pour former les constructions avec les pronoms relatifs "который", "которая", "которое", "которые". Ainsi dans la phrase ces constructions servent de sujet ou de complément avec ou sans préposition

Мне не нра́вится э́то пла́тье, да́йте мне то, кото́рое лежи́т на сту́ле.
Cette robe ne me plaît pas, donnez-moi celle qui est sur la chaise.

Э́ти упражне́ния ле́гче, чем те, кото́рые мы де́лали вчера́.
Ces exercices sont plus faciles que ceux que nous avons faits hier.

Comme tous les pronoms les démonstratifs peuvent être employés indépendamment du nom ou accompagnés d'une préposition

- Покажи́те мне, пожа́луйста, костю́м.
- Како́й?
- Э́тот.

- Ты ви́дишь челове́ка во́зле де́рева?
- Во́зле како́го?
- Во́зле того́.

PRONOM - МЕСТОИМЕНИЕ

PRONOMS DEMONSTRATIFS - УКАЗАТЕЛЬНЫЕ МЕСТОИМЕНИЯ

Exercices et explications

1. Observez l'emploi des démonstratifs russes:

1. Вы понимаете этот язык? - Vous comprenez cette langue?
2. Он не знает этого писателя. - Il ne connais pas cet écrivain.
3. Это комната моего брата. - C'est la chambre de mon frère.
4. Ты показал ему этот рисунок? - Tu lui as montré ce dessin?
5. Этот театр был построен в XV веке. - Ce théâtre a été construit au XV siècle.
6. Я покупаю то платье, то, которое вы мне показали. - J'achète cette robe-là, celle que vous m'avez montrée.
7. Без этого мы не сможем отправить письмо. - Nous ne pourrons pas envoyer la lettre sans ça.
8. Я думаю о том прошлогоднем путешествии. - Je pense à cette voyage-là de l'année passée.
9. Мужчина вошёл в магазин и подошёл к тому окну. - L'homme est entré dans le magasin et s'est approché de cette fenêtre-là.
10. Никто не должен знать о том, что вы мне только что рассказали. - Personne ne doit savoir ce dont vous me venez de parler.
11. Мы позавтракали в кафе. - В каком? - В том, которое недалеко от нашего дома. - Nous avons pris le petit déjeuner au café. - Dans quel? - Dans celui qui est non loin de notre maison.

2. Mettez les démonstratifs convenables.

Modèle: ... тетрадь.
      ... тетрадь лежит справа. –
      Это тетрадь.
      Эта тетрадь лежит справа.

1. ... журнал. ... журнал лежит на столе.
2. ... студент. ... студент учит грамматику.
3. ... фото. ... фото висит на стене.
4. ... книга. ... книга лежит слева.
5. ... студентка. ... студентка пишет красиво.
6. ... студенты. ... студенты сейчас отдыхают.

Ne confondez pas le pronom "это" employé comme sujet et les pronoms "этот", "эта", "это", "эти" employés comme attribut du nom (adjectif):

Это наш парк. - *C'est notre parc.*
Этот парк красивый. - *Ce parc est beau.*

Это моя сумка. - *C'est mon sac.*
Эта сумка чёрная. - *Ce sac est noir.*

Это его пальто. - *C'est sa veste.*
Это пальто модное. - *Cette veste est à la mode.*

---

3. Traduisez:

1. Je vois que cela ne vous intéresse pas. 2. L'élève n'a pas fait cet exercice. 3. Cette équipe a gagné tous les matchs cette année. 4. Montre-moi ces images-là, je veux les voir. 5. Anne nous a beaucoup parlé de cette montre. 6. Ces maisons nous plaisent, il ne reste que choisir celle-ci ou celle-là. 7. Tu vois cet ouvrier? Je l'ai vu quelque part. - Quel ouvrier? - Celui qui est en train de parler au téléphone. 8. Cet écrivain a écrit huit romans et nous allons lire celui-ci. 9. Nous avons vu ces curiosités sur les photos d'Adèle. 10. Ce que vous m'avez dit ce n'est pas vrai. 11. Victor, répétez ce mot et cette phrase, prononcez bien tous les sons. 12. Gérard, corrigez cette faute-là. - Celle-ci? - Non, cette faute-là. 13. Elle n'aime pas ceux qui mentent toujours. 14. C'est notre cour. Cette cour est très claire. 15. Celui qui rêve atteint son but.

PRONOM - МЕСТОИМЕНИЕ

✓ Corrigés

2.
1. Это журнал. Этот журнал лежит на столе.
2. Это студент. Этот студент учит грамматику.
3. Это фото. Это фото висит на стене.
4. Это книга. Эта книга лежит слева.
5. Это студентка. Эта студентка пишет красиво.
6. Это студенты. Эти студенты сейчас отдыхают.

3. 1. Я вижу, что вас это не интересует. 2. Ученик не сделал это упражнение. 3. Эта команда выиграла все матчи в этом году. 4. Покажи мне те изображения, я хочу их увидеть. 5. Анна нам много рассказывала об этих часах. 6. Эти дома нам нравятся, остаётся только выбрать этот или тот. 7. Ты видишь этого рабочего? Я его где-то видел. - Какой рабочий? - Тот, который разговаривает по телефону. 8. Этот писатель написал восемь романов, а мы будем читать этот. 9. Мы видели эти достопримечательности на фотографиях Адели. 10. То, что вы мне сказали, это не правда. 11. Виктор, повторите это слово и эту фразу, произносите правильно все звуки. 12. Жерар, исправьте ту ошибку. - Эту? - Нет, ту. 13. Она не любит тех, кто всегда врёт. 14. Это наш двор. Этот двор очень светлый. 15. Тот, кто мечтает достигает своей цели.

PRONOMS NÉGATIFS
ОТРИЦАТЕЛЬНЫЕ МЕСТОИМЕНИЯ

Les pronoms négatifs servent à indiquer l'absence d'une personne, d'un objet ou d'un indice. Ils changent en cas (sauf не́кого, не́чего), s'emploient dans les phrases négatives et sont souvent accompagnés de la particule négative **не**.

Retenez la déclinaison des pronoms négatifs "никто́" et "ничто́"

cas	никто	ничто
nominatif	никто́	ничто́
génitif	никого́	ничего́
datif	никому́	ничему́
accusatif	никого́	ничто́
instrumental	нике́м	ниче́м
prépositionnel	ни о ко́м	ни о чём

Emploi des pronoms négatifs "никто́", "ничто́"

Ces pronoms remplacent les noms jouant le rôle du sujet (pronoms au cas nominatif) ou du complément d'objet direct/indirect

Никто́ не зна́ет куда́ он ушёл.
Personne ne sait où il est parti.
Он молча́л, он ничего́ не говори́л.
Il était silencieux, il ne disait rien.
Мой партнёр никому́ не доверя́ет.
Mon partenaire ne fait confiance à personne.

Les pronoms négatifs peuvent être employés indépendamment. Comme en français, dans ce cas on n'utilise pas la particule "не"

Кто хо́чет пойти́ в кино́? - Никто́.
Qui veut aller au cinéma? - Personne.
О чём ты с ним говори́л? - Ни о чём.
De quoi lui as-tu parlé? - De rien.
Кого́ вы ждёте? - Никого́.
Qui est-ce que vous attendez? - Personne.

PRONOM - МЕСТОИМЕНИЕ — PRONOMS NEGATIFS - ОТРИЦАТЕЛЬНЫЕ МЕСТОИМЕНИЯ

Retenez la déclinaison des pronoms négatifs "не́кого" et "не́чего"

cas	некого	нечего
nominatif	-*	-
génitif	не́кого	не́чего
datif	не́кому	не́чему
accusatif	не́кого	не́чего
instrumental	не́кем	не́чем
prépositionnel	не́ о ком	не́ о чём

> Toutes les formes des pronoms *некого* et *нечего* ont l'accent sur la première syllabe qui ne se déplace pas dans n'importe quelle situation, que les pronoms soient au début ou à la fin de la phrase, qu'ils soient employés isolément ou avec d'autres mots:
>
> не́кого
> не́чем
> не́ о ком

* - ces deux pronoms n'ont pas de déclinaison au cas nominatif, c'est-à-dire ils n'ont pas de forme initiale habituelle. Parfois on croit que les substantifs *некто* et *нечто* sont les formes initiales des pronoms *некого* et *нечего*, mais ce n'est pas le cas.

Retenez la déclinaison des pronoms négatifs "никако́й" et "ниче́й"**

cas	masc.	fém.	neutre	pluriel
nominatif	никако́й ниче́й	никака́я ничья́	никако́е ничьё	никаки́е ничьи́
génitif	никако́го ничьего́	никако́й ничье́й	никако́го ничьего́	никаки́х ничьи́х
datif	никако́му ничьему́	никако́й ничье́й	никако́му ничьему́	никаки́м ничьи́м
accusatif	никако́го/ никако́й ничьего́/ ниче́й	никаку́ю ничью́	никако́е ничьё	никаки́х/ никаки́е ничьи́х/ ничьи́
instrumental	никаки́м ничьи́м	никако́й ничье́й	никаки́м ничьи́м	никаки́ми ничьи́ми
prépositionnel	ни о како́м ни о чьём	ни о како́й ни о чье́й	ни о како́м ни о чьём	ни о каки́х ни о чьи́х

** - malgré ce que la grammaire russe considère les mots *никако́й* et *ниче́й* comme pronoms négatifs, du point de vue de la grammaire française dans la phrase ils jouent le rôle des adjectifs.

PRONOM - МЕСТОИМЕНИЕ
PRONOMS NEGATIFS - ОТРИЦАТЕЛЬНЫЕ МЕСТОИМЕНИЯ

Emploi des pronoms négatifs "некого", "нечего"

Par rapport aux autres pronoms négatifs, "некого" et "нечего" n'ont pas de déclinaison au cas nominatif et ne peuvent être employés qu'en tant que complément d'objet direct/indirect dans les <u>phrases impersonnelles avec les infinitifs des verbes</u>

Много людей, но некого спросить.
Il y a beaucoup de monde, mais il n'y a personne à qui demander.

Уходи! Нечего тебе тут делать.
Va-t'en! Tu n'as rien à faire là.

Наши сотрудники честные, некого обвинить.
Nos employés sont honnêtes, personne n'est à accuser.

Зачем ты пришёл? Нам нечего обсуждать.
Pourquoi es-tu venu? Nous n'avons rien à discuter.

Emploi des pronoms négatifs "никакой", "ничей"

Les pronoms négatifs "никакой", "ничей" peuvent jouer le rôle d'un nom ou d'un attribut de nom (adjectif) et sont souvent traduits en français par les expressions "n'importe quel", "aucun" (никакой), "de personne" (ничей)

Никакой совет мне не поможет.
Aucun conseil ne m'aidera.

Чья это собака? - Ничья, у неё нет хозяина.
A qui est ce chien? - De personne, il n'a pas de maître.

Это не моё, я не покупал никакого шоколада.
Ce n'est pas à moi, je n'ai acheté aucun chocolat.

Он очень осторожен, он не хочет никакого сюрприза.
Il est très prudent, il ne veut aucune surprise.

Faites attention à ces particularités

Si les pronoms "никакой" ou "ничей" font partie du prédicat, on ne met pas la particule négative "не"

Здесь нет никакой девушки.
Il n'y a aucune jeune fille par ici.
Я теперь ничей тренер.
Je ne suis plus la coach de personne.
Этот дом ничей.
Cette maison n'appartient à personne.

Si les pronoms négatifs sont employés avec les prépositions, ces dernières se placent entre le préfixe et la deuxième partie du pronom

Я <u>ни</u> с <u>кем</u> не знаком.
Je ne connais perconne.
Он <u>ни</u> к <u>кому</u> не ходил сегодня.
Il n'a visité personne aujourd'hui.
<u>Ни</u> в <u>какой</u> отель мы не поедем.
Nous n'irons à aucun hôtel.
Мне <u>не</u> с <u>кем</u> оставить сына.
Je ne peux laisser mon fils à personne.

La construction "нечего + infinitif" dans la langue parlée remplace l'expression "не надо + infinitif"

Нечего мне давать советы.
Il ne faut pas me donner des conseils.
Нечего ему звонить ночью.
Tu n'as rien à lui téléphoner la nuit.

PRONOM - МЕСТОИМЕНИЕ

PRONOMS NEGATIFS - ОТРИЦАТЕЛЬНЫЕ МЕСТОИМЕНИЯ

 Exercices et explications

1. Observez l'emploi des pronoms négatifs. Trouvez tous les pronoms négatifs, identifiez leurs cas et leurs rôles qu'ils jouent dans les phrases.

- Добрый день, это служба доставки Интернет-магазина.
- Здравствуйте, проходите.
- Это ваш заказ, стеклянная посуда. Отличный выбор!
- Но я не заказывала никакую посуду. Это ошибка.
- Простите, госпожа Васильева, но это ваш заказ.
- Нет, я ничего не заказывала. Говорю вам, вы ошиблись. Никто не заказывал посуду.
- Это адрес улица Парковая 5 квартира 57?
- Да, но я не госпожа Васильева. Я - Марина Тернова.
- Извините, пожалуйста. Вышла ошибка. Некого винить, это ошибка системы.
- Ничего нет совершенного. Все ошибаются. До свиданья.
- До свиданья, госпожа Тернова. Приносим извинения.

2. Mettez les pronoms négatifs en donnant des réponses aux questions entre parenthèses.

1. Он (кого?) ... не видел. Ему (с кем?) ... видеться в этом городе. Он (с кем?) ... не виделся. 2. Я (у кого?) ... не просил совета. Здесь (кто?) ... не просил у меня совета. Мне (у кого?) ... просить совета. 3. В этой ситуации (о чём?) ... жалеть. Нам (чего?) ... не жаль. (О чём?) ... не стоит жалеть. 4. Ему (чем?) ... заняться. Он (чем?) ... не занимается. 5. Он (с кем?) ... не занимается. 6. Нас (кто?) ... не услышит. Мне (кого?) ... слушать. Я (о ком?) ... ничего не слышал. 7. Ему (что?) ... не удаётся сделать. Ему (с чем?) ... не удаётся справиться.

3. Employez la particule "не" si nécessaire. Analysez le sens en traduisant les phrases avec ou sans particule.

1. Никакой ваш совет мне (не) поможет. 2. Ни до какого города мы в этот день (не) добрались. 3. Тебе ничего (не) нельзя доверить. 4. Никакой ручки я здесь (не) видел. 5. Ему (не) невозможно ни в чём отказать. 6. Мне нечего (не) покупать, у меня есть все продукты. 7. Мне кажется, это (не) ничья машина, у неё нет номеров. 8. Он меня ни о ком (не) спрашивал. 9. Я ничего (не) слышал об этом событии. 10. Он признал вину, ему нечего (не) сказать. 11. Никто (не) смог помочь мне в этой ситуации. 12. Больше не звони мне, нам не о чём (не) говорить. 13. Они весь вечер молчали и ни о чём (не) говорили.

Si on utilise les mots "нет", "нельзя", "невозможно" et les pronoms négatifs "никто́", "ничто́", "никако́й", "ниче́й" dans la même phrase, la particule négative "не" est omise devant le verbe:

Нельзя́ никому́ доверя́ть.

Нет ничего́, что мо́жет удиви́ть моего́ дру́га.

Здесь невозмо́жно ни с кем поговори́ть.

La particule négative "не" est toujours absente devant le verbe dans les phrases où il y a les pronoms "не́кого", "не́чего":

Мне не́ с кем пойти́ на вечери́нку.

PRONOM - МЕСТОИМЕНИЕ

PRONOMS NEGATIFS - ОТРИЦАТЕЛЬНЫЕ МЕСТОИМЕНИЯ

4. Mettez les verbes entre parenthèses au temps et au genre qui convient.

1. Никто не (принимать) участия в конкурсе на прошлой неделе. 2. В настоящее время ничто не (представлять) для него интереса. 3. Никто и никогда не (сделать) это лучше вас. 4. К сожалению, раньше никто не (заниматься) изучением этого вопроса. 5. Вчера ничто не (испортить) мне хорошего настроения. 6. В то лето ничто не (мочь) прервать их отпуск. 7. Никто не (хотеть) давать ему советы.

Retenez le genre de certains pronoms négatifs à la forme initiale (cas nominatif):

никто́ - *masculin*: Никто́ не знал, где нахо́дится э́тот го́род.

ничто́ - *neutre*: Ничто́ не помогло́ его́ спасти́.

Les pronoms "никого́" et "не́кого", "ничего́" et "не́чего", "никому́" et "не́кому" etc. se ressemblent malgré qu'ils ont des significations différentes. Si vous confondez ces pronoms et ne savez pas quel pronom doit être utilisé, retenez une astuce: si vous remplacez le pronom par un nom concret, supprimez la particule négative "не" et la phrase continue à avoir un sens, c'est le cas d'employer "никого́", "ничего́", "никому́" etc. Sinon il faut mettre "не́кого", "не́чего", "не́кому" etc.

Я не могу́ н...кому́ доверя́ть. - Я могу́ бра́ту доверя́ть. (*la nouvelle phrase a un sens, il faut utiliser "никому́"*) - Я не могу́ никому́ доверя́ть.

У меня́ нет друзе́й, н...кому́ дове́рить мой дом. - У меня́ нет друзе́й, бра́ту дове́рить мой дом. (*le sens de la nouvelle phrase n'est pas précis, il est restreint et n'est pas complet; il faut mettre "не́кому"*). - У меня́ нет друзе́й, не́кому дове́рить мой дом.

---

5. Lisez les phrases et comparez la traduction des paires de pronoms "никого - некого", "ничего - нечего", "никому - некому", "ничему - нечему" etc. Observez la règle ci-dessus en action.

1. Мальчик никого не обидел. - Le garçon n'a insulté personne.
Там нет ни одного человека, некого спросить. - Il n'y a pas un homme par là, il n'y a personne à qui demander.
2. Я ничего не видел. - Je n'ai rien vu.
Тут нечего смотреть. - Il n'y a rien à regarder par ici.
3. Она никому не давала твой адрес. - Elle n'a donné ton adresse à personne.
У нее нет родителей, ей некому звонить. - Elle n'a pas de parents, elle n'a personne à qui elle puisse téléphoner.
4. Мой красивый дом ни с чем не сравнится. - Il n'y a rien à quoi comparer ma belle maison.
Я не могу оценить вашу работу, мне её не с чем сравнить. - Je ne peux pas évaluer votre travail, je n'ai rien à quoi le comparer.

PRONOM - МЕСТОИМЕНИЕ

PRONOMS NEGATIFS - ОТРИЦАТЕЛЬНЫЕ МЕСТОИМЕНИЯ

✓ Corrigés

2. 1. Он никого не видел. Ему не с кем видеться в этом городе. Он ни с кем не виделся. 2. Я ни у кого не просил совета. Здесь никто не просил у меня совета. Мне не у кого просить совета. 3. В этой ситуации не о чём жалеть. Нам ничего не жаль. Ни о чём не стоит жалеть. 4. Ему нечем заняться. Он ничем не занимается. 5. Он ни с кем не занимается. 6. Нас никто не услышит. Мне некого слушать. Я ни о ком ничего не слышал. 7. Ему ничто не удаётся сделать. Ему ни с чем не удаётся справиться.

3. 1. Никакой ваш совет мне не поможет. 2. Ни до какого города мы в этот день не добрались. 3. Тебе ничего нельзя доверить. 4. Никакой ручки я здесь не видел. 5. Ему невозможно ни в чём отказать. 6. Мне нечего покупать, у меня есть все продукты. 7. Мне кажется, это ничья машина, у неё нет номеров. 8. Он меня ни о ком не спрашивал. 9. Я ничего не слышал об этом событии. 10. Он признал вину, ему нечего сказать. 11. Никто не смог помочь мне в этой ситуации. 12. Больше не звони мне, нам не о чём говорить. 13. Они весь вечер молчали и ни о чём не говорили.

4. 1. Никто не принимал участия в конкурсе на прошлой неделе. 2. В настоящее время ничто не представляет для него интереса. 3. Никто и никогда не сделает это лучше вас. 4. К сожалению, раньше никто не занимался изучением этого вопроса. 5. Вчера ничто не испортило мне хорошего настроения. 6. В то лето ничто не могло прервать их отпуск. 7. Никто не хотел давать ему советы.

PRONOM - МЕСТОИМЕНИЕ

PRONOM RÉFLÉCHI "СЕБЯ"
ВОЗВРАТНОЕ МЕСТОИМЕНИЕ "СЕБЯ"

Le pronom réfléchi "себя́" n'a pas de genre, de nombre et de personne, se décline à tous les cas (excepté le nominatif), s'emploie au lieu des pronoms personnels déclinés aux cas génitif, datif, accusatif, instrumental, prépositionnel et revoie l'action exprimée par le verbe au sujet de la phrase

Retenez la déclinaison du pronom réfléchi "себя́"

cas	pronom
nominatif	-
génitif	себя́
datif	себе́
accusatif	себя́
instrumental	собо́й / собо́ю
prépositionnel	о себе́

Emploi du pronom "себя́"

Le pronom réfléchi "себя́" veut dire que l'action s'emploie comme complément quand le complément est identique au sujet du verbe. Ainsi l'objet exprimé par le sujet subit l'action du verbe de la phrase lui-même

Она́ фотографи́рует себя́.
Elle prend sa photo.
Он купи́л себе́ брю́ки.
Il s'est acheté un pantalon.
Я не дово́лен собо́й.
Je ne suis pas content de moi-même.

Si l'objet de l'action ne coïncide pas avec le sujet, il est nécessaire d'employer le pronom personnel d'après le sens de la phrase!

Он до́лжен отвеча́ть за <u>него́</u>.
Cette phrase a un double sens puisqu'on ne sait pas si c'est de lui-même qu'il est responsable ou bien c'est une autre personne de qui il est responsable. Ainsi s'il s'agit de deux personnes différentes cette phrase est correcte:
Ста́рший брат до́лжен отвеча́ть за мла́дшего бра́та.

Он до́лжен отвеча́ть за <u>себя́</u>.
Cette phrase a un sens unique parce que le pronom "себя́" indique l'objet du verbe qui, à la fois, joue le rôle du sujet (il ne s'agit que d'une seule personne):
Ста́рший брат до́лжен отвеча́ть за себя́.
Dans cette situation il est interdit d'employer le pronom "него".

PRONOM - МЕСТОИМЕНИЕ

PRONOM REFLECHI "СЕБЯ" - ВОЗВРАТНОЕ МЕСТОИМЕНИЕ "СЕБЯ"

Exercices et explications

1. Observez l'emploi du pronom réfléchi "себя". Comparez les phrases où est employé "себя" avec celles où on a employé les pronoms personnels.

1. Виктор увидел себя на старой фотографии.
   Виктор увидел его (брата) на старой фотографии.
2. Эрик очень строг к себе.
   Эрик очень строг к нему (к своему брату).
3. Вечером мы будем у себя на даче.
   Вечером мы будем у них (у друзей) на даче.
4. Она не любит рассказывать о себе.
   Она не любит рассказывать о ней (о своей сестре).
5. Посмотри на себя, у тебя грязная рубашка.
   Посмотри на него (ребёнка), у него грязная рубашка.

2. Transformez les phrases suivant le modèle.

Modèle: Я хочу сделать подарок. - Я хочу сделать <u>себе</u> подарок.

1. Вы верите? 2. Ты можешь сделать причёску? 3. Он вызвал врача. 4. Она требовательна. 5. Не надо обманывать. 6. Я сломал палец. 7. Ты хочешь позвонить домой? 8. Тебе надо сделать макияж. 9. Ему надо придумать план действий. 10. Ты должен уважать. 11. Каждый должен уметь жертвовать.

3. Mettez le pronom "себя" ou les pronoms personnels aux formes convenables. Analysez le sens de chaque phrase en relevant l'objet qui subit l'action.

1. Почему ты рассказываешь только о своих друзьях? Что ты можешь сказать о ...? 2. Саша и Рома гуляют во дворе. Саша любит играть с ... . 3. Студенты вошли в зал, в котором ... ждал профессор. 4. Анна с подругой ходила в магазин, чтобы купить ... платье. 5. Алексей сказал, что вы больны. Вы хорошо ... чувствуете? 6. Ты замечательный писатель. Если ты не против, я оставлю у ... один экземпляр твоей книги. 7. Она сильно нервничает, вам надо успокоить ... . 8. Почему ты не уверен в ...? Андрей прекрасный друг и ему можно доверять. 9. Вы поговорили со своим сыном? Вы должны повлиять на ... . 10. Профессор доволен своими студентами, он всегда доверяет ... . 11. У тебя старый костюм, купи ... новый. 12. Мои родители переехали в этот город пять лет назад. Они были молодыми и верили в ... . 13. Моя мама уехала в командировку, ты можешь пожить у ... несколько дней. 14. Он не любит ночевать у друзей, поэтому он пошёл к ... . 15. Ты болен, надо вызвать ... врача. 16. У меня болят ноги, я совсем не чувствую ... .

PRONOM - МЕСТОИМЕНИЕ

PRONOM REFLECHI "СЕБЯ" - ВОЗВРАТНОЕ МЕСТОИМЕНИЕ "СЕБЯ"

Attention!!! S'il faut renvoyer l'action du verbe au sujet de la phrase et celui-ci est au nominatif, on emploie le pronom "**сам**" (*masculin*), "**сама́**" (*féminin*), "**само́**" (*neutre*), "**са́ми**" (*pluriel pour tous les genres*) qui renforcent les pronoms personnels "я", "ты", "он", "она́", "оно́", "мы", "вы", "они́":

кому?
Он сде́лал себе́ игру́шку.
Il s'est fabriqué un jouet.

кто?
Он сде́лал сам игру́шку.
Il a fabriqué un jouet lui-même.

о ком?
Она́ рассказа́ла о себе́ пра́вду.
Elle a dit la vérité sur elle.

кто?
Она́ рассказа́ла сама́ пра́вду.
Elle a dit la vérité elle-même.

---

4. Mettez le pronom "себя" ou le pronom "сам" aux formes convenables. Posez la question portant sur le complément pour choisir une bonne variante.

1. Не надо давать ему советы, как построить дом. Он должен разобраться ... . 2. Я не могу перевести этот текст, мне нужно купить ... словарь. 3. Мы не можем найти твою ручку, посмотри ... на столе или на полке. 4. Елена показала мне платье, которое сшила ... для своей дочери. 5. Он никогда никого не стесняется, он накладывает еду себе ... . 6. У вас уже большой сын. Он ... одевается? 7. Вы не виноваты, вы не должны винить ... . 8. Я не хочу писать ему письмо, напиши его ... . 9. Мне позвонил Виктор и сказал, что он ... нарисовал портрет отца. 10. Она забыла купить молоко. Ты можешь его купить ... ? 11. Андрей не может решить задачу. Никто ему не помогает, потому что он хочет решить её ... . 12. Наташа налила ... сок и села рядом с мамой. 13. Учитель проверит твою работу, но сначала ты должен проверить ... . 14. Я не умею готовить еду. Ты можешь приготовить ... сам?

PRONOM - МЕСТОИМЕНИЕ

PRONOM REFLECHI "СЕБЯ" - ВОЗВРАТНОЕ МЕСТОИМЕНИЕ "СЕБЯ"

✅ **Corrigés** ✕

2. 1. Вы верите себе? 2. Ты можешь сделать себе причёску? 3. Он вызвал себе врача. 4. Она требовательна к себе. 5. Не надо обманывать себя. 6. Я сломал себе палец. 7. Ты хочешь позвонить себе домой? 8. Тебе надо сделать себе макияж. 9. Ему надо придумать себе план действий. 10. Ты должен уважать себя. 11. Каждый должен уметь жертвовать собой.

3. 1. себе; 2. ним; 3. их; 4. себе; 5. себя; 6. себя; 7. её; 8. нём; 9. него; 10. им; 11. себе; 12. себя; 13. меня; 14. себе; 15. тебе; 16. их

4. 1. сам; 2. себе; 3. сам; 4. сама; 5. сам; 6. сам; 7. себя; 8. сам; 9. сам; 10. сам; 11. сам; 12. себе; 13. сам; 14. себе

L'ADJECTIF

ПРИЛАГАТЕЛЬНОЕ caractérise le nom et répond aux questions "какóй", "какáя", "какóе", "какѝе"

TYPES

⚠️ Une grande quantité des adjectifs sont formés à l'aide des suffixes ce qui n'est pas propre au français: de soie - щёлковый, d'enfant - детский, d'été - летний etc.

- **ADJECTIF QUALITATIF** — хорóший, плохóй
- **ADJECTIF RELATIF** — городскóй, домáшний
- **ADJECTIF POSSESSIFS** — бáбушкин, собáчий

DEGRÉS DE COMPARAISON

- COMPARATIF
- SUPERLATIF

Tout comme les noms les adjectifs russes ont:

le genre:
    красѝвый, красѝвая, красѝвое

le nombre:
    красѝвый - красѝвые

la déclinaison:
    красѝвый, красѝвого, красѝвому, красѝвый, красѝвым, красѝвом

Par rapport aux adjectifs français, les adjectifs russes n'ont pas de place stricte et peuvent se trouver devant (le plus souvent) ou après le nom:

<u>замечáтельный</u> вéчер
        une soirée <u>formidable</u>
вéчер <u>замечáтельный</u>
        une soirée <u>formidable</u>

Grâce à la diversité des suffixes les adjectifs russes peuvent avoir beaucoup de formes traduisant des nuances stylistiques:

long - длѝнный (forme simple)

plus long - удлинённый, длинющий, длиннéйший, длинновáтый (formes stylistiques)

ADJECTIF - ПРИЛАГАТЕЛЬНОЕ
DECLINAISON - СКЛОНЕНИЕ

DÉCLINAISON DES ADJECTIFS
СКЛОНЕНИЕ ПРИЛАГАТЕЛЬНЫХ

Les adjectifs ont la déclinaison à tous les cas. L'adjectif a la même forme que le nom qu'il caractérise. Ainsi si le nom masculin au pluriel est décliné au cas génitif, l'adjectif doit aussi être masculin au pluriel au génitif

Voilà les questions auxquelles répondent les adjectifs:

au nominatif - "Какóй?", "Какáя?", "Какóе?", "Какие?"
au génitif - "Какóго?", "Какóй?", "Каких?"
au datif - "Какóму?", "Какóй?", "Каким?"
à l'accusatif - "Какóго?", "Какóй?", "Каких?"
à l'instrumental - "Каким?", "Какóй?", "Какими?"
au prépositionnel - "О какóм?", "О какóй?", "О каких?"

Retenez la déclinaison des adjectifs à tous les cas

Nominatif

Singulier	masculin	féminin	neutre
Si la base de l'adjectif (le radical avec les préfixes et les suffixes) se termine par les consonnes **dures** ou les lettres **к, г, х**	**-ый / -ой / -ий** крáсн**ый**, молод**óй**, широк**ий**	**-ая** крáсн**ая**, молод**áя**, широк**áя**	**-ое** крáсн**ое**, молод**óе**, широк**ое**
Si la base de l'adjectif se termine par la lettre **н** mouillée	**-ий** сн**ий**, лшн**ий**	**-яя** сн**яя**, лшн**яя**	**-ее** сн**ее**, лшн**ее**
Si la base de l'adjectif se termine par les lettres **ч, ж, ш, щ**	**-ий / -ой** чуж**óй**, лчш**ий**	**-ая / -яя** чуж**áя**, лчш**ая**	**-ее / -ое** чуж**óе**, лчш**ее**

Pluriel	pour tous les genres
Si la base de l'adjectif se termine par les consonnes **dures**	**-ые** крáсн**ые**, молод**ые**, красв**ые**
Si la base de l'adjectif se termine par la lettre **н** mouillée, **к, г, х, ч, ж, ш, щ**	**-ие** широк**ие**, сн**ие**, лшн**ие**, чуж**ие**

ADJECTIF - ПРИЛАГАТЕЛЬНОЕ — DECLINAISON - СКЛОНЕНИЕ

Génitif

Singulier		masculin	féminin	neutre
	Si la base de l'adjectif (le radical avec les préfixes et les suffixes) se termine par les consonnes **dures** ou les lettres **к, г, х**	-ого кра́сного, молодо́го, широ́кого	-ой кра́сной, молодо́й, широ́кой	-ого кра́сного, молодо́го, широ́кого
	Si la base de l'adjectif se termine par la lettre **н** mouillée	-его си́него, ли́шнего	-ей си́ней, ли́шней	-его си́него, ли́шнего
	Si la base de l'adjectif se termine par les lettres **ч, ж, ш, щ**	-его / -ого чужо́го, лу́чшего	-ей / -ой чужо́й, лу́чшей	-его / -ого чужо́го, лу́чшего

Pluriel — pour tous les genres

Si la base de l'adjectif se termine par les consonnes **dures**	-ых кра́сных, молоды́х, краси́вых
Si la base de l'adjectif se termine par la lettre **н** mouillée, **к, г, х, ч, ж, ш, щ**	-их широ́ких, си́них, ли́шних, чужи́х

Datif

Singulier		masculin	féminin	neutre
	Si la base de l'adjectif (le radical avec les préfixes et les suffixes) se termine par les consonnes **dures** ou les lettres **к, г, х**	-ому кра́сному, молодо́му, широ́кому	-ой кра́сной, молодо́й, широ́кой	-ому кра́сному, молодо́му, широ́кому
	Si la base de l'adjectif se termine par la lettre **н** mouillée	-ему си́нему, ли́шнего	-ей си́ней, ли́шней	-ему си́нему, ли́шнего
	Si la base de l'adjectif se termine par les lettres **ч, ж, ш, щ**	-ему / -ому чужо́му, лу́чшему	-ей / -ой чужо́й, лу́чшей	-ему / -ому чужо́му, лу́чшему

Pluriel — pour tous les genres

Si la base de l'adjectif se termine par les consonnes **dures**	-ым кра́сным, молоды́м, краси́вым
Si la base de l'adjectif se termine par la lettre **н** mouillée, **к, г, х, ч, ж, ш, щ**	-им широ́ким, си́ним, ли́шним, чужи́м

ADJECTIF - ПРИЛАГАТЕЛЬНОЕ — DECLINAISON - СКЛОНЕНИЕ

Accusatif

Singulier	masculin	féminin	neutre
Si la base de l'adjectif (le radical avec les préfixes et les suffixes) se termine par les consonnes **dures** ou les lettres **к, г, х**	-ый / -ой -ий / -ого кра́сный / кра́сного	-ую кра́сную, молоду́ю, широ́кую	-ое кра́сное, молодо́е, широ́кое
Si la base de l'adjectif se termine par la lettre **н** mouillée	-ий / -его си́ний / си́него	-юю си́нюю, ли́шнюю	-ее си́нее, ли́шнее
Si la base de l'adjectif se termine par les lettres **ч, ж, ш, щ**	-ий / -ой / -его / -ого чужо́й / чужо́го	-ую чужу́ю, лу́чшую	-ее / -ое чужо́е, лу́чшее

Pluriel — pour tous les genres

Si la base de l'adjectif se termine par les consonnes **dures**	-ые / -ых кра́сные / кра́сных, молоды́е / молоды́х
Si la base de l'adjectif se termine par la lettre **н** mouillée, **к, г, х, ч, ж, ш, щ**	-ие / -их широ́кие / широ́ких, си́ние / си́них

Instrumental

Singulier	masculin	féminin	neutre
Si la base de l'adjectif (le radical avec les préfixes et les suffixes) se termine par les consonnes **dures** ou les lettres **к, г, х**	-ым / -им кра́сным, молоды́м, широ́ким	-ой кра́сной, молодо́й, широ́кой	-ым / -им кра́сным, молоды́м, широ́ким
Si la base de l'adjectif se termine par la lettre **н** mouillée	-им си́ним, ли́шним	-ей си́ней, ли́шней	-им си́ним, ли́шним
si la base de l'adjectif se termine par les lettres **ч, ж, ш, щ**	-им чужи́м, лу́чшим	-ей / -ой чужо́й, лу́чшей	-им чужи́м, лу́чшим

Pluriel — pour tous les genres

Si la base de l'adjectif se termine par les consonnes **dures**	-ыми кра́сными, молоды́ми, краси́выми
Si la base de l'adjectif se termine par la lettre **н** mouillée, **к, г, х, ч, ж, ш, щ**	-ими широ́кими, си́ними, ли́шними

ADJECTIF - ПРИЛАГАТЕЛЬНОЕ
DECLINAISON - СКЛОНЕНИЕ

Prépositionnel

Singulier

	masculin	féminin	neutre
Si la base de l'adjectif (le radical avec les préfixes et les suffixes) se termine par les consonnes **dures** ou les lettres **к, г, х**	**-ом** красн**ом**, молод**ом**, широк**ом**	**-ой** красн**ой**, молод**ой**, широк**ой**	**-ом** красн**ом**, молод**ом**, широк**ом**
Si la base de l'adjectif se termine par la lettre **н** mouillée	**-ем** син**ем**, лишн**ем**	**-ей** син**ей**, лишн**ей**	**-ем** син**ем**, лишн**ем**
Si la base de l'adjectif se termine par les lettres **ч, ж, ш, щ**	**-ем / -ом** чуж**ом**, лучш**ем**	**-ей / -ой** чуж**ой**, лучш**ей**	**-ем / -ом** чуж**ом**, лучш**ем**

Pluriel — pour tous les genres

Si la base de l'adjectif se termine par les consonnes **dures**	**-ых** красн**ых**, молод**ых**, красив**ых**
Si la base de l'adjectif se termine par la lettre **н** mouillée, **к, г, х, ч, ж, ш, щ**	**-их** широк**их**, син**их**, лишн**их**, чуж**их**

Attention!!! Le choix des terminaisons de la déclinaison au cas datif dépend de la nature du nom.

Si le nom est un <u>être animé</u>, on emploie les terminaisons en vert	Она не узнала высок**ого** мужчину. Ты помнишь бел**ого** коня? Я увидела красив**ых** парней.
Dans d'autres situations il faut utiliser les terminaisons normales	Она не узнала высок**ий** дом. Ты помнишь бел**ый** автомобиль? Я увидела красив**ые** альбомы.

 N'oubliez pas cette particularité du cas!

Les adjectifs numéraux ordinaux ont la même déclinaison. Pour en savoir plus veuillez consulter l'annexe du livre.

Сегодня мы учили треть**е*** правило.
   Это история о втор**ом** сыне господина Кораблёва.
Мальчик сделал восьм**ое** упражнение.
   Она продала игрушки тро**им** клиентам.

*- terminaison réduite de -ее

ADJECTIF - ПРИЛАГАТЕЛЬНОЕ   DECLINAISON - СКЛОНЕНИЕ

 Exercices et explications

1. Accordez les adjectifs avec les noms en faisant attention au nombre:

1. большой – город, улица, здание, магазины, шкаф, машина, деревья, шары, собаки;
2. красный – карандаш, шапка, пальто, ручки, игрушка, зонтик, солнце, брюки;
3. хороший – день, подруга, место, друзья, книга, часы, игра, лекарства, школа;
4. новый – квартира, фильмы, города, слово, модель, газета, музыка, упражнение.

2. Accordez les adjectifs en genre, en nombre et en cas avec les noms ...

a) au cas nominatif:

1. Это (стеклянный) стол. 2. Мой брат - (талантливый) певец. 3. Его родители (хороший) люди. 4. Мне нравится это (красивый) место. 5. Нам нравится эта (великолепный) страна. 6. Возле нашего дома есть (китайский) ресторан. 7. Это (интересный) книга. 8. На полу лежат (чёрный) брюки.

b) au cas génitif:

1. В этом магазине нет (свежий) колбасы. 2. В нашей группе много (красивый) девушек. 3. Он купил три (вкусный) торта. 4. У меня нет (маленький) игрушки. 5. В нашем городе мало (продуктовый) магазинов. 6. Эти цветы боятся (холодный) места. 7. Я желаю вам (счастливый) пути. 8. У неё нет (белый) вазы.

c) au cas datif:

1. Я позвонил (старый) другу. 2. Они подарили цветы (талантливый) певцу. 3. Анна отправила фото (младший) сёстрам. 4. Мы гуляем по (широкий) улице. 5. Этой (милый) бабушке нужна помощь. 6. (Маленький) мальчикам интересно играть в эту игру. 7. Этой (известный) писательнице шестьдесят лет. 8. Я ездила к (больной) подруге.

d) au cas accusatif:

1. Я видел этого (странный) человека. 2. Мой друг забыл это (трудный) правило. 3. Он знает этого (знаменитый) учёного. 4. Мама приготовила (вкусный) обед. 5. Папа купил сыну (хороший) игрушку. 6. Завтра мы уезжаем в (другой) страну. 7. Вы смотрели эти (прекрасный) фильмы? 8. Строители построили (новый) школы.

e) au cas instrumental:

1. Он хочет стать (зубной) врачом. 2. В музее мы любовались (знаменитый) картинами. 3. Анна поссорилась со (школьный) подругами. 4. Мы поздоровались с (дружелюбный) соседом. 5. Я встречался с (городской) мэр. 6. Они познакомились с (французский) семьёй. 7. Виктор любуется (вечерний) закатом. 8. Этот человек интересуется (английский) литературой.

f) au cas prépositionnel:

1. Вчера мы были на (интересный) экскурсии. 2. Мой брат живёт в этом (уютный) доме. 3. Он учится в (российский) университете. 4. Роман рассказал нам о (весёлый) вечеринке. 5. Она часто вспоминает о (родной) местах. 6. В (прошлый) месяце я ходил на концерт. 7. Его отец работает в (строительный) фирме. 8. Она взяла эту книгу в (городской) библиотеке.

ADJECTIF - ПРИЛАГАТЕЛЬНОЕ
DECLINAISON - СКЛОНЕНИЕ

3. Accordez les adjectifs avec les noms :

Я подарил маме итальянск(ий)
- вазу
- сувениры
- вино
- кофе
- косметику
- шоколад
- сладости
- сумку

Она говорила о городск(ой)
- парке
- жизни
- музее
- мэрии
- больнице
- пейзаже
- транспорте
- полиции

У него нет зелён(ый)
- ручки
- бумаги
- полотенца
- коробки
- карандаша
- краски
- брюк
- футболки

Мой брат работает над трудн(ый)
- проектом
- книгой
- картиной
- переводом
- статьёй
- словами
- задачей
- упражнениями

4. Ouvrez les parenthèses en accordant les adjectifs et les noms:

1. Я вижу (жёлтый автобус). 2. Мой друг изучает (английский язык). 3. Я живу в (большая квартира). 4. Я люблю читать (интересная книга). 5. Расскажи нам о (современная музыка). 6. Антон смотрит (страшные фильмы). 7. Я написал письмо (младший брат). 8. Он рассказал о вечеринке (школьный друг). 9. Она одела (новая одежда). 10. Виктор прочитал книгу о (французская кухня). 11. Мы умеем говорить на (русский язык). 12. В этом городе много (красивые места). 13. На этой картине нарисована (молодая девушка). 14. Вы помните (школьный учитель)? 15. Это фотографии (знаменитая актриса). 16. Ты когда-нибудь видел (синие конфеты)? 17. Мы купались в (глубокое озеро). 18. Мы долго гуляли в (красивый парк). 19. Я одолжил учебник у (иностранные студенты).

5. Répondez aux questions en employant les séries entre parenthèses:

Modèle: Где находится этот памятник (центральная площадь)?
- Этот памятник находится на центральной площади.

1. Что вы купили в магазине? (голландский сыр) 2. Кого ты встретил в коридоре? (старший брат) 3. Где играют дети? (зелёная трава) 4. Что находится в гостиной? (чёрный диван) 5. О чём вы говорили? (актуальные проблемы) 6. Чего ты боишься? (сложный экзамен) 7. Какую музыку вы любите? (классическая музыка)

ADJECTIF - ПРИЛАГАТЕЛЬНОЕ — DECLINAISON - СКЛОНЕНИЕ

 **Corrigés**

1.
1. большой город, большая улица, большое здание, большие магазины, большой шкаф, большая машина, большие деревья, большие шары, большие собаки;
2. красный карандаш, красная шапка, красное пальто, красные ручки, красная игрушка, красный зонтик, красное солнце, красные брюки;
3. хороший день, хорошая подруга, хорошее место, хорошие друзья, хорошая книга, хорошие часы, хорошая игра, хорошие лекарства, хорошая школа;
4. новая квартира, новые фильмы, новые города, новое слово, новая модель, новая газета, новая музыка, новое упражнение.

2.
a) 1. стеклянный; 2. талантливый; 3. хорошие; 4. красивое; 5. великолепная; 6. китайский; 7. интересная; 8. чёрные.

b) 1. свежей; 2. красивых; 3. вкусных; 4. маленькой; 5. продуктовых; 6. холодного; 7. счастливого; 8. белой.

c) 1. старому; 2. талантливому; 3. младшим; 4. широкой; 5. милой; 6. маленьким; 7. известной; 8. больной.

d) 1. странного; 2. трудное; 3. знаменитого; 4. вкусный; 5. хорошую; 6. другую; 7. прекрасные; 8. новые.

e) 1. зубным; 2. знаменитыми; 3. школьными; 4. дружелюбным; 5. городским; 6. французской; 7. вечерним; 8. английской.

f) 1. интересной; 2. уютном; 3. российском; 4. весёлой; 5. родных; 6. прошлом; 7. строительной; 8. городской.

3. Я подарил маме итальянскую вазу, итальянские сувениры, итальянское вино, итальянский кофе, итальянскую косметику, итальянский шоколад, итальянские сладости, итальянскую сумку.

Она говорила о городском парке, городской жизни, городском музее, городской мэрии, городской больнице, городском пейзаже, городском транспорте, городской полиции.

У него нет зелёной ручки, зелёной бумаги, зелёного полотенца, зелёной коробки, зелёного карандаша, зелёной краски, зелёных брюк, зелёной футболки.

Мой брат работает над трудным проектом, трудной книгой, трудной картиной, трудным переводом, трудной статьёй, трудными словами, трудной задачей, трудными упражнениями

ADJECTIF - ПРИЛАГАТЕЛЬНОЕ   *DECLINAISON - СКЛОНЕНИЕ*

4. 1. жёлтый автобус; 2. английский язык; 3. большой квартире; 4. интересную книгу; 5. современной музыке; 6. страшные фильмы; 7. младшему брату; 8. школьному другу; 9. новую одежду; 10. французской кухне; 11. русском языке; 12. красивых мест; 13. молодая девушка; 14. школьного учителя; 15. знаменитой актрисы; 16. синие конфеты; 17. глубоком озере; 18. красивом парке; 19. иностранных студентов.

5. 1. Что вы купили в магазине? - Я купил голландский сыр.
2. Кого ты встретил в коридоре? - Я встретил старшего брата.
3. Где играют дети? - Дети играют на зелёной траве.
4. Что находится в гостиной? - В гостиной находится чёрный диван.
5. О чём вы говорили? - Мы говорили об актуальных проблемах.
6. Чего ты боишься? - Я боюсь сложного экзамена.
7. Какую музыку вы любите? - Я люблю классическую музыку.

ADJECTIF - ПРИЛАГАТЕЛЬНОЕ

DEGRES DE COMPARAISON - СТЕПЕНИ СРАВНЕНИЯ

DEGRÉS DE COMPARAISON DES ADJECTIFS
СТЕПЕНИ СРАВНЕНИЯ ПРИЛАГАТЕЛЬНЫХ

En russe il y a deux degrés de comparaison des adjectifs: comparatif et superlatif.

COMPARATIF
voie simple

бо́лее + adjectif, чем ...
ме́нее + adjectif, чем ...

On peut employer la première partie avec le mot "бо́лее" sans deuxième avec le mot "чем":

Э́та ва́за бо́лее дорога́я.

N'oubliez pas de mettre la virgule devant la mot "чем":

Его́ кни́га ме́нее интере́сная, чем кни́га его́ бра́та.

Мои́ карти́ны бо́лее краси́вые.
Mes tableaux sont plus beaux.

Наш дом бо́лее высо́кий, чем дом роди́телей.
Notre maison est plus haute que celle de nos parents.

Э́ти ко́мнаты ме́нее све́тлые.
Ces chambres sont moins claires.

Твоя́ кварти́ра ме́нее просто́рная, чем моя́.
Ton appartement est moins vaste que le mien.

COMPARATIF
voie complexe

radical d'adjectif + suffixes
-ее, -ей, -е ou -ше, чем...

Cette voie ne peut pas former le comparatif d'infériorité:

Э́та ва́за доро́же. = Э́та ва́за бо́лее дорога́я.

L'adjectif ne s'emploie que comme prédicat!

✓ У меня́ нет интере́сней кни́ги.
✓ Э́та кни́га интере́сней.
✗ Он дал ~~интере́сней~~ кни́гу.
✓ Он дал бо́лее интере́сную кни́гу.
✗ Мы говори́ли об ~~интере́сней~~ кни́ге.
✓ Мы говори́ли о бо́лее интере́сной кни́ге.

Мои́ карти́ны красиве́й.
Mes tableaux sont plus beaux.

Наш дом вы́ше, чем дом роди́телей.
Notre maison est plus haute que celle de nos parents.

Э́ти ко́мнаты светле́е.
Ces chambres sont plus claires.

Твоя́ кварти́ра просто́рней мое́й.
Ton appartement est plus vaste que le mien.

Le comparatif des adjectifs formé de cette voie est un mot invariable qui n'a ni genre, ni nombre, ni cas:

Э́тот дом доро́же. Э́та ва́за доро́же.
Э́то пальто́ доро́же. Э́ти кни́ги доро́же.

ADJECTIF - ПРИЛАГАТЕЛЬНОЕ

DEGRES DE COMPARAISON - СТЕПЕНИ СРАВНЕНИЯ

Souvent en ajoutant les suffixes la forme du comparatif des adjectifs peut être modifiée. C'est pourquoi cette voie est complexe et il est recommandé d'employer la voie simple. Retenez certains cas:

хоро́ший — лу́чше
плохо́й — ху́же
ма́ленький — ме́ньше
сла́дкий — сла́ще
чи́стый — чи́ще
жи́дкий — жи́же
ти́хий — ти́ше
то́нкий — то́ньше
широ́кий — ши́ре
у́зкий — у́же
дли́нный — длине́е
коро́ткий — коро́че

я́ркий — я́рче
зво́нкий — зво́нче
бли́зкий — бли́же
глубо́кий — глу́бже
далёкий — да́льше
дорого́й — доро́же
дешёвый — деше́вле
высо́кий — вы́ше
ни́зкий — ни́же
гро́мкий — гро́мче
ти́хий — ти́ше

La voie complexe ne permet pas de former le comparatif de certains adjectifs. Dans cette situation mieux vaut employer la voie simple en utilisant le mot *бо́лее*: ❗

городско́й парк

~~городске́е~~ парк
бо́лее городско́й парк

дереве́нская жизнь

~~дереве́нскее~~ жизнь
бо́лее дереве́нская жизнь

откры́тый челове́к

~~откры́чее~~ челове́к
бо́лее откры́тый челове́к

Par rapport à la voie simple la voie complexe implique la deuxième partie de la comparaison avec le mot "чем":

Э́та кни́га деше́вле, чем на́ша.

SUPERLATIF

са́мый/ая/ое/ые + adjectif

Le mot "са́мый" doit être accordé en genre, en nombre, selon le cas avec le nom aussi bien que l'adjectif:

Мы купи́ли са́м**ую** дорог**у́ю** маши́ну.
Вы рассказа́ли о са́м**ом** интере́сн**ом** путеше́ствии.
В э́том го́роде са́м**ые** дли́нн**ые** у́лицы в ми́ре.

Мои́ карти́ны са́мые краси́вые.
Mes tableaux sont les plus beaux.
Наш дом са́мый высо́кий.
Notre maison est la plus haute.
Э́ти ко́мнаты са́мые све́тлые.
Ces chambres sont les plus claires.
Твоя́ кварти́ра са́мая просто́рная.
Ton appartement est la plus vaste.

Attention!!! On ne peut pas mêler les voies simple et complexe en formant le comparatif de l'adjectif bien que la langue parlée le permette. Ainsi il faut choisir entre les deux voies la meilleure d'après vous. ❗

variante correcte:
лу́чший фильм
бо́лее бы́стрый автомоби́ль
бо́лее твёрдый ка́мень
бо́лее вку́сный пиро́г

variante incorrecte:
бо́лее лу́чший фильм
бо́лее быстре́е автомоби́ль
бо́лее твёрдее ка́мень
бо́лее вкусне́е пиро́г

ADJECTIF - ПРИЛАГАТЕЛЬНОЕ

DEGRES DE COMPARAISON - СТЕПЕНИ СРАВНЕНИЯ

Exercices et explications

1. Observez l'emploi du comparatif (I, II) et du superlatif (III) dans les phrases:

I) 1. Мои игрушки более красочные, чем игрушки моего брата. 2. Этим летом солнце менее яркое, чем в прошлом году. 3. Сегодня мы писали диктант более сложный, чем на прошлой неделе. 4. Вершина этой горы более высокая, чем вершина той горы. 5. Эта станция метро более близкая. 6. Этот студент более успешный в группе.

II) 1. Твоя загадка легче, чем моя. 2. Она купила зонтик больше, чем мой. 3. Я не хочу покупать куртку дороже, чем на базаре. 4. Когда я стану выше, я смогу участвовать на конкурсе. 5. Зачем ты купил хлеб слаще, чем обычно? 6. Бассейн в этом отеле глубже, детям купаться запрещено. 7. Мне кажется эти брюки короче, чем те, которые ты мерил.

III) 1. В нашей стране находится самая низкая точка. 2. Слон - самое большое животное на земле. 3. Этот автомобиль самый быстрый в мире. 4. Он хочет стать самым успешным учеником в школе. 5. Учёные создали самый чёрный предмет. 6. Мой папа самый умный. 7. В этом городе самые добрые жители.

2. Formez le comparatif des adjectifs entre parenthèses en utilisant la voie simple ("+" comparatif de supériorité, "-" comparatif d'infériorité). Mettez les noms aux cas nécessaires:

<u>Modèle:</u> Это яблоко ... (+ сладкое). - Это яблоко более сладкое.
  Это дерево ... (- высокое). - Это дерево менее высокое.

1. В нашей стране климат ... (+ тёплый), чем в России. 2. Первая часть этого романа ... (+ интересная), чем вторая часть. А вторая часть ... (+ лирическая). 3. Врач сказал, что мясо ... (+ вредное), чем овощи. 4. Я считаю, что французский язык ... (- трудный), чем русский. 5. Зачем ты надел эту рубашку, она же грязная! Найди ... (+ чистая) рубашку. 6. Сегодня учительница нам дала ... (- трудные) предложения. 7. В этом месте река ... (- глубокая). 8. Мы шли по ... (+ широкая) улице, чем вчера. 9. Моя собака ... (+ умная), чем собака моего друга. 10. Он пел ... (+ грустную) песню. 11. Мой папа ... (+ серьёзный), чем моя мама. 12. Этот мужчина ... (+ приятный) и подходит на эту вакансию. 13. Фрукты, которые растут у нас, ... (+ вкусные), чем фрукты, которые привозят из других стран.

3. Employez la voie complexe pour former le comparatif des adjectifs entre parenthèses.

1. Старое кресло ... (мягкое и удобное), чем новое кресло. 2. Вчера погода была ... (хорошая и тёплая), чем сегодня. 3. Костюм моего друга ... (дорогой), чем мой костюм. 4. Музыка этого композитора ... (спокойная), чем музыка того композитора. 5. Мой брат ... (старший) меня, а сестра ... (младшая) меня. 6. Сегодня день был ... (плохой), чем вчера. 7. В этом регионе воздух ... (сухой), чем на побережье океана. 8. В этом году лето было намного ... (жаркое), чем в прошлом году. 9. Моя машина ... (большая), чем машина моего брата. 10. Квартира, которую они купили, ... (светлая), чем была их старая квартира. 11. Он сделал фотографии ... (интересные), чем фотографии его друга. 12. У моих родителей собака ... (злая), чем моя. 13. Зачем вы строите забор ... (высокий), чем ваш дом? 14. Лампа в этой комнате ... (яркая), чем в гостинной. 15. У мамы голос ... (тихий), чем у моего отца.

ADJECTIF - ПРИЛАГАТЕЛЬНОЕ

DEGRES DE COMPARAISON - СТЕПЕНИ СРАВНЕНИЯ

4. Employez le superlatif des adjectifs entre parenthèses (avec le mot "самый").

1. Шанхай - ... (большой) город в мире. 2. Какое животное ... (быстрое)? 3. Помогите мне выбрать ... (лучший) учебник русского языка. 4. Для приготовления этого пирога нужно купить ... (вкусные) яблоки. 5. Кит - ... (огромное) животное на Земле. 6. Я хочу на день рождения ... (модное) платье. 7. В России ... (тёплые) дни в июле. 8. Где находится ... (высокая) башня в мире? 9. Помогите мне выбрать ... (красивый) подарок для подруги. 10. В этом году у нас было ... (весёлое) путешествие. 11. Для строительства этого дома были использованы ... (экологические) материалы. 12. Сегодня мы учили ... (трудная) тему по литературе. 13. Покажите нам ... (знаменитый) памятник Пушкину. 14. Мы хотим увидеть картины ... (известные) художников. 15. Перед вами ... (дорогой) автомобиль в нашем салоне. 16. Песня этого музыканта ... (популярная) в этом году.

Le superlatif des adjectifs russes a encore la deuxième voie de formation suivant le modèle ci-dessous:

comparatif voie complexe + "всех" / "всего"

"всех" pour les noms nombrables,
"всего" pour les noms abstraits ou non nombrables:

Этот студе́нт лу́чше всех. = Это са́мый лу́чший студе́нт.
Этот университе́т бо́льше всех. = Это са́мый большо́й университе́т.
Ва́ше предложе́ние лу́чше всего́. = Ва́ше предложе́ние са́мое лу́чшее.
Здоро́вье доро́же всего́. = Здоро́вье - са́мое дорого́е.

Cette voie ne peut être utilisée que dans les situations où le nom caractérisé joue le rôle du sujet ou du prédicat dans la phrase. Sinon le sens de cette dernière peut être modifié; comparez:

Его́ кни́га интере́снее всех. ← *Какая книга?*
Son livre est le plus intéressant.

Они́ купи́ли кни́гу интере́снее всех. ← *Как они купили книгу?*
Ils ont acheté un livre de la manière la plus intéressante.

---

5. Mettez les adjectifs au superlatif en employant le mot "всех", "всего".

1. Эта улица ... (длинная). 2. Моя лошадь ... (быстрая). 3. Разговаривайте тихо, ваш голос ... (громкий). 4. Мы живём на улице Павлова, наш дом ... (дальний). 5. Это очень интересная и красивая птица, она ... (маленькая). 6. Это новый самолёт, он ... (быстрый). 7. У вас хороший вкус, ваш выбор ... (хороший). 8. В середине января в России погода ... (холодная). 9. Мне нравится гулять в лесу, это место ... (спокойное). 10. Возьмите эту книгу, она ... (интересная). 11. Анна ... (красивая). 12. Этот ученик ... (внимательный). 13. Этот музыкальный инструмент ... (тихий). 14. В этом магазине мясо ... (дорогое).

ADJECTIF - ПРИЛАГАТЕЛЬНОЕ

DEGRES DE COMPARAISON - СТЕПЕНИ СРАВНЕНИЯ

Pour mettre l'adjectif au comparatif d'égalité il faut suivre la formule suivante:

тако́й же (m)
така́я же (f)
тако́е же (n) + adjectif (+ nom), как ...
таки́е же (pl)

У него́ тако́й же краси́вый дом, как у меня́.
Sa maison est aussi belle que la mienne.

Ва́ши де́ти таки́е же воспи́танные, как мои́ де́ти.
Vos enfants sont aussi bien élevés que mes enfants.

Это о́зеро тако́е же живопи́сное, как о́зеро во́зле моего́ го́рода.
Ce lac est aussi pittoresque que le lac qui est près de ma ville.

Ша́хматы - така́я же интере́сная игра́, как джéнга.
Le jeu d'échecs est un jeu aussi intéressant que jenga.

---

6. Mettez les adjectifs au comparatif d'égalité.

1. Этот остров ... (большой), как наша страна. 2. Ваша картина ... (красивая), как картина моего мужа. 3. Эта команда ... (сильная), как команда нашего завода. 4. Расскажите мне ... (интересная) историю, как история про поездку в Москву. 5. Дайте мне ... (захватывающий) роман, как тот, который я прочитал на прошлой неделе. 6. Твоя машина ... (чёрная), как моя. 7. В эксперименте мы использовали ... (эффективный) метод, как наш преподаватель. 8. На экзамене профессор мне задал ... (сложный) вопрос, как и Андрею. 9. Ваши дети ... (прилежные), как и вы. 10. Этот диван ... (дорогой), как диван, который стоит возле входа. 11. Жители этого города ... (приветливые), как жители нашей страны.

ADJECTIF - ПРИЛАГАТЕЛЬНОЕ

DEGRES DE COMPARAISON - СТЕПЕНИ СРАВНЕНИЯ

✅ Corrigés

2. 1. более тёплый; 2. более интересная; более лирическая; 3. более вредное; 4. менее трудный; 5. более чистую; 6. менее трудные; 7. менее глубокая; 8. более широкой; 9. более умная; 10. более грустную; 11. более серьёзный; 12. более приятный; 13. более вкусные.

3. 1. мягче и удобнее; 2. лучше и теплей; 3. дороже; 4. спокойней; 5. старше; младше; 6. хуже; 7. суше; 8. жарче; 9. больше; 10. светлей; 11. интересней; 12. злее; 13. выше; 14. ярче; 15. тише.

4. 1. самый большой; 2. самое быстрое; 3. самый лучший; 4. самые вкусные; 5. самое огромное; 6. самое модное; 7. самые тёплые; 8. самая высокая; 9. самый красивый; 10. самое весёлое; 11. самые экологические; 12. самую трудную; 13. самый знаменитый; 14. самых известных; 15. самый дорогой; 16. самая популярная.

5. 1. длиннее всех; 2. быстрее всех; 3. громче всех; 4. дальше всех; 5. меньше всех; 6. быстрее всех; 7. лучше всех; 8. холоднее всего; 9. спокойнее всего; 10. интересней всех; 11. красивее всех; 12. внимательнее всех; 13. тише всех; 14. дороже всего.

6. 1. такое же большой; 2. такая же красивая; 3. такая же сильная; 4. такую же интересную; 5. такой же захватывающий; 6. такая же чёрная; 7. такой же эффективный; 8. такой же сложный; 9. такие же прилежные; 10. такой же дорогой; 11. такие же приветливые.

AUTO-EVALUATION

> ❗ **Auto-évaluation finale. Nom, pronom et adjectif** ✕

Vous devez répondre à 25 questions portant sur les sujets "Nom", "Pronom" et "Adjectif". Il est recommandé de lire attentivement les questions avant de donner des réponses. Les résultats vous montreront le niveau de connaissances des sujets grammaticaux présentés dans ce livre.

1. Trouvez la phrase où on peut remplacer les points par un nom à l'accusatif.

  a) У Виктора есть красивая ... .
  b) Я вернул все книги ... .
  c) Мы с удовольствием слушали ... .
  d) Мы не знали, что произошло в ... .

2. Cochez la phrase où les noms et les adjectifs sont déclinés correctement.

  a) Покажите нам другие брюки.
  b) Они не покупали журналами.
  c) Мои родители часто отдыхают в деревней.
  d) Мы зашли в класс и поздоровались с нашему учителю.

3. Trouvez la phrase où les points peuvent être remplacés par le pronom "мне".

  a) ... всегда встаю в 7 утра и завтракаю.
  b) ... не люблю бананы, но обожаю яблоки.
  c) ... друзья живут в других кварталах.
  d) ... нравится путешествовать по Европе.

4. Choisissez la phrase dont l'adjectif est accordé avec le nom.

  a) Сегодня мы посетили интересная конференцию.
  b) Моя сестра любит русской литературу.
  c) Я подарил маме белую вазу.
  d) Он не может выучить трудную правило.

5. Trouvez une série dont les noms sont déclinés à l'instrumental.

  a) девушкой, больницах, гостиницей, врачами.
  b) доме, коробках, телевизоре, фотографиях.
  c) человека, фильма, дерева, цветов.
  d) диван, папу, улицы, продавца.

AUTO-EVALUATION

6. Dans la phrase "На экскурсии мы видели памятники, познакомились с историей города, гуляли по площади, любовались архитектурой и фотографировались с местными жителями" **trouvez les noms au cas instrumental.**

a) экскурсии, памятники, историей, города.
b) площади, архитектурой, жителями.
c) историей, архитектурой, жителями.
d) экскурсии, города, архитектурой, жителями.

7. Cochez la traduction correcte de la phrase "Dans la cour il y a beaucoup d'enfants".

a) Во дворе много дети.
b) Во двор много детей.
c) Во дворе много детей.
d) Во дворе много детьми.

8. Ouvrez les parenthèses: "Бабушка ходила в ... (поликлиника). Сейчас она идёт из ... (поликлиника)."

a) поликлиники; поликлинику
b) поликлинику; поликлиники
c) поликлинику; поликлинике
d) поликлинику; поликлиника

9. Mettez le pronom qui convient: "Мария купила это платье своей сестре? - Да, она купила ... платье."

a) ей
b) себе
c) она
d) тебе

10. Mettez le pronom qui convient: "Ты нашёл тетрадь Виктора? - Да, я нашёл ... тетрадь."

a) свою
b) его
c) её
d) мою

11. Choisissez la ligne où les pronoms sont au cas datif.

a) моя, твой, его, наши
b) моим, им, нашего, вашим
c) моего, твоей, нашим, их
d) моему, твоему, его, вашему

12. Mettez les pronoms qui manquent d'après le sens: "Вчера мы ездили к ... родителям. Они были рады видеть ... ."

   a) нашим; вас
   b) моим; нас
   c) своим; нас
   d) её; её

13. Mettez les pronoms qui manquent d'après le sens: "... не говори об этом происшествии. ... не должен знать о нём".

   a) никому; никто
   b) ни о ком; никому
   c) некого; не с кем
   d) никому; ничто

14. Mettez les pronoms qui manquent d'après le sens: "Покажите мне ... очки. - Какие? - Вот ... .".

   a) эти; эти
   b) этих; этим
   c) этим; этих
   d) этих; эти

15. Traduisez la phrase: "J'ai trouvé le livre dont vous m'avez parlé. Je l'ai lu en deux jours".

   a) Я нашёл книгу, с которой вы мне говорили. Я прочитал её за два дня.
   b) Я нашёл книгу, о которой вы меня говорили. Я прочитал её за два дня.
   c) Я нашёл книгу, о котороё вы мне говорили. Я прочитал ей за два дня.
   d) Я нашёл книгу, о которой вы мне говорили. Я прочитал её за два дня.

16. Mettez le pronom qui manque d'après le sens: "Он не сказал, для ... человек нужно заказать еду. - Для двоих."

   a) каких
   b) которых
   c) скольких
   d) чьих

17. Employez les adjectifs au superlatif: "Мы остановились в ... гостинице. Тут ... пляж."

   a) самой лучшей; самый красивый
   b) самой лучшей; красивее
   c) более лучшей; более красивый
   d) лучшей; более красивый

AUTO-EVALUATION

18. Accordez les adjectifs avec les noms: "Ко мне приезжает ... друг. Мы с ним учились в ... школе."

a) школьный; московской
b) школьному; московскую
c) школьного; московской
d) школьный; московская

19. Mettez les adjectifs au comparatif: "В этом году зима ..., чем в прошлом году. А весна ... .

a) более холоднее; дождливее
b) холоднее; более дождливая
c) самая холодная; дождливая
d) холоднее; более дождливее

20. Mettez les démonstratifs aux cas qui conviennent: "В ... городе мы жили десять лет. А ... был наш дом."

a) этот; это
b) этом; этот
c) этом; это
d) это; этот

21. Remplacez les points par le mot "магазин" en le mettant aux cas convenables: "Вчера я ходил в ... . В ... я встретил моего друга Андрея".

a) магазин; магазин
b) магазин; магазине
c) магазине; магазин
d) магазин; магазина

22. Remplacez les points par les pronoms "его" ou "её": "Это мой друг Эрик. Это ... сестра Жанна. Она учится в школе. Это ... учебники и тетради."

a) его; его
b) её; её
c) её; его
d) его; её

23. Trouvez le féminin des noms suivants: "зритель", "помощник", "режиссёр", "уборщик", "ученик".

a) зрительница; помощница; режиссёр; уборщица; ученица
b) зрительница; помощница; режиссёрша; уборщик; ученица
c) зритель; помощница; режиссёрша; уборщица; ученица
d) зрительница; помощник; режиссёр; уборщица; ученик

AUTO-EVALUATION

24. Formez les noms à partir des mots suivants: "жить", "учёба", "монтаж", "слушать".

   a) житник; учёбец; монтажка; слушатик
   b) житомир; учебщик; монтажтель; слушатчик
   c) житник; учебтель; монтажщик; слушатка
   d) житель; учебник; монтажник; слушатель

25. Choisissez une traduction correcte de la phrase "Мой друг Андрей едет к своей подруге Анне. Она живёт со своими родителями."

   a) Mon ami André va chez son amie Anne. Elle habite avec leurs parents.
   b) Son ami André va chez leur amie Anne. Elle habite avec ses parents.
   c) Mon ami André va chez son amie Anne. Elle habite avec ses parents.
   d) Mon ami André va chez mon amie Anne. Elle habite avec mes parents.

Quel est votre résultat final?

23-25 points - très bien! Vous avez assimilé tous les sujets.
20-22 points - bien. Trouvez les questions où vous avez commis des fautes et révisez les sujets encore une fois.
17-19 points - passable. Il y a beaucoup de fautes. Bien sûr cela suffira pour communiquer avec les natifs russes, mais en tout cas cherchez à améliorer la grammaire.
0 ... 16 points - mal. Vous avez commis trop de fautes. Révisez tous les sujets et tâchez de refaire le QCM sans erreurs.

1. c)	11. d)	21. b)
2. a)	12. c)	22. d)
3. d)	13. a)	23. a)
4. c)	14. a)	24. d)
5. a)	15. d)	25. c)
6. c)	16. c)	
7. c)	17. a)	
8. b)	18. a)	
9. a)	19. b)	
10. b)	20. c)	

LE VERBE

ГЛАГОЛ exprime une action et donne la réponse aux questions "*Что де́лать?*" ou "*Что сде́лать?*"

- **ASPECT**
  > ⚠ Une grande diversité de verbes en russe s'explique par la formation de nouveaux verbes à l'aide de différents préfixes et suffixes: regarder = смотре́ть, посмотре́ть, просмотре́ть, просма́тривать etc.
  - **PERFECTIF** сде́лать, прочита́ть, взять
  - **IMPERFECTIF** де́лать, чита́ть, брать

- **TYPE**
  - **PERSONNEL** сиде́ть, ходи́ть, е́хать, шути́ть
  - **IMPERSONNEL** холода́ть, вечере́ть, рассвета́ть
  - **NON RÉFLÉCHIS** ou non pronominaux ката́ть, мыть, открыва́ть
  - **RÉFLÉCHIS** ou pronominaux ката́ться, мы́ться, открыва́ться
  - **NON TRANSITIFS** спать, гуля́ть, ду́мать, отдыха́ть
  - **TRANSITIFS** де́лать, чита́ть, смотре́ть, слу́шать

- **GROUPE**
  - **1RE CONJUGAISON**
  - **2E CONJUGAISON**
  - **IRRÉGULIERS**

- **MODE**
  - **INDICATIF**
    - **PRÉSENT**
    - **PASSÉ**
    - **FUTUR**
  - **CONDITIONNEL** ou **SUBJONCTIF**
  - **IMPÉRATIF**

> À l'infinitif tous les verbes non pronominaux ont les terminaisons **-ть**, **-ти** ou le suffixe **-чь**: рабо́та**ть**, бе́га**ть**, ид**ти́**, вой**ти́**, мо**чь**, бере́**чь**

> Les verbes pronominaux à l'infinitif ont la terminaison **-ся**: боро́ть**ся**, одева́ть**ся**, обнима́ть**ся**, куса́ть**ся**, купа́ть**ся**

INFINITIF
ИНФИНИТИВ

L'infinitif est la forme initiale du verbe, alors c'est un verbe non conjugué qu'on emploie pour former les temps grammaticaux et les formes verbales. L'infinitif se termine toujours par **-ть, -чь, -ти, -чься** ou **-ться**

Quand emploie-t-on l'infinitif?

1	après le verbe **быть** lors de la formation du futur	Я бу́ду <u>жить</u> в Москве́. Он бу́дет <u>ждать</u> на вокза́ле.
2	après les verbes **хоте́ть, уме́ть, мочь, люби́ть, собира́ться, сове́товать, проси́ть,** et d'autres verbes qui expriment une intention, un désir, une volonté, un souhait, un ordre etc.	Она́ уме́ет <u>чита́ть</u>. Мы лю́бим <u>путеше́ствовать</u>. Вы сове́туете <u>оста́ться</u>. Они́ про́сят <u>помо́чь</u>. Я жела́ю тебе́ не <u>боле́ть</u>. Ты прика́зываешь мне <u>уйти́</u>.
3	après les verbes **нача́ть, стать, продолжа́ть, переста́ть, конча́ть**	Я на́чал <u>учи́ться</u>. Он переста́л <u>игра́ть</u>.
4	après les verbes de mouvement afin d'indiquer le but **идти́, ходи́ть, е́хать, е́здить, пойти́, прийти́, пое́хать, зайти́** et autres	Она́ идёт <u>рабо́тать</u>. Он е́дет <u>отдыха́ть</u>. Мы пришли́ <u>поу́жинать</u>. Они́ пое́хали <u>купа́ться</u>.
5	après les mots **на́до, ну́жно, необходи́мо, мо́жно, нельзя́, пора́, целесообра́зно/нецелесообра́зно, поле́зно/бесполе́зно, ва́жно, сле́дует, лу́чше, жела́тельно/нежела́тельно, возмо́жно/невозмо́жно,** et autres constructions impersonnelles	Тебе́ на́до <u>отдохну́ть</u>. Ему́ ну́жно <u>позвони́ть</u>. Нельзя́ сюда́ <u>заходи́ть</u>. Пора́ <u>сади́ться</u> за стол. Целесообра́зно <u>знать</u> э́то. Поле́зно <u>есть</u> витами́ны. Жела́тельно <u>вы́учить</u> слова́. Возмо́жно <u>сде́лать</u> самому́.
6	après les mots **прия́тно, поле́зно, вре́дно, запрещено́/разрешено́**	Вре́дно мно́го <u>есть</u>. Запрещено́ здесь <u>гуля́ть</u>.
7	après les mots **не́кого, не́кому, не́чего, не́когда, не́где,** et les constructions **не́ с кем, не́ у кого**	Мне не́кому <u>дове́риться</u>. Ему́ не́где <u>ночева́ть</u>. Им не́ с кем <u>игра́ть</u>.
8	après les mots **до́лжен, обя́зан, гото́в, рад, наме́рен**	Я гото́в <u>сдава́ть</u> экза́мен. Он до́лжен <u>верну́ть</u> мне кни́гу.

VERBE - ГЛАГОЛ

INFINITIF - ИНФИНИТИВ

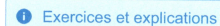 **Exercices et explications**

1. Parmi les verbes suivants trouvez les infinitifs:

1. сижу
2. видим
3. делать
4. писать
5. открываем
6. жить
7. двигаться
8. верю
9. знаешь
10. думаете
11. рассказывать
12. показываю
13. начинаться
14. плачет
15. идём
16. жду
17. собирается
18. надеяться
19. глядеть
20. пошутил
21. читает
22. размышлять
23. остановиться
24. смеялся
25. открывается
26. пою
27. работает
28. берём
29. смотрят
30. упасть

2. Trouvez les terminaisons correctes des verbes (utilisez un dictionnaire, si nécessaire):

1. спа...
2. ходи...
3. бере...
4. подой...
5. взя...
6. учи...ся
7. помо...
8. бежа...
9. сади...ся
10. увлека...ся
11. реша...
12. най...
13. игра...
14. рас...
15. улыба...ся

3. Lisez les séries, observez l'emploi de l'infinitif:

1. начать изучать русский язык
2. планировать заниматься в библиотеке
3. хотеть есть
4. уметь писать по-французски
5. нужно переводить текст
6. предпочитать гулять в парке
7. закончить делать это упражнение
8. им необходимо отдохнуть
9. я должен помочь ей
10. она рада познакомиться с вами
11. он готов отправиться в путешествие
12. мне надо выучить эти слова
13. вам нельзя курить
14. тебе полезно гулять на свежем воздухе
15. запрещено выбрасывать мусор
16. зайти помочь с домашним заданием
17. некого винить
18. выйти подышать свежим воздухом
19. забежать домой пообедать
20. мне не с кем играть во дворе

VERBE - ГЛАГОЛ

Corrigés

1.
- 3. делать
- 4. писать
- 6. жить
- 7. двигаться
- 11. рассказывать
- 13. начинаться
- 18. надеяться
- 19. глядеть
- 22. размышлять
- 23. остановиться
- 30. упасть

2.
- 1. спать
- 2. ходить
- 3. беречь
- 4. подойти
- 5. взять
- 6. учиться
- 7. помочь
- 8. бежать
- 9. садиться
- 10. увлекаться
- 11. решать
- 12. найти
- 13. играть
- 14. расти
- 15. улыбаться

VERBE - ГЛАГОЛ

ASPECTS DES VERBES
ВИДЫ ГЛАГОЛОВ

L'aspect du verbe indique l'achèvement ou la durée de l'action du verbe. On distingue deux aspects: perfectif et imperfectif.

ASPECT PERFECTIF

1) désigne une action achevée qui ne se répète pas et n'a pas de périodicité. L'infinitif du verbe à l'aspect perfectif donne la réponse à la question "**Что сделать?**":

прийти́ - venir	прочита́ть - lire
уви́деть - voir	поговори́ть - parler
откры́ть - ouvrir	умы́ться - se laver
сесть - s'asseoir	встать - se lever
поигра́ть - jouer	написа́ть - écrire

2) les verbes à l'aspect perfectif ne peuvent être employés que pour désigner une action au passé composé (passé simple) ou au futur simple:

Ма́льчик пришёл в шко́лу.
   Le garçon est venu à l'école.
Де́ти поигра́ли во дворе́.
   Les enfants ont joué dans la cour.
Я напишу́ письмо́ за́втра.
   J'écrirai la lettre demain.

ASPECT IMPERFECTIF

1) désigne une action inachevée qui n'a pas de durée concrète ou peut se répéter. L'infinitif du verbe à l'aspect imperfectif donne la réponse à la question "**Что делать?**":

идти́ - aller	чита́ть - lire
ви́деть - voir	говори́ть - parler
открыва́ть - ouvrir	умыва́ться - se laver
сади́ться - s'asseoir	встава́ть - se lever
игра́ть - jouer	писа́ть - écrire

2) les verbes à l'aspect imperfectif ne peuvent être employés que pour désigner une action au présent, à l'imparfait ou au futur composé:

Ма́льчик идёт в шко́лу.
   Le garçon va à l'école.
Де́ти игра́ли во дворе́.
   Les enfants jouaient dans la cour.
Я бу́ду писа́ть письмо́.
   J'écrirai la lettre.

Comment se forment les aspects?

La formation de l'aspect perfectif s'effectue à partir du verbe à l'aspect imperfectif en:

1) **ajoutant des préfixes**:
   ду́мать - поду́мать, е́хать - пое́хать, писа́ть - написа́ть, стуча́ть - постуча́ть

2) **supprimant des suffixes**:
   дава́ть - дать, спаса́ть - спасти́

3) **modifiant des suffixes**:
   проща́ть - прости́ть, реша́ть - реши́ть

Où trouver les aspects?

Pour différencier les verbes à l'aspect perfectif des verbes à l'aspect imperfectif les dictionnaires contiennent toutes les deux formes en indiquant leurs aspects. Par exemple:

показ | а́ть <~ывать> - montrer
   Cela veut dire que pour former l'aspect imperfectif on ajoute **ывать** à la racine **показ**

гото́вить < при~> - préparer
   Cela veut dire que pour former l'aspect perfectif on ajoute le préfixe **при** au verbe

Comme la plupart des verbes français n'ont pas d'aspect, la traduction française du verbe russe à l'aspect perfectif et imperfectif est la même.

VERBE - ГЛАГОЛ

ASPECTS DES VERBES - ВИДЫ ГЛАГОЛОВ

ⓘ Exercices et explications ✕

1. À partir des verbes suivants on peut former l'aspect <u>perfectif</u> à l'aide des préfixes. Formez-le et tâchez de comprendre le sens des verbes formés:

a) préfixe "по-":

обе́дать, стира́ть, слу́шать, говори́ть, за́втракать, люби́ть, у́жинать, спать, звать, дари́ть, ду́мать, мечта́ть, нра́виться, обеща́ть, сове́товать, спеши́ть, пыта́ться

b) préfixe "про-":

чита́ть, анализи́ровать, быть, греме́ть, греть, иллюстри́ровать, информи́ровать, консульти́ровать, игнори́ровать, дубли́ровать

c) préfixe "на-":

писа́ть, рисова́ть, кле́ить, черти́ть, дави́ть, пуга́ть

> **Attention!** La formation de l'aspect perfectif n'est pas universelle pour tous les verbes. Par exemple, l'ajout du préfixe **по** au verbe **чи́стить** forme le verbe à l'aspect perfectif, mais le même préfixe ajouté au verbe **е́хать** indique le commencement de l'action et **пое́хать** se traduit "commencer à rouler". C'est pourquoi on recommande de consulter le dictionnaire chaque fois que la traduction du verbe semble mal comprise.

2. À partir des verbes suivants on peut former l'aspect <u>imperfectif</u> à l'aide des suffixes. À vous de jouer! Faites attention à la formation dans les modèles:

a) suffixe "-ва-":

Modèle: забы́|ть - забыва́ть, закры́|ть - закрыва́ть

доби́|ть, откры́|ть, прибы́|ть, скры́|ть, укры́|ть, умы́|ть, оде́|ть, разби́|ть, узна́|ть

b) suffixe "-ыва-":

Modèle: опозд|а́ть - опа́здывать, приду́м|ать - приду́мывать

расска́з|ать, пока́з|ать, доказ|а́ть, образов|а́ть, отказ|а́ть, указ|а́ть, оказ|а́ть

3. Les verbes suivants sont présentés en deux aspects. Examinez-les et essayez de dégager les voies de formation de l'aspect perfectif:

запомина́ть (imperf.) - запо́мнить (perf.); привыка́ть (imperf.) - привы́кнуть (perf.); кида́ть (imperf.) - ки́нуть (perf.); счита́ть (imperf.) - посчита́ть (perf.); заряжа́ть (imperf.) - заряди́ть (perf.); убира́ть (imperf.) - убра́ть (perf.); зака́зывать (imperf.) - заказа́ть (perf.)

> Comme les aspects s'emploient pour former les temps du verbe, il est important de les savoir tous les deux. Il est recommandé de mémoriser les aspects de chaque verbe en apprenant son infinitif. Par exemple: **offrir** - **дари́ть** (*imperfectif*), **подари́ть** (*perfectif*) etc.

VERBE - ГЛАГОЛ

ASPECTS DES VERBES - ВИДЫ ГЛАГОЛОВ

Quel aspect de verbe employer à l'infinitif?

Alors l'aspect de verbe exprime le résultat de l'action du verbe, s'il l'action est accomplie, il faut employer l'aspect perfectif, sinon on doit employer l'aspect imperfectif. Mais comment agir si le verbe à l'infinitif se trouve à côté d'un autre verbe ou une construction exigeant l'emploi de l'infinitif? Donc, observez les particularités de l'emploi des aspects ci-dessous...

ASPECT PERFECTIF

хоте́ть изучи́ть ру́сский язы́к

Je veux apprendre le russe et je sais que je parlerai le russe dans quelque temps. J'atteindrai l'objectif certainement!

обеща́ть позвони́ть роди́телям

Je promets à mes parents de téléphoner une seule fois, disons, après le retour du voyage.

я до́лжен помо́чь друзья́м

Je dois aider mes amis une seule fois, dans une situation concrète et à un moment donné.

сове́товать прочита́ть кни́ги

Je conseille de lire les livres que j'ai lus auparavant parce qu'ils sont intéressants et je les recommande à tout le monde.

на́до посмотре́ть э́то ви́део

Je dois regarder cette vidéo, disons, pour bien assimiler le sujet appris. Je dois la regarder une seule fois et je n'en aurai plus besoin.

ASPECT IMPERFECTIF

хоте́ть изуча́ть ру́сский язы́к

Je veux apprendre le russe, mais je ne sais pas si je parviendrai à mon but et si je parlerai le russe dans quelque temps. Peut-être mon objectif restera-t-il irréalisé...

обеща́ть звони́ть роди́телям

Je promets à mes parents de leur téléphoner de temps en temps pour les informer de mes études à l'université.

я до́лжен помога́ть друзья́м

Je dois aider mes amis toute fois, chaque fois qu'ils me demandent de l'aide.

сове́товать чита́ть кни́ги

Je conseille de lire n'importe quels livres tout le temps, alors je crois que les gens doivent lire toujours des livres pour être plus intelligents.

на́до смотре́ть э́то ви́део

Je dois regarder cette vidéo chaque fois que je révise la grammaire russe. Cette vidéo est très informative et c'est pourquoi j'en ai besoin lors de mes préparations à l'examen de russe.

VERBE - ГЛАГОЛ

ASPECTS DES VERBES - ВИДЫ ГЛАГОЛОВ

Attention!!! Il est indispensable d'utiliser **l'aspect imperfectif** du verbe après:

1) les verbes **начина́ть/нача́ть, стать, продолжа́ть/продо́лжить, конча́ть/ ко́нчить, разду́мать, переду́мать**

   нача́ть <u>учи́ться</u> - нача́ть ~~научи́ться~~
   продолжа́ть <u>писа́ть</u> - продолжа́ть ~~написа́ть~~
   ко́нчить <u>стро́ить</u> - ко́нчить ~~постро́ить~~

2) les verbes **учи́ться/научи́ться, привыка́ть/привы́кнуть, люби́ть/ полюби́ть, разучи́ться, отвы́кнуть, разлюби́ть**

   учи́ться <u>танцева́ть</u> - учи́ться ~~потанцева́ть~~
   привы́кнуть <u>просыпа́ться</u> - привы́кнуть ~~просну́ться~~
   полюби́ть <u>гуля́ть</u> - полюби́ть ~~погуля́ть~~

3) les verbes **устава́ть/уста́ть, надоеда́ть/надое́сть, запрети́ть/запреща́ть/ запреща́ться**

   уста́ть <u>учи́ть</u> слова́ - уста́ть ~~вы́учить~~ слова́
   надоеда́ть <u>повторя́ть</u> - надоеда́ть ~~повтори́ть~~
   запреща́ется <u>кури́ть</u> - запреща́ется ~~покури́ть~~

4. Lisez les séries, choisissez l'aspect qui convient d'après le sens:

1. учиться **играть/поиграть** в шахматы
2. уметь **считать/посчитать** до десяти
3. планировать **идти/пойти** в кинотеатр завтра
4. решить регулярно **писать/написать** своей маме
5. устать **рассказывать/рассказать** историю
6. стараться **повторять/повторить** новые слова каждый день
7. продолжить **петь/спеть** новую песню
8. начать **читать/прочитать** в пять лет
9. кончить **переводить/перевести** текст
10. перестать **курить/покурить**
11. разучиться **читать/прочитать** по-русски
12. запретить сыну **кататься/покататься** на велосипеде
13. передумать **отдыхать/отдохнуть** на пляже
14. часто **гулять/погулять** в парке
15. **знать/узнать** своего друга со школы
16. вредно **пить/попить** грязную воду
17. опасно **переходить/перейти** дорогу на красный свет
18. тебе необходимо **читать/прочитать** текст завтра
19. желательно **идти/прийти** к 15.00ч.
20. быть обязанным **заканчивать/закончить** работу до пятницы

5. Expliquez la différence de sens dans les séries ci-dessous:

1) приехать к родителям - приезжать к родителям каждую неделю
2) ответить на вопрос - всегда отвечать за свои ошибки
3) забыть адрес - забывать ключи дома
4) купить яблоки - покупать продукты один раз в неделю
5) подумать о каникулах - думать весь вечер о своей матери
6) полюбить русские блюда - любить читать романы

VERBE - ГЛАГОЛ

ASPECTS DES VERBES - ВИДЫ ГЛАГОЛОВ

✅ Corrigés

1. a) пообе́дать, постира́ть, послу́шать, поговори́ть, поза́втракать, полюби́ть, поу́жинать, поспа́ть, позва́ть, подари́ть, поду́мать, помечта́ть, понра́виться, пообеща́ть, посове́товать, поспеши́ть, попыта́ться

   b) прочита́ть, проанализи́ровать, пробы́ть, прогреме́ть, прогре́ть, проиллюстри́ровать, проинформи́ровать, проконсульти́ровать, проигнори́ровать, продубли́ровать

   c) написа́ть, нарисова́ть, накле́ить, начерти́ть, надави́ть, напуга́ть

> Autrement dit, l'aspect perfectif indique que l'action du verbe est terminée, tandis que l'aspect imperfectif veut dire que l'action dure au moment où on parle ou au passé.

2. a) добыва́ть, открыва́ть, прибыва́ть, скрыва́ть, укрыва́ть, умыва́ть, одева́ть, разбива́ть, узнава́ть

   b) расска́зывать, пока́зывать, дока́зывать, образо́вывать, отка́зывать, ука́зывать, ока́зывать

4.
   1. учиться играть в шахматы
   2. уметь считать до десяти
   3. планировать пойти в кинотеатр завтра
   4. решить регулярно писать своей маме
   5. устать рассказывать историю
   6. стараться повторять новые слова каждый день
   7. продолжить петь новую песню
   8. начать читать в пять лет
   9. кончить переводить текст
   10. перестать курить
   11. разучиться читать по-русски
   12. запретить сыну кататься на велосипеде
   13. передумать отдыхать на пляже
   14. часто гулять в парке
   15. знать своего друга со школы
   16. вредно пить грязную воду
   17. опасно переходить дорогу на красный свет
   18. тебе необходимо прочитать текст завтра
   19. желательно прийти к 15.00ч.
   20. быть обязанным закончить работу до пятницы

GROUPES DES VERBES
ГРУППЫ ГЛАГОЛОВ

VERBE - ГЛАГОЛ

D'après la conjugaison on peut diviser tous les verbes en trois groupes: 1re conjugaison, 2e conjugaison et verbes irréguliers

Comment identifier les conjugaisons?
Il ne faut que suivre le tableau suivant...

Il est important de savoir le groupe des verbes pour les conjuguer correctement au présent ou au futur

1re conjugaison

1) les verbes qui ont la terminaison **-ёт** au présent à la 3e personne: плыть - он плывёт, идти - она идёт, нести - он несёт

2) les verbes qui ont les lettres **а**, **о**, **у**, **е**, **я** devant **-ть**, et dans la forme de la 3e personne au présent l'accent ne tombe pas sur la dernière syllabe, excepté 11 verbes: смотреть, видеть, слышать, дышать, держать, гнать, ненавидеть, вертеть, терпеть, зависеть, обидеть

3) les infinitifs qui ont la lettre **и** devant **-ть** mais appartiennent à la 1re conjugaison: брить, стелить, et les verbes archaïques зиждиться (être fondé), зыбиться (fluctuer)

4) les infinitifs qui se terminent par **-ти** et **-чь**

2e conjugaison

1) les verbes qui ont la terminaison **-ит** au présent à la 3e personne et sur laquelle tombe l'accent: стучать - он стучит, сидеть - он сидит

2) les infinitifs qui ont la lettre **и** devant **-ть** (excepté брить, стелить, зиждиться, зыбиться)

3) 11 verbes qui n'appartiennent pas à la 1re conjugaison: смотреть, видеть, слышать, дышать, держать, гнать, ненавидеть, вертеть, терпеть, зависеть, обидеть

D'habitude les verbes de l'aspect imperfectif et de l'aspect perfectif ont la même conjugaison et on n'a pas de soucis avec la conjugaison au présent ou au futur:

Он не ви́дит пробле́мы.
ви́дит - ви́деть *(2e conjugaison, imperfectif)*

Он уви́дит на́шу кварти́ру.
ви́дит - уви́деть *(2e conjugaison, perfectif)*

Они́ е́дут в университе́т.
е́дут - е́хать *(1e conjugaison, imperfectif)*

Они́ прие́дут в университе́т.
прие́дут - прие́хать *(1e conjugaison, perfectif)*

Ма́ма говори́т со свои́м сы́ном.
говори́т - говори́ть *(2e conjugaison, imperfectif)*

Ма́ма поговори́т со свои́м сы́ном.
поговори́т - поговори́ть *(2e conjugaison, perfectif)*

Les verbes irréguliers ne sont pas nombreux, c'est pourquoi ils sont présentés dans l'annexe IV. Retenez leurs conjugaisons pour bien employer dans les langues écrite et parlée.

Attention!!! Le verbe "боле́ть" peut appartenir à la 1re conjugaison quand on parle d'une personne (*ма́льчик боле́ет*) ou à la 2e conjugaison quand on parle des parties du corps (*голова́ боли́т*)

VERBE - ГЛАГОЛ

GROUPES DES VERBES - ГРУППЫ ГЛАГОЛОВ

> ℹ️ Exercices et explications

1. Observez l'algorithme de l'identification du groupe de verbe...

a) à partir de l'infinitif:

ВХОДИ́ТЬ - l'infinitif se termine par **-ить**, la lettre **и** devant **ть** indique la 2e conjugaison

СПРА́ШИВАТЬ - l'infinitif se termine par **-ать**, la lettre **а** devant **ть** indique la 1re conjugaison

ПЕТЬ - l'infinitif se termine par **-ть** ce qui ne permet pas d'identifier le groupe; à la 3e personne du singulier au présent il a la forme **он поёт**, la terminaison **-ёт** indique la 1re conjugaison

ГОТО́ВИТЬСЯ - l'infinitif se termine par **-иться**, la lettre **и** devant **ть** indique la 2e conjugaison

ЗАБЫ́ТЬ - l'infinitif se termine par **-ыть**, la lettre **ы** devant **ть** ne suggère aucune conjugaison. Alors, si on le met à l'aspect imperfectif **забыва́ть**, il est évident que ce verbe appartient à la 1re conjugaison

ВКЛЮЧИ́ТЬ - l'infinitif se termine par **-ить**, et au premier coup d'œil on peut supposer que le verbe appartient à la 2e conjugaison. Pourtant, si on met le verbe à l'aspect imperfectif **включа́ть**, il est clair qu'il appartient à la 1re conjugaison

b) à partir de la forme conjuguée à la 3e personne du singulier au présent:

ОН ЖИВЁТ - la lettre **ё** devant **т** signale que le verbe **жить** est de la 1re conjugaison

ОНА́ ПОЁТ - la lettre **ё** devant **т** signale que le verbe **петь** est de la 1re conjugaison

ОН СПИТ - la lettre **и** devant **т** signale que le verbe **спать** est de la 1re conjugaison, malgré ce qu'à l'infinitif il a la lettre **а** devant **ть**

ОНА́ ВСТРЕЧА́ЕТСЯ - la lettre **е** devant **т** indique qu'il est probable que le verbe est de la 1re conjugaison. Si on le met à l'infinitif **встреча́ться**, on conclut que la lettre **а** devant **ть** signale la 1re conjugaison

2. Tâchez d'identifier les groupes des verbes...

a) à partir de l'infinitif:

закры́ть, убира́ть, рисова́ть, одева́ть, писа́ть, отдыха́ть, лепи́ть, гуля́ть, ждать, занима́ться, вспо́мнить, вреди́ть, запрети́ть, дога́дываться, ду́мать, иска́ть, поздра́вить, купи́ть, наде́яться, ве́рить, мечта́ть, звони́ть

b) à partir de la forme conjuguée à la 3e personne du singulier au présent:

он продолжа́ет, она́ улыба́ется, он толка́ет, она́ рекоменду́ет, он сове́тует, она́ про́сит, он шу́тит, она́ виси́т, он пи́лит, она́ кладёт, он лети́т, она́ растёт, он стро́ит, она́ гото́вится, он выбира́ет, она́ стрижёт, он ста́вит, она́ жа́рит

Corrigés

2. a) **закры́ть** - 1re conjugaison, pour l'identifier il faut le transformer à l'aspect imperfectif **закрыва́ть**; pour vérifier mettons le verbe au présent à la 3e personne du singulier - *он зыкрыва́ет*

убира́ть - 1re conjugaison, la lettre *а* se trouve devant *ть*; pour vérifier mettons le verbe au présent à la 3e personne du singulier - *он убира́ет*

рисова́ть - 1re conjugaison, la lettre *а* se trouve devant *ть*; pour vérifier mettons le verbe au présent à la 3e personne du singulier - *она рису́ет*

одева́ть - 1re conjugaison, la lettre *а* se trouve devant *ть*; pour vérifier mettons le verbe au présent à la 3e personne du singulier - *он одева́ет*

писа́ть - 1re conjugaison, la lettre *а* se trouve devant *ть*; pour vérifier mettons le verbe au présent à la 3e personne du singulier - *она пи́шет*

отдыха́ть - 1re conjugaison, la lettre *а* se trouve devant *ть*; pour vérifier mettons le verbe au présent à la 3e personne du singulier - *он отдыха́ет*

лепи́ть - 2e conjugaison, la lettre *и* se trouve devant *ть*; pour vérifier mettons le verbe au présent à la 3e personne du singulier - *она ле́пит*

гуля́ть - 1re conjugaison, la lettre *я* se trouve devant *ть*; pour vérifier mettons le verbe au présent à la 3e personne du singulier - *он гуля́ет*

ждать - 1re conjugaison car à la 3e personne du singulier au présent - *она ждёт*, la lettre *ё* se trouve devant *ть*

занима́ться - 1re conjugaison, la lettre *а* se trouve devant *ть*; pour vérifier mettons le verbe au présent à la 3e personne du singulier - *он занима́ется*

вспо́мнить - 1re conjugaison, pour l'identifier il faut le transformer à l'aspect imperfectif **вспомина́ть**; pour vérifier mettons le verbe au présent à la 3e personne du singulier - *он вспомина́ет*

вреди́ть - 2e conjugaison, la lettre *и* se trouve devant *ть*; pour vérifier mettons le verbe au présent à la 3e personne du singulier - *он вреди́т*

запрети́ть - 1re conjugaison, pour l'identifier il faut le transformer à l'aspect imperfectif **запреща́ть**; pour vérifier mettons le verbe au présent à la 3e personne du singulier - *он запреща́ет*

дога́дываться - 1re conjugaison, la lettre *а* se trouve devant *ть*; pour vérifier mettons le verbe au présent à la 3e personne du singulier - *он дога́дывается*

ду́мать - 1re conjugaison, la lettre *а* se trouve devant *ть*; pour vérifier mettons le verbe au présent à la 3e personne du singulier - *он ду́мает*

иска́ть - 1re conjugaison, la lettre *а* se trouve devant *ть*; pour vérifier mettons le verbe au présent à la 3e personne du singulier - *он и́щет*

Si vous avez déjà compris, pour savoir le groupe du verbe et le conjuguer au présent et au futur il faut connaître sa forme au présent à la 3e personne du singulier

поздра́вить - 1re conjugaison, pour l'identifier il faut le transformer à l'aspect imperfectif **поздравля́ть**; pour vérifier mettons le verbe au présent à la 3e personne du singulier - *он поздравля́ет*

купи́ть - 1re conjugaison, pour l'identifier il faut le transformer à l'aspect imperfectif **покупа́ть**; pour vérifier mettons le verbe au présent à la 3e personne du singulier - *он покупа́ет*

наде́яться - 1re conjugaison, la lettre *я* se trouve devant *ть*; pour vérifier mettons le verbe au présent à la 3e personne du singulier - *он наде́ется*

ве́рить - 2e conjugaison, la lettre *и* se trouve devant *ть*; pour vérifier mettons le verbe au présent à la 3e personne du singulier - *он ве́рит*

мечта́ть - 1re conjugaison, la lettre *а* se trouve devant *ть*; pour vérifier mettons le verbe au présent à la 3e personne du singulier - *он мечта́ет*

звони́ть - 2e conjugaison, la lettre *и* se trouve devant *ть*; pour vérifier mettons le verbe au présent à la 3e personne du singulier - *он звони́т*

b) он продолжа́ет - 1re conjugaison, l'infinitif du verbe est *продолжа́ть*

она́ улыба́ется - 1re conjugaison, l'infinitif du verbe est *улыба́ться*

он толка́ет - 1re conjugaison, l'infinitif du verbe est *толка́ть*

она́ рекоменду́ет - 1re conjugaison, l'infinitif du verbe est *рекомендова́ть*

он сове́тует - 1re conjugaison, l'infinitif du verbe est *сове́товать*

она́ про́сит - 2e conjugaison, la lettre *и* se trouve devant *т*

он шу́тит - 2e conjugaison, la lettre *и* se trouve devant *т*

она́ виси́т - 2e conjugaison, la lettre *и* se trouve devant *т* malgré ce qu'à l'infinitif devant *ть* se trouve la lettre *е* - *висе́ть*

он пи́лит - 2e conjugaison, la lettre *и* se trouve devant *т*

она́ кладёт - 1re conjugaison, la lettre *ё* se trouve devant *т*

он лети́т - 2e conjugaison, la lettre *и* se trouve devant *т* malgré ce qu'à l'infinitif devant *ть* se trouve la lettre *е* - *лете́ть*

она́ растёт - 1re conjugaison, la lettre *ё* se trouve devant *т*

он стро́ит - 2e conjugaison, la lettre *и* se trouve devant *т*

она́ гото́вится - 2e conjugaison, la lettre *и* se trouve devant *т*

он выбира́ет - 1re conjugaison, l'infinitif du verbe est *выбира́ть*

она́ стрижёт - 1re conjugaison, la lettre *ё* se trouve devant *т* (à l'infinitif *стричь*)

он ста́вит - 2e conjugaison, la lettre *и* se trouve devant *т*

она́ жа́рит - 2e conjugaison, la lettre *и* se trouve devant *т*

> ❗ Pour conjuguer les verbes russes au présent et au futur il faut savoir **l'infinitif et la forme de la troisième personne du singulier au présent**

VERBE - ГЛАГОЛ

PRÉSENT - НАСТОЯЩЕЕ ВРЕМЯ

PRÉSENT
НАСТОЯЩЕЕ ВРЕМЯ

Le présent indique une action inachevée qui se passe à un moment donné. Comme cette action dure lorsqu'on en parle, on utilise l'aspect **imperfectif** du verbe.

Qu'est-ce que c'est qu'une base verbale?

La formation de certains temps en russe s'effectue à partir de la base verbale (ou base du verbe). Pour former la base verbale il ne faut que supprimer la terminaison de l'infinitif*:

*il existe des exceptions

1) -ть (aspects perfectif et imperfectif):
ду́мать - ду́ма, стреля́ть - стреля́

2) -ти (aspects perfectif et imperfectif):
пойти́ - пой, войти́ - вой, найти́ - най

3) -чь (aspect perfectif):
помо́чь - помо́, отвле́чь - отвле́

FORMATION

1re CONJUGAISON

BASE VERBALE + terminaison en fonction de personne*

Я	-у/-ю	Мы	-ем/-ём
Ты	-ешь/-ёшь	Вы	-ете/-ёте
Он Она Оно	-ет/-ёт	Они	-ут/-ют

* On utilise les terminaisons -ю/-ют, si la base verbale se termine par une voyelle (alors on garde les suffixes а, е et я). Les terminaisons -ешь/-ет/-ем/-ете s'emploient avec les verbes dont les infinitifs se terminent par -ти ou -чь.

ИДТИ́
base verbale: ид
- я иду́
- ты идёшь
- он/она/оно идёт
- мы идём
- вы идёте
- они иду́т

l'infinitif du verbe se termine par -ти c'est pourquoi on écrit ё

РЕША́ТЬ
base verbale: реша
- я реша́ю
- ты реша́ешь
- он/она/оно реша́ет
- мы реша́ем
- вы реша́ете
- они реша́ют

la base verbale se termine par -а c'est pourquoi on écrit ю

2e CONJUGAISON

BASE VERBALE + terminaison en fonction de personne**

Я	-у/-ю	Мы	-им
Ты	-ишь	Вы	-ите
Он Она Оно	-ит	Они	-ат/-ят

** On utilise la terminaison -ат avec les bases verbales qui se terminent par les lettres ч, ж, ш et щ (учи́ть - они́ у́чат, лечи́ть - они́ ле́чат, тащи́ть - они́ та́щат). La terminaison -ю s'emploie, si la base verbale se termine par une voyelle ou une consonne mouillée (sauf les exceptions).

ВЕ́РИТЬ
base verbale: вери
- я ве́рю
- ты ве́ришь
- он/она/оно ве́рит
- мы ве́рим
- вы ве́рите
- они ве́рят

Attention!!! Dans la conjugaison des verbes de 2e conjugaison le suffixe и de la base verbale est supprimé!

la consonne ш est dure, il faut utiliser la terminaison у

СУШИ́ТЬ
base verbale: суши
- я сушу́
- ты су́шишь
- он/она/оно су́шит
- мы су́шим
- вы су́шите
- они су́шат

après la consonne ш on utilise la terminaison ат

VERBE - ГЛАГОЛ
PRÉSENT - НАСТОЯЩЕЕ ВРЕМЯ

À noter — Faites attention à ce que lors de la conjugaison au présent certains verbes à l'aspect imperfectif puissent modifier la consonne de la base verbale placée devant la voyelle **a**, **e** ou **и**. Mémorisez quelques transformations:

① С → Ш
verbes **писа́ть**, **чеса́ть**, **пляса́ть** (à toutes les personnes); **коси́ть**, **носи́ть**, **кра́сить**, **ве́сить**, **висе́ть**, **проси́ть** (à la 1re personne du singulier)

ПИСА́ТЬ	ЧЕСА́ТЬ	ПРОСИ́ТЬ
я пишу́	я чешу́	я прошу́
ты пи́шешь	ты че́шешь	ты про́сишь
он	он	он
она́ пи́шет	она́ че́шет	она́ про́сит
оно́	оно́	оно́
мы пи́шем	мы че́шем	мы про́сим
вы пи́шете	вы че́шете	вы про́сите
они́ пи́шут	они́ че́шут	они́ про́сят

② Х → Ш
verbes **маха́ть**, **паха́ть** (à toutes les personnes)

МАХА́ТЬ	ПАХА́ТЬ
я машу́	я пашу́
ты ма́шешь	ты па́шешь
он	он
она́ ма́шет	она́ па́шет
оно́	оно́
мы ма́шем	мы па́шем
вы ма́шете	вы па́шете
они́ ма́шут	они́ па́шут

④ Т → Ч
verbes **пря́тать** (à toutes les personnes); **хоте́ть** (à la 1re, 2e et 3e personne du singulier), **лете́ть**, **плати́ть**, **ката́ть**, **верте́ть** (à la 1re personne du singulier)

ПРЯ́ТАТЬ	ХОТЕ́ТЬ	ЛЕТЕ́ТЬ
я пря́чу	я хочу́	я лечу́
ты пря́чешь	ты хо́чешь	ты лети́шь
он	он	он
она́ пря́чет	она́ хо́чет	она́ лети́т
оно́	оно́	оно́
мы пря́чем	мы хоти́м	мы лети́м
вы пря́чете	вы хоти́те	вы лети́те
они́ пря́чут	они́ хотя́т	они́ летя́т

③ З → Ж
verbes **ма́зать**, **лиза́ть**, **вяза́ть**, **ре́зать** (à toutes les personnes), **вози́ть**, **грузи́ть** (à la 1re personne du singulier)

ВЯЗА́ТЬ	РЕ́ЗАТЬ
я вяжу́	я ре́жу
ты вя́жешь	ты ре́жешь
он	он
она́ вя́жет	она́ ре́жет
оно́	оно́
мы вя́жем	мы ре́жем
вы вя́жете	вы ре́жете
они́ вя́жут	они́ ре́жут

À tout moment à la fin du livre vous pouvez trouver la conjugaison des verbes irréguliers et souvent utilisés. N'hésitez pas à consulter les annexes pour rafraîchir votre mémoire.

Il est recommandé

de consulter le dictionnaire pour préciser la base verbale avant de conjuguer le verbe au présent. En outre, il est conseillé de mémoriser la conjugaison du verbe à la 1re et à la 2e personne du singulier. Cela vous permet d'éviter des erreurs de conjugaison car, le plus souvent, ce sont la 1re et la 2e personne du singulier qui prédéterminent la conjugaison à toutes les autres personnes. Étudiez le cas du verbe "сиде́ть":

сиде́ть
я сижу́
ты сиди́шь
он
она́ сиди́т
оно́
мы сиди́м
вы сиди́те
они́ сидя́т

VERBE - ГЛАГОЛ

PRÉSENT - НАСТОЯЩЕЕ ВРЕМЯ

⑤ Д → Ж

verbes ходи́ть, уходи́ть, входи́ть, заходи́ть, води́ть, уводи́ть, заводи́ть, приводи́ть, е́здить, суди́ть, буди́ть, броди́ть, вреди́ть (à la 1re personne du singulier)

ХОДИ́ТЬ
- я хожу́
- ты хо́дишь
- он / она́ / оно́ хо́дит
- мы хо́дим
- вы хо́дите
- они́ хо́дят

Е́ЗДИТЬ
- я е́зжу
- ты е́здишь
- он / она́ / оно́ е́здит
- мы е́здим
- вы е́здите
- они́ е́здят

БУДИ́ТЬ
- я бужу́
- ты бу́дишь
- он / она́ / оно́ бу́дит
- мы бу́дим
- вы бу́дите
- они́ бу́дят

⑥ СТ → Щ

verbes мстить, грусти́ть, расти́ть, льстить (à la 1re personne du singulier)

МСТИТЬ
- я мщу
- ты мстишь
- он / она́ / оно́ мстит
- мы мстим
- вы мстите
- они́ мстят

ГРУСТИ́ТЬ
- я грущу́
- ты грусти́шь
- он / она́ / оно́ грусти́т
- мы грусти́м
- вы грусти́те
- они́ грустя́т

⑦ Б → БЛ

verbes люби́ть, гра́бить, руби́ть, губи́ть, дроби́ть, бомби́ть, скорби́ть (à la 1re personne du singulier)

ЛЮБИ́ТЬ
- я люблю́
- ты лю́бишь
- он / она́ / оно́ лю́бит
- мы лю́бим
- вы лю́бите
- они́ лю́бят

РУБИ́ТЬ
- я рублю́
- ты ру́бишь
- он / она́ / оно́ ру́бит
- мы ру́бим
- вы ру́бите
- они́ ру́бят

⑧ В → ВЛ

verbes гото́вить, лови́ть, ста́вить, трави́ть, пра́вить, дави́ть, пла́вить (à la 1re personne du singulier)

ГОТО́ВИТЬ
- я гото́влю
- ты гото́вишь
- он / она́ / оно́ гото́вит
- мы гото́вим
- вы гото́вите
- они́ гото́вят

ЛОВИ́ТЬ
- я ловлю́
- ты ло́вишь
- он / она́ / оно́ ло́вит
- мы ло́вим
- вы ло́вите
- они́ ло́вят

СТА́ВИТЬ
- я ста́влю
- ты ста́вишь
- он / она́ / оно́ ста́вит
- мы ста́вим
- вы ста́вите
- они́ ста́вят

⑨ М → МЛ

verbes знако́мить, корми́ть, громи́ть, эконо́мить (à la 1re personne du singulier)

ЗНАКО́МИТЬ
- я знако́млю
- ты знако́мишь
- он / она́ / оно́ знако́мит
- мы знако́мим
- вы знако́мите
- они́ знако́мят

КОРМИ́ТЬ
- я кормлю́
- ты ко́рмишь
- он / она́ / оно́ ко́рмит
- мы ко́рмим
- вы ко́рмите
- они́ ко́рмят

⑩ П → ПЛ

verbes копи́ть, лепи́ть, топи́ть (à la 1re personne du singulier)

КОПИ́ТЬ
- я коплю́
- ты ко́пишь
- он / она́ / оно́ ко́пит
- мы ко́пим
- вы ко́пите
- они́ ко́пят

ЛЕПИ́ТЬ
- я леплю́
- ты ле́пишь
- он / она́ / оно́ ле́пит
- мы ле́пим
- вы ле́пите
- они́ ле́пят

⑪ С → Д

verbes вести, красть, класть (à toutes les personnes)

КЛАСТЬ
- я кладу́
- ты кладёшь
- он / она́ / оно́ кладёт
- мы кладём
- вы кладёте
- они́ кладу́т

VERBE - ГЛАГОЛ — PRÉSENT - НАСТОЯЩЕЕ ВРЕМЯ

Encore quelques particularités de conjugaison au présent

LA CONJUGAISON AU PRÉSENT N'EST PAS SI DIFFICILE QU'ON LE CROIT...

~~ОВА~~

le suffixe **-ова-** dans les verbes conjugués au présent (**рисова́ть, ворова́ть, целова́ть, тре́бовать, бесе́довать** etc.) est remplacé par le suffixe **-у́-** à toutes les personnes:

РИСОВА́ТЬ
я рису́ю
ты рису́ешь
он ⎱
она́ ⎬ рису́ет
оно́ ⎰
мы рису́ем
вы рису́ете
они́ рису́ют

БЕСЕ́ДОВАТЬ
я бесе́дую
ты бесе́дуешь
он ⎱
она́ ⎬ бесе́дует
оно́ ⎰
мы бесе́дуем
вы бесе́дуете
они́ бесе́дуют

les verbes avec les suffixes -ова- et -ева- ont les terminaisons de la 1re conjugaison au présent

~~ЕВА~~

le suffixe **-ева-** dans les verbes **танцева́ть, бушева́ть, кочева́ть** et **ночева́ть** conjugués au présent est remplacé par le suffixe **-у́-** à toutes les personnes:

ТАНЦЕВА́ТЬ
я танцу́ю
ты танцу́ешь
он ⎱
она́ ⎬ танцу́ет
оно́ ⎰
мы танцу́ем
вы танцу́ете
они́ танцу́ют

НОЧЕВА́ТЬ
я ночу́ю
ты ночу́ешь
он ⎱
она́ ⎬ ночу́ет
оно́ ⎰
мы ночу́ем
вы ночу́ете
они́ ночу́ют

~~ВА~~

le suffixe **-ва-** dans les verbes **узнава́ть, познава́ть, признава́ть, дава́ть, сдава́ть, встава́ть, устава́ть** conjugués au présent est omis à toutes les personnes:

ДАВА́ТЬ
я даю́
ты даёшь
он ⎱
она́ ⎬ даёт
оно́ ⎰
мы даём
вы даёте
они́ даю́т

УЗНАВА́ТЬ
я узнаю́
ты узнаёшь
он ⎱
она́ ⎬ узнаёт
оно́ ⎰
мы узнаём
вы узнаёте
они́ узнаю́т

Faites attention à la position de l'accent tonique dans les formes conjuguées au présent! Comparez-les avec les formes des verbes au futur simple

~~racine~~

les racines des verbes **жева́ть, сова́ть, кова́ть** conjugués au présent sont modifiées; retenez leur conjugaison particulière:

ЖЕВА́ТЬ
я жую́
ты жуёшь
он ⎱
она́ ⎬ жуёт
оно́ ⎰
мы жуём
вы жуёте
они́ жую́т

СОВА́ТЬ
я сую́
ты суёшь
он ⎱
она́ ⎬ суёт
оно́ ⎰
мы суём
вы суёте
они́ сую́т

КОВА́ТЬ
я кую́
ты куёшь
он ⎱
она́ ⎬ куёт
оно́ ⎰
мы куём
вы куёте
они́ кую́т

+ voyelle

les verbes **брать** et **звать** conjugués au présent ajoutent une voyelle dans leurs racines; retenez leur conjugaison:

БРАТЬ
я беру́
ты берёшь
он ⎱
она́ ⎬ берёт
оно́ ⎰
мы берём
вы берёте
они́ беру́т

ЗВА́ТЬ
я зову́
ты зовёшь
он ⎱
она́ ⎬ зовёт
оно́ ⎰
мы зовём
вы зовёте
они́ зову́т

VERBE - ГЛАГОЛ

PRÉSENT - НАСТОЯЩЕЕ ВРЕМЯ

Pour conjuguer les verbes réfléchis

au présent il faut tout d'abord les conjuguer sans la terminaison "**-ся**" ("**-сь**") et puis ajouter les terminaisons suivantes à la forme conjuguée:

я	-сь
ты	-ся
он	
она	-ся
оно	
мы	-ся
вы	-тесь
они	-ся

Alors les terminaisons de toutes les personnes, excepté la 1re personne "**я**" et 2e personne "**вы**", sont les mêmes...

> Vous rappelez-vous que ...
> LES VERBES RÉFLÉCHIS SONT LES VERBES QUI ONT LA TERMINAISON DE LA FORME INITIALE "–СЯ" À L'INFINITIF

УЧИ́ТЬ
base verbale: учи

я учу́
ты у́чишь
он ⎤
она́ ⎥ у́чит
оно́ ⎦
мы у́чим
вы у́чите
они́ у́чат

comme le verbe appartient à la 2e conjugaison le suffixe "**и**" est omis lors de la conjugaison au présent

après Ч on écrit **а** et pas **я**

УЧИ́ТЬСЯ
base verbale: учи

я учу́сь
ты у́чишься
он ⎤
она́ ⎥ у́чится
оно́ ⎦
мы у́чимся
вы у́читесь
они́ у́чатся

pour conjuguer le verbe pronominale au présent on ajoute les terminaisons de la forme pronominale du présent

ПОДНИМА́ТЬ
base verbale: поднима

я поднима́ю
ты поднима́ешь
он ⎤
она́ ⎥ поднима́ет
оно́ ⎦
мы поднима́ем
вы поднима́ете
они́ поднима́ют

le verbe est de la 1re conjugaison, on emploie toute la base verbale pour conjuguer le verbe au présent

ПОДНИМА́ТЬСЯ
base verbale: поднима

я поднима́юсь
ты поднима́ешься
он ⎤
она́ ⎥ поднима́ется
оно́ ⎦
мы поднима́емся
вы поднима́етесь
они́ поднима́ются

ALORS, C'EST FACILE!

Une difficulté exceptionnelle

est présentée par les verbes qui ne se composent que d'une seule syllabe. La conjugaison au présent de tels verbes est à apprendre par coeur car la formation du temps ne peut être expliquée par aucune règle grammaticale. Les voilà:

быть*
(être)

я есть
ты есть
он ⎤
она́ ⎥ есть
оно́ ⎦
мы есть
вы есть
они есть

* veuillez consulter l'annexe II afin d'apprendre l'emploi du verbe "**быть**"

мочь
(pouvoir)

я могу́
ты мо́жешь
он ⎤
она́ ⎥ мо́жет
оно́ ⎦
мы мо́жем
вы мо́жете
они́ мо́гут

есть
(au sens "manger")

я ем
ты ешь
он ⎤
она́ ⎥ ест
оно́ ⎦
мы еди́м
вы еди́те
они́ едя́т

> Dans l'annexe IV on peut examiner toutes les nuances des verbes irréguliers, notamment la conjugaison aux temps différents

VERBE - ГЛАГОЛ

PRÉSENT - НАСТОЯЩЕЕ ВРЕМЯ

мыть (laver)	рыть (creuser)
я мо́ю	я ро́ю
ты мо́ешь	ты ро́ешь
он / она́ / оно́ мо́ет	он / она́ / оно́ ро́ет
мы мо́ем	мы ро́ем
вы мо́ете	вы ро́ете
они́ мо́ют	они́ ро́ют

жить (vivre)	спать (dormir)	петь (chanter)
я живу́	я сплю	я пою́
ты живёшь	ты спишь	ты поёшь
он / она́ / оно́ живёт	он / она́ / оно́ спит	он / она́ / оно́ поёт
мы живём	мы спим	мы поём
вы живёте	вы спи́те	вы поёте
они́ живу́т	они́ спят	они́ пою́т

пить (boire)	бить (battre)	лить (verser)	шить (coudre)
я пью́	я бью́	я лью́	я шью́
ты пьёшь	ты бьёшь	ты льёшь	ты шьёшь
он / она́ / оно́ пьёт	он / она́ / оно́ бьёт	он / она́ / оно́ льёт	он / она́ / оно́ шьёт
мы пьём	мы бьём	мы льём	мы шьём
вы пьёте	вы бьёте	вы льёте	вы шьёте
они́ пью́т	они́ бью́т	они́ лью́т	они́ шью́т

Il est à retenir :

qu'en russe il existe des mots outils qui, d'une part, jouent le rôle du verbe (prédicat) dans la phrase et, d'autre part, n'ont pas de conjugaison. On les traduit en français par les constructions impersonnelles avec les pronoms **il** ou **on**, mais par rapport à celles-ci les mots outils russes n'ont pas de personne. Retenez-les et observez les exemples de leur emploi:

на́до - il faut
ну́жно - il faut
необходи́мо - il est nécessaire
мо́жно - on peut
нельзя́ - on ne peut pas

Надо купи́ть фру́кты.
　　　Il faut acheter des fruits.
Ну́жно позвони́ть роди́телям.
　　　Il faut téléphoner aux parents.
Необходи́мо вы́учить пра́вило.
　　　Il est nécessaire d'apprendre la règle.
Мо́жно испо́льзовать слова́рь.
　　　On peut utiliser le dictionnaire.
Нельзя́ входи́ть в ко́мнату.
　　　On ne peut pas entrer dans la chambre.

Observez l'emploi des mots-outils avec les pronoms:

Нам на́до купи́ть фру́кты.
　　　Il **nous** faut acheter des fruits.
Тебе́ ну́жно позвони́ть роди́телям.
　　　Il **te** faut téléphoner aux parents.
Мне необходи́мо вы́учить пра́вило.
　　　Il **m**'est nécessaire d'apprendre la règle.
Вам мо́жно испо́льзовать слова́рь.
　　　Vous pouvez utiliser le dictionnaire.
Тебе́ нельзя́ входи́ть в ко́мнату.
　　　Tu ne peux pas entrer dans la chambre.

VERBE - ГЛАГОЛ

Exercices et explications

1. Mettez les verbes aux formes convenables du présent:

a) Я...
писа́ть письмо́
слу́шать му́зыку
гото́вить обе́д
идти́ в шко́лу
покупа́ть фру́кты
смотре́ть фильм
путеше́ствовать по ми́ру
пить сок
жить в Москве́
купа́ться в реке́
остава́ться до́ма

b) Ты...
ждать дру́га
ода́лживать де́нег
снима́ть ви́део
звони́ть роди́телям
чита́ть рома́н
нести́ посы́лку
дели́ть я́блоко
узнава́ть однокла́ссника
сдава́ть экза́мен
остана́вливаться в гости́нице
ра́доваться пра́зднику

c) Он...
люби́ть ма́му
лете́ть в Евро́пу
ходи́ть на ку́рсы
хоте́ть конфе́ту
игра́ть в футбо́л
сиде́ть на сту́ле
говори́ть пра́вду
реша́ть пробле́мы
закрыва́ть окно́
ошиба́ться в грамма́тике
приближа́ться к двери́

d) Она́...
ду́мать о семье́
надева́ть ку́ртку
ве́сить 60 килогра́мм
буди́ть ребёнка
иска́ть ключи́
рабо́тать учи́телем
учи́ться в университе́те
шить костю́м
есть по́нчик
удивля́ться сюрпри́зу
собира́ться в пое́здку

e) Мы...
стро́ить дом
бежа́ть к по́езду
рисова́ть портре́т
уходи́ть из до́ма
коси́ть траву́
знако́мить друзе́й
лови́ть ры́бу
проси́ть по́мощь
пря́тать игру́шку
учи́ться чита́ть
возвраща́ться домо́й

f) Вы...
спра́шивать а́дрес
ме́рить руба́шку
вари́ть суп
мыть посу́ду
дава́ть сове́ты
ста́вить ва́зу
брать креди́т
целова́ть дочь
плати́ть за поку́пку
встреча́ться с дру́гом
интересова́ться поли́тикой

g) Они́...
смотре́ть телеви́зор
ока́зывать по́мощь
сове́товать кни́гу
слу́шать му́зыку
запи́сывать слова́
убира́ть стол
у́жинать в рестора́не
спеши́ть в шко́лу
лома́ть игру́шки
занима́ться в библиоте́ке
открыва́ться у́тром

> Rappelez-vous que la conjugaison au présent s'effectue à partir de l'aspect imperfectif du verbe? Alors, si vous ne savez pas l'aspect du verbe, vous ne pourrez pas le conjuguer correctement. C'est pourquoi il vaut mieux mémoriser les deux aspects à la fois, imperfectif et perfectif. Si vous hésitez, consultez le dictionnaire...

VERBE - ГЛАГОЛ

PRÉSENT - НАСТОЯЩЕЕ ВРЕМЯ

2. Mettez les verbes en italique au pluriel en faisant des changements nécessaires:

Exemple: Вечером я *иду* в кино. - Вечером мы *идём* в кино.

a) 1. Каждый день студент *едет* на автобусе в университет. 2. В этом доме *живёт* мой друг. 3. В небе *летит* самолёт. 4. Утром он *уезжает* в командировку. 5. Мальчик *играет* в футбол. 6. Ты *любишь* путешествовать? 7. Девочка *гуляет* в парке. 8. Преподаватель *готовит* интересную лекцию для студентов. 9. Утром я *бегаю* в парке. 10. Ученик *пишет* диктант.

b) 1. Этот мост *находится* в Москве. 2. Новый ученик *знакомится* с классом. 3. Мальчик *купается* в речке. 4. Сегодня *начинается* конкурс по русскому языку. 5. Мне *нравится* эта гора. 6. Ты *встречаешься* с одноклассниками? 7. Ваш сын *учится* в школе? 8. Каждый день я *тренируюсь* на стадионе. 9. Ты всегда *ошибаешься* в этом слове. 10. Этот дом *строится* второй месяц.

3. Employez la forme convenable des verbes et conjuguez-la au présent:

Exemple: Мальчик (рисовать/нарисовать) картинку. - Мальчик рисует картинку.

1. Мария (садиться/сесть) рядом со своей мамой. 2. В комнате жарко, поэтому я (открыть/открывать) окно. 3. Он (писать/написать) письмо бабушке. 4. Завтра мы (уезжать/уехать) в Бразилию. 5. Мои родители (переехать/переезжать) в Сочи. 6. В этом магазине (продаваться/продаться) вкусные пироги. 7. Его друзья (остаться/оставаться) в библиотеке. 8. Каждый вечер мы с родителями (смотреть/посмотреть) интересные фильмы. 9. Ты (мочь/смочь) мне помочь с домашней работой? 10. Он (прийти/приходить) домой каждый вечер уставший. 11. Его сестра (окончить/оканчивать) школу в этом году. 12. В 12.00 студенты (сдавать/сдать) экзамен по русскому. 13. Я (жить/прожить) на улице Ломоносова. 14. Мой брат (пройти/проходить) стажировку на заводе. 15. Такси (останавливаться/остановиться) на углу улицы. 16. Мой дедушка (любить/полюбить) слушать радио. 17. Он серьёзно (отнестись/относиться) к учёбе в университете. 18. Я (показывать/показать) моей подруге фотографии с путешествия. 19. Мы (лететь/вылететь) в Испанию. 20. Его сестра (работать/поработать) в гостинице. 21. Дети (поспать/спать) на диване. 22. Вы (хотеть/захотеть) пойти с нами в кафе?

Marquez la position du verbe dans la phrase... Comme le russe est une langue flexionnelle (il a une grande variété de terminaisons), le verbe peut être placé au début, au milieu ou à la fin de la phrase. Parfois la position du verbe prédétermine l'idée de la phrase (la mise en relief du verbe ou du complément), mais dans la plupart des cas sa place ne joue aucun rôle. Comparez:

Мои́ роди́тели живу́т в Москве́.
=
Мои́ роди́тели в Москве́ живу́т.
=
Живу́т мои́ роди́тели в Москве́.

4. Trouvez les formes incorrectes du verbe au présent:

1. Я мою посуду.
2. Брат идут на работу.
3. Лена переводить текст.
4. Рабочие строют новый дом.
5. Она учит правило по грамматике.
6. Андрей приветствовает своих друзей.
7. Почему вы меня спрашивоваете о своей машине?
8. Этот мальчик хорошо работает на компьютере.
9. Виктор всегда опаздает на встречу с одноклассниками.

VERBE - ГЛАГОЛ

5. Mettez les verbes à la forme négative en les conjuguant au présent:

Exemple: Мой папа (играть) в шахматы.
— Мой папа не играет в шахматы.

1. Её кошка (ловить) мышей. 2. Этот господин (жить) здесь. 3. Наша семья (лететь) на море этим летом. 4. Моя машина (стоять) возле входа. 5. В этом году Александр (поступать) в университет. 6. Обычно он (готовить) завтрак по утрам. 7. Это окно (выходить) на юг. 8. Наша квартира (находиться) на пятом этаже. 9. Вы (говорить) по-русски? 10. Его проблемы (интересовать) меня.

6. Divisez les phrases en trois groupes: 1) les phrases avec la négation de l'action, 2) les phrases avec la négation du sujet, 3) les phrases avec la négation du complément (d'objet, circonstanciel).

1. Его работа находится не за городом. 2. Я не дарю плохие подарки. 3. Вы не можете уехать завтра. 4. Не мы участвуем в соревнованиях. 5. Ваш брат не желает меня видеть. 6. Сергей отвечает не на мой вопрос. 7. Дети играют в футбол не с твоим мячом. 8. Обычно он не забывает свои ключи. 9. Она ужинает в этом ресторане не каждый вечер. 10. Не Андрей встречается с Марией. 11. Почему вы не танцуете? 12. Я покупаю продукты не в этом магазине.

7. Traduisez:

1. Hélène ne parle pas français.
2. Ce n'est pas mon ami qui téléphone.
3. Qui ne veut pas rester à la maison?
4. Ce n'est pas chez André que je vais.
5. Ce n'est pas à toi qu'elle le dit.
6. Pourquoi ne vient-il pas à temps?
7. Ma mère ne revient pas aujourd'hui.
8. Ce n'est pas demain que nous allons au cinéma.
9. Son fils n'étudie pas à l'université de Moscou.
10. Ce ne sont pas les fleurs que je veux offrir à ma sœur.
11. Ce n'est pas vous qui devez rendre le livre.
12. Ce n'est pas Victor qu'elle veut voir.
13. Serge ne me remercie pas.

La négation en russe se forme grâce à la particule "**не**". Alors si en français la construction négative "ne...pas" entoure le verbe, en russe la particule "**не**" peut être placée devant n'importe quel élément de la phrase, soit le sujet, soit le verbe, soit le complément. Comparez:

Он *не* читает эту книгу.
Не он читает эту книгу.
Он читает *не* эту книгу.

Toutes les trois phrases expriment de différentes idées: la première se focalise sur la négation de l'action, la deuxième sur la négation de la personne et la troisième sur l'objet d'action du verbe. Ainsi, ces phrases se traduisent différemment en français:

Il ne lit pas ce livre.
Ce n'est pas lui qui lit ce livre.
Ce n'est pas ce livre qu'il lit.

Comme on voit, pour exprimer la négation en russe et en français on utilise de différents outils: en russe il ne faut que mettre "**не**" devant le mot qu'on veut mettre à la forme négative; en français on utilise la mise en relief pour mettre à la forme négative le sujet ou le complément:

Лена не любит чёрное платье.
Léna n'aime pas la robe noire.

Не Лена любит чёрное платье.
Ce n'est pas Léna qui aime la robe noire.

Лена любит не чёрное платье.
Ce n'est pas la robe noire que Léna aime.

VERBE - ГЛАГОЛ

PRÉSENT - НАСТОЯЩЕЕ ВРЕМЯ

Ва́за стои́т на столе́.
Le vase est sur la table.

Кни́ги лежа́т на столе́.
Les livres sont sur la table.

Ва́за лежи́т на столе́.
Le vase est sur la table.

Кни́ги стоя́т на столе́.
Les livres sont sur la table.

En russe on distingue clairement la position d'un objet sur un autre en marquant la position debout par le verbe "**стоя́ть**" et la position couchée par le verbe "**лежа́ть**":

Ковёр лежи́т на полу́.
Le tapis est sur le plancher.

Буты́лка стои́т на сту́ле.
La bouteille est sur la chaise.

Alors si on parle d'un objet qui se trouve à l'intérieur d'un autre (un environnement clos), on utilise souvent le verbe "**лежа́ть**":

Докуме́нты лежа́т в коро́бке.
Les documents sont dans la boîte.

Карандаши́ лежа́т в су́мке.
Les crayons sont dans le sac.

Il est possible d'omettre le verbe de position par rapport au français où on est obligé d'employer le verbe "être":

Ключи́ на по́лке.
Les clés sont sur l'étagère.

Тетра́ди в столе́.
Les cahiers sont dans le bureau.

La négation se forme grâce à la particule "**не**" qui se place devant le verbe (s'il y en a) ou devant le complément circonstanciel de lieu:

Ключи́ не лежа́т на по́лке.
Les clés ne sont pas sur l'étagère.

Ла́мпа не на столе́.
La lampe n'est pas sur la table.

Donc, s'il y a une opposition, la particule "**не**" est placée devant le mot opposant:

Цветы́ не <u>лежа́т</u> на по́лке, а <u>стоя́т</u>.

Ла́мпа стои́т не <u>на столе́</u>, а <u>на окне́</u>.

Кни́ги не <u>стоя́т</u> на столе́, а <u>лежа́т</u>.

8. Mettez "стоя́ть" ou "лежа́ть" en faisant attention à la position de l'objet:

1. Диск ... на дива́не.
2. Цветы́ ... на окне́.
3. Твой телефо́н ... в карма́не ку́ртки.
4. Ваш уче́бник ... в шкафу́.
5. Мой автомоби́ль ... в гараже́.
6. На ку́хне ... ва́за с цвета́ми.
7. На моём столе́ ... письмо́.

9. Traduisez (utilisez le dictionnaire si nécessaire):

1. Mon manuel de russe est dans le tiroir.
2. La chaise est sur le balcon.
3. Ton ballon est sur le plancher.
4. Son carnet est dans la mallette.
5. Les assiettes sont sur la table.
6. L'armoire n'est pas dans la chambre.
7. Le bouilloire n'est pas sur la cuisinière à gaz.
8. Ses jouets ne sont pas sur le lit, ils sont dans la boîte.

VERBE - ГЛАГОЛ

PRÉSENT - НАСТОЯЩЕЕ ВРЕМЯ

✅ Corrigés ✕

1.
a) Я... пишу́ письмо́
слу́шаю му́зыку
гото́влю обе́д
иду́ в шко́лу
покупа́ю фру́кты
смотрю́ фильм
путеше́ствую по ми́ру
пью сок
живу́ в Москве́
купа́юсь в реке́
остаю́сь до́ма

b) Ты... ждёшь дру́га
ода́лживаешь де́нег
снима́ешь ви́део
звони́шь
чита́ешь рома́н
несёшь посы́лку
де́лишь я́блоко
узнаёшь одноклассника
сдаёшь экза́мен
остана́вливаешься в гости́нице
ра́дуешься пра́зднику

c) Он... лю́бит ма́му
лети́т в Евро́пу
хо́дит на ку́рсы
хо́чет конфе́ту
игра́ет в футбо́л
сиди́т на сту́ле
говори́т пра́вду
реша́ет пробле́мы
закрыва́ет окно́
ошиба́ется в грамма́тике
приближа́ется к двери́

d) Она́... ду́мает о семье́
надева́ет ку́ртку
ве́сит 60 килогра́мм
бу́дит ребёнка
и́щет ключи́
рабо́тает учи́телем
у́чится в университе́те
шьёт костю́м
ест по́нчик
удивля́ется сюрпри́зу
собира́ется в пое́здку

e) Мы... стро́им дом
бежи́м к по́езду
рису́ем портре́т
ухо́дим из до́ма
ко́сим траву́
знако́мим друзе́й
ло́вим ры́бу
про́сим по́мощь
пря́чем игру́шку
у́чимся чита́ть
возвраща́емся домо́й

f) Вы... спра́шиваете а́дрес
ме́рите руба́шку
ва́рите суп
мо́ете посу́ду
даёте сове́ты
ста́вите ва́зу
берёте креди́т
целу́ете дочь
пла́тите за поку́пку
встреча́етесь с дру́гом
интересу́етесь поли́тикой

g) Они́... смо́трят телеви́зор
ока́зывают по́мощь
сове́туют кни́гу
слу́шают му́зыку
запи́сывают слова́
убира́ют стол
у́жинают в рестора́не
спеша́т в шко́лу
лома́ют игру́шки
занима́ются в библиоте́ке
открыва́ются у́тром

VERBE - ГЛАГОЛ

2. a) 1. Каждый день студенты *едут* на автобусе в университет. 2. В этом доме *живут* мои друзья. 3. В небе *летят* самолёты. 4. Утром они *уезжают* в командировку. 5. Мальчики *играют* в футбол. 6. Вы *любите* путешествовать? 7. Девочки *гуляют* в парке. 8. Преподаватели *готовят* интересную лекцию для студентов. 9. Утром мы *бегаем* в парке. 10. Ученики *пишут* диктант.

b) 1. Эти мосты *находятся* в Москве. 2. Новые ученики *знакомятся* с классом. 3. Мальчики *купаются* в речке. 4. Сегодня *начинаются* конкурсы по русскому языку. 5. Мне *нравятся* эти горы. 6. Вы *встречаетесь* с одноклассниками? 7. Ваши сыновья *учатся* в школе? 8. Каждый день мы *тренируемся* на стадионе. 9. Вы всегда *ошибаетесь* в этом слове. 10. Эти дома *строятся* второй месяц.

3. 1. Мария садится рядом со своей мамой. 2. В комнате жарко, поэтому я открываю окно. 3. Он пишет письмо бабушке. 4. Завтра мы уезжаем в Бразилию. 5. Мои родители переезжают в Сочи. 6. В этом магазине продаются вкусные пироги. 7. Его друзья остаются в библиотеке. 8. Каждый вечер мы с родителями смотрим интересные фильмы. 9. Ты можешь мне помочь с домашней работой? 10. Он приходит домой каждый вечер уставший. 11. Его сестра оканчивает школу в этом году. 12. В 12.00 студенты сдают экзамен по русскому. 13. Я живу на улице Ломоносова. 14. Мой брат проходит стажировку на заводе. 15. Такси останавливается на углу улицы. 16. Мой дедушка любит слушать радио. 17. Он серьёзно относиться к учёбе в университете. 18. Я показываю моей подруге фотографии с путешествия. 19. Мы летим в Испанию. 20. Его сестра работает в гостинице. 21. Дети спят на диване. 22. Вы хотите пойти с нами в кафе?

4. 2. Брат <u>идут</u> (идёт) на работу.
3. Лена <u>переводить</u> (переводит) текст.
4. Рабочие <u>строют</u> (строят) новый дом.
6. Андрей <u>приветствовает</u> (приветствует) своих друзей.
7. Почему вы меня <u>спрашивоваете</u> (спрашиваете) о своей машине?
9. Виктор всегда <u>опаздает</u> (опаздывает) на встречу с одноклассниками.

5. 1. Её кошка не ловит мышей. 2. Этот господин не живёт здесь. 3. Наша семья не летит на море этим летом. 4. Моя машина не стоит возле входа. 5. В этом году Александр не поступает в университет. 6. Обычно он не готовит завтрак по утрам. 7. Это окно не выходит на юг. 8. Наша квартира не находится на пятом этаже. 9. Вы не говорите по-русски? 10. Его проблемы не интересуют меня.

6. 1) les phrases avec la négation de l'action: 2. Я не дарю плохие подарки. 3. Вы не можете уехать завтра. 5. Ваш брат не желает меня видеть. 8. Обычно он не забывает свои ключи. 11. Почему вы не танцуете?
2) les phrases avec la négation du sujet: 4. Не мы участвуем в соревнованиях. 10. Не Андрей встречается с Марией.
3) les phrases avec la négation du complément (d'objet, circonstanciel):
1. Его работа находится не за городом. 6. Сергей отвечает не на мой вопрос. 7. Дети играют в футбол не с твоим мячом. 9. Она ужинает в этом ресторане не каждый вечер. 12. Я покупаю продукты не в этом магазине.

VERBE - ГЛАГОЛ

7.
1. Элен не говорит по-французски.
2. Это не мой друг звонит.
3. Кто не хочет оставаться дома?
4. Я иду не к Андрею.
5. Она это говорит не тебе.
6. Почему он не приходит вовремя?
7. Моя мама не возвращается сегодня.
8. Мы идём в кино не завтра.
9. Его сын не учится в московском университете.
10. Я хочу подарить моей сестре не цветы.
11. Не вы должны вернуть книгу.
12. Не Виктора она хочет видеть.
13. Серж меня не благодарит.

8.
1. Диск лежит на диване.
2. Цветы стоят на окне.
3. Твой телефон лежит в кармане куртки.
4. Ваш учебник лежит в шкафу.
5. Мой автомобиль стоит в гараже.
6. На кухне стоит ваза с цветами.
7. На моем столе лежит письмо.

9.
1. Мой учебник по русскому лежит в шкафчике.
2. Стул стоит на балконе.
3. Твой мяч лежит на полу.
4. Его блокнот лежит в портфеле.
5. Тарелки лежат на столе.
6. Шкаф не стоит в комнате.
7. Чайник не стоит на газовой плите.
8. Его игрушки не лежат на кровати, они лежат в коробке.

VERBE - ГЛАГОЛ

PASSÉ — ПРОШЕДШЕЕ ВРЕМЯ

PASSÉ ПРОШЕДШЕЕ ВРЕМЯ

En russe le passé indique un fait ou une action achevée ou inachevée qui a déjà eu lieu avant le moment où on en parle.

Pour exprimer l'action inachevée au passé on utilise l'aspect imperfectif du verbe. En français cette forme du verbe est exprimée par **l'imparfait**.

Pour exprimer l'action achevée au passé on utilise l'aspect perfectif du verbe. En français cette forme du verbe est exprimée par **le passé composé** ou **le passé simple**.

FORMATION

infinitif (aspect imperfectif ou perfectif) **-ть** +

Я, Ты : -л (masc.) / -ла (fém.) / -ло (n.)
Он -л
Она -ла
Оно -ло
Мы, Вы, Они : -ли

Ainsi pour conjuguer le verbe qui se termine par **-ть** il faut utiliser l'infinitif à l'aspect imperfectif (action inachevée) ou perfectif (action achevée), supprimer la terminaison **-ть** (former la base verbale) et ajouter le suffixe **л**. Au singulier on ajoute encore la terminaison **a** pour le féminin ou la terminaison **o** pour le neutre. Au pluriel on ajoute la terminaison **и** pour toutes les personnes.

СМОТРЕ́ТЬ (aspect imperfectif)

я смотре́л(а/о)
ты смотре́л(а/о)
он смотре́л
она́ смотре́ла
оно́ смотре́ло
мы смотре́ли
вы смотре́ли
они́ смотре́ли

ПОСМОТРЕ́ТЬ (aspect perfectif)

я посмотре́л(а/о)
ты посмотре́л(а/о)
он посмотре́л
она́ посмотре́ла
оно́ посмотре́ло
мы посмотре́ли
вы посмотре́ли
они́ посмотре́ли

infinitif (aspect imperfectif ou perfectif) +

Я*, Ты* : -☐ (masc.) / -ла (fém.) / -ло (n.)
Он* -☐
Она -ла
Оно -ло
Мы, Вы, Они : -ли

Pour conjuguer au passé le verbe qui se termine par **-чь** il faut prendre l'infinitif à l'aspect imperfectif (action inachevée) ou perfectif (action achevée), supprimer la terminaison **-чь** (former la base verbale) et ajouter la lettre **г**. Au singulier on ajoute encore **-ла** pour le féminin ou **-ло** pour le neutre. Au pluriel on ajoute **-ли** pour toutes les personnes.

*Si la dernière lettre de la base verbale est **е**, dans la conjugaison au passé elle se transforme en **ё** à la 1re, 2e et 3e personne du singulier masculin.

МОЧЬ (aspect imperfectif)

я мог / могла́ / могло́
ты мог / могла́ / могло́
он мог
она́ могла́
оно́ могло́
мы могли́
вы могли́
они́ могли́

СМОЧЬ (aspect perfectif)

я смог/смогла́/смогло́
ты смог/смогла́/смогло́
он смог
она́ смогла́
оно́ смогло́
мы смогли́
вы смогли́
они́ смогли́

VERBE - ГЛАГОЛ

PASSÉ - ПРОШЕДШЕЕ ВРЕМЯ

Retenez la conjugaison des verbes "**печь**", "**влечь**", "**течь**", "**сечь**" (y compris les verbes ayant le même radical) qui se terminent par **-чь** mais ajoutent la lettre **к** :

ПЕЧЬ (aspect imperfectif)

я пёк / пекла́ / пекло́	
ты пёк / пекла́ / пекло́	
он пёк	мы пекли́
она́ пекла́	вы пекли́
оно́ пекло́	они́ пекли́

infinitif (aspect imperfectif ou perfectif) ~~-ТИ~~ **+**

Я* ⎫
Ты* ⎬ -☐ (masc.) / -ла (fém.) / -ло (n.)
Он* ⎭
Она -ла
Оно -ло
Мы ⎫
Вы ⎬ -ли
Они ⎭

Ainsi pour conjuguer au passé le verbe qui se termine par **-ти** il faut utiliser l'infinitif à l'aspect imperfectif (action inachevée) ou perfectif (action achevée), supprimer la terminaison **-ти** (former la base verbale). Au singulier on ajoute encore **-ла** pour le féminin ou **-ло** pour le neutre. Au pluriel on ajoute **-ли** pour toutes les personnes.

* Si la base verbale contient la lettre **е**, dans la conjugaison au passé elle se transforme en **ё** à la 1re, 2e et 3e personne du singulier masculin.

НЕСТ~~И~~ (aspect imperfectif)

я нёс / несла́ / несло́	
ты нёс / несла́ / несло́	
он нёс	мы несли́
она́ несла́	вы несли́
оно́ несло́	они́ несли́

ПРИНЕСТ~~И~~ (aspect perfectif)

я принёс / принесла́ / принесло́	
ты принёс / принесла́ / принесло́	
он посмотре́л	мы посмотре́ли
она́ посмотре́ла	вы посмотре́ли
оно́ посмотре́ло	они́ посмотре́ли

Retenez la conjugaison des verbes "**расти́**", "**идти́**", "**найти́**", "**пойти́**", "**прийти́**" (y compris les verbes ayant la même racine) qui se terminent par **-ти** mais ont des particularités au passé :

РАСТИ (aspect imperfectif)

я рос / росла́ / росло́	
ты рос / росла́ / росло́	
он рос	мы росли́
она́ росла́	вы росли́
оно́ росло́	они́ росли́

ИДТИ (aspect imperfectif)

я шёл / шла / шло	
ты шёл / шла / шло	
он шёл	мы шли
она́ шла	вы шли
оно́ шло	они́ шли

НАЙТИ (aspect perfectif)

я нашёл / нашла́ / нашло́	
ты нашёл / нашла́ / нашло́	
он нашёл	мы нашли́
она́ нашла́	вы нашли́
оно́ нашло́	они́ нашли́

ПОЙТИ (aspect perfectif)

я пошёл / пошла́ / пошло́	
ты пошёл / пошла́ / пошло́	
он пошёл	мы пошли́
она́ пошла́	вы пошли́
оно́ пошло́	они́ пошли́

ПРИЙТИ (aspect perfectif)

я пришёл / пришла́ / пришло́	
ты пришёл / пришла́ / пришло́	
он пришёл	мы пришли́
она́ пришла́	вы пришли́
оно́ пришло́	они́ пришли́

Les terminaisons des verbes au passé du singulier suggèrent le genre du sujet de la phrase. Alors on peut deviner si c'est un objet (une personne) du masculin, du féminin ou du genre neutre (pour les objets) qui joue le rôle du sujet de la phrase :

Я купил☐ я́блоки. - *c'est un homme qui le dit*
J'ai acheté des pommes.

Ты принесла́ уче́бники? - *c'est une femme à qui on s'adresse*
As-tu apporté les manuels?

VERBE - ГЛАГОЛ

PASSÉ - ПРОШЕДШЕЕ ВРЕМЯ

infinitif
(aspect imperfectif ou perfectif)

~~-ть~~

+

Я
Ты } -л (masc.) / -ла (fém.) / -ло (n.)

Он -л
Она -ла
Оно -ло

Мы
Вы } -ли
Они

Pour conjuguer au passé le verbe qui se termine par **-ть** il faut utiliser l'infinitif à l'aspect imperfectif (action inachevée) ou perfectif (action achevée), supprimer la terminaison **-ть** (former la base verbale) et ajouter le suffixe **л**. Au singulier on ajoute encore la terminaison **а** pour le féminin ou la terminaison **о** pour le neutre. Au pluriel on ajoute la terminaison **и** pour toutes les personnes.

~~КРАСТЬ~~ (aspect imperfectif)

я крал / крала / крало
ты крал / крала / крало
он крал
она крала
оно крало
мы крали
вы крали
они крали

~~УКРА́СТЬ~~ (aspect perfectif)

я укра́л / укра́ла / укра́ло
ты укра́л / укра́ла / укра́ло
он укра́л
она укра́ла
оно укра́ло
мы укра́ли
вы укра́ли
они укра́ли

Pour conjuguer les verbes réfléchis

au passé il faut tout d'abord les conjuguer sans la terminaison **-ся** (**-сь**) et puis ajouter les terminaisons suivantes à la forme conjuguée:

я -ся (masc.) / -сь (fém. et n.)
ты -ся (masc.) / -сь (fém. et n.)
он -ся
она -сь
оно -сь
мы
вы } -ись
они

exemple

смея́ться *(forme non réfléchie)*
↓
смея́ть → он смея́л
↓
(forme réfléchie) он смея́лся

Attention!!!
Il existe des exceptions dans la conjugaison de certains verbes réfléchis. Si vous hésitez, consultez un dictionnaire.

УЧИ́ТЬ
base verbale: учи

я учи́л / учи́ла / учи́ло
ты учи́л / учи́ла / учи́ло
он учи́л
она учи́ла
оно учи́ло
мы у́чим
вы у́чите } учи́ли
они у́чат

УЧИ́ТЬСЯ
base verbale: учи

я учи́лся / учи́лась / учи́лось
ты учи́лся / учи́лась / учи́лось
он учи́лся
она учи́лась
оно учи́лось
мы
вы } учи́лись
они

ОДЕ́ТЬ
base verbale: оде

я оде́л / оде́ла / оде́ло
ты оде́л / оде́ла / оде́ло
он оде́л
она оде́ла
оно оде́ло
мы
вы } оде́ли
они

ОДЕ́ТЬСЯ
base verbale: оде

я оде́лся / оде́лась / оде́лось
ты оде́лся / оде́лась / оде́лось
он оде́лся
она оде́лась
оно оде́лось
мы
вы } оде́лись
они

ALORS, VOUS VOYEZ QUE LA CONJUGAISON DES VERBES RÉFLÉCHIS N'EST PAS DIFFICILE!

VERBE - ГЛАГОЛ

PASSÉ - ПРОШЕДШЕЕ ВРЕМЯ

 Exercices et explications

1. Mettez les verbes au passé:

a) Я...
читать книгу (masc.)
открыть окно (masc.)
посмотреть кино (masc.)
лежать на диване (masc.)
приготовить пирог (fém.)
есть яблоки (fém.)
отдыхать на море (fém.)
ехать в деревню (fém.)
возвращаться домой (masc.)
кататься на велосипеде (fém.)
одеться тепло (fém.)

b) Ты...
любить свою маму (masc.)
курить сигарету (masc.)
играть с кошкой (masc.)
мечтать о будущем (masc.)
написать статью (fém.)
принести продукты (fém.)
сидеть на стуле (fém.)
гулять с подружкой (fém.)
учиться в школе (masc.)
улыбнуться ребёнку (fém.)
гордиться сыном (fém.)

c) Он...
обожать этот город
делать упражнение
учить английский
войти в комнату
включить телевизор
встречать друга
обмануть сестру
подойти к двери
находиться в Москве
видеться с отцом
спуститься по лестнице

d) Она...
заниматься йогой
повторить слова
выучить правило
закрыть дверь
позвонить учителю
идти в аптеку
найти ключи
дарить цветы
веселиться с детьми
проснуться утром
радоваться подарку

e) Оно...
закрывать солнце
быть давно
плавать в воде
висеть на дереве
стоять возле дома
мочь произойти
наступить поздно
идти быстро
запомниться хорошо
случаться зимой
появляться редко

f) Мы...
дружить всю жизнь
собирать игрушки
бежать по улице
хотеть мороженое
купить книгу
стирать одежду
поливать цветы
рисовать натюрморт
увлекаться пением
интересоваться искусством
лечиться в больнице

g) Вы...
попросить совет
сказать правду
налить воды
заплатить за билет
рассказывать историю
поставить стул
пить вино
сочинить стихотворение
умываться с мылом
садиться в автобус
любоваться картиной

h) Они...
ехать на автомобиле
отправить сообщение
взять карандаш
надеть кофту
служить в армии
накрыть на стол
найти свою тетрадь
считать до десяти
вернуться поздно
попрощаться с родителями
ошибиться адресом

VERBE - ГЛАГОЛ

PASSÉ - ПРОШЕДШЕЕ ВРЕМЯ

2. Observez l'équivalence du passé en russe et en français:

a)
1. Я написал ему письмо.
2. Когда уехали ваши родители?
3. Моя сестра заболела.
4. Мы отдыхали в Испании.
5. Андрей ждал их возле входа в метро.
6. Она ушла час назад.
7. Дети играли во дворе.
8. Весь день я слушал музыку.
9. Лена готовила пирог два часа.
10. Он читал книгу всю ночь.
11. Мальчик долго делал упражнение.
12. Отец часто приходил поздно.

1. Je lui ai écrit une lettre.
2. Quand vos parents sont-ils partis?
3. Ma sœur est tombé malade.
4. Nous nous reposions en Espagne.
5. André les attendait à l'entrée du métro.
6. Elle est parti il y a une heure.
7. Les enfants jouaient dans la cour.
8. J'ai écouté la musique toute la journée.
9. Léna a préparé une tarte pendant 2h.
10. Il a lu un livre toute la nuit.
11. Le garçon a fait l'exercice longtemps.
12. Le père est souvent revenu tard.

b)
1. J'ai rencontré Paul ce matin.
2. Nous avons déjà vu ce film.
3. As-tu écrit à tes parents?
4. Ils discutaient ce problème.
5. Il parlait à sa femme de leurs enfants.
6. Nous avons bâti la maison il y a un an.
7. Il faisait beau hier.
8. La mère racontait une histoire.
9. J'ai dessinais toute la journée.
10. Toute la vie elle a habité à Paris.
11. Il a fait son devoir en une heure.
12. Elle a appris les règles toute la nuit.

1. Этим утром я встретил Поля.
2. Мы уже видели этот фильм.
3. Ты написал своим родителям?
4. Они обсуждали эту проблему.
5. Он разговаривал с женой о детях.
6. Мы построили дом год назад.
7. Вчера была хорошая погода.
8. Мать рассказывала историю.
9. Я рисовал весь день.
10. Всю жизнь она жила в Париже.
11. Он сделал задание за один час.
12. Она учила правила всю ночь.

Alors en russe il n'existe pas de règles strictes de l'emploi des aspects imperfectif et perfectif des verbes, c'est le caractère de l'action ou du fait qui détermine l'emploi des aspects:

1) si on parle d'une action qui se répète ou est inachevée, ou si on décrit un fait naturel, une action qui a une durée déterminée ou indéterminée, on utilise l'aspect imperfectif. Si on parle d'une action achevée, on emploie l'aspect perfectif:

Я <u>люби́л</u> гуля́ть в э́том па́рке. *(l'action qui se répète)*
Вчера́ весь день <u>была́</u> хоро́шая пого́да. *(la description de la nature)*

2) parfois l'aspect imperfectif exprime l'action achevée. En ce cas on veut souligner que l'action a duré un temps indéterminé (l'action a une certaine durée):

Я <u>говори́л</u> с ним об э́той пробле́ме. = Я поговори́л с ним об э́той пробле́ме.
Она́ <u>приходи́ла</u> ко мне вчера́. = Она́ пришла́ вчера́ ко мне домо́й и ушла́.
Вы <u>е́здили</u> в Еги́пет в э́том году́? = Вы побыва́ли в Еги́пте в э́том году́?

VERBE - ГЛАГОЛ

PASSÉ - ПРОШЕДШЕЕ ВРЕМЯ

3. Lisez les dialogues, expliquez l'emploi des aspects des verbes:

a)

— Приве́т, Са́ша! Как дела́?
— Хорошо́, Та́ня, спаси́бо! У тебя́ как?
— То́же хорошо́! Как ты <u>провёл</u> ле́то?
— Мы <u>е́здили</u> с па́пой и ма́мой в Ита́лию.
— Кла́ссно! Каки́е достопримеча́тельности вы <u>посети́ли</u>?
— Мы <u>ходи́ли</u> в Колизе́й, <u>фотографи́ровались</u> в Ватика́не, <u>посети́ли</u> знамени́тые музе́и.
— Тебе́ <u>понра́вилось</u> путеше́ствие?
— Да, о́чень! Я <u>полюби́л</u> италья́нскую ку́хню и архитекту́ру.
— Отли́чно! До встре́чи!
— До встре́чи, Та́ня!

b)

— Приве́т, Лёша!
— Приве́т, Андре́й!
— Ты <u>ходи́л</u> сего́дня в шко́лу?
— Да, <u>ходи́л</u>. А почему́ ты сего́дня <u>оста́лся</u> до́ма?
— Я <u>заболе́л</u>. Небольшо́й грипп. Како́е упражне́ние <u>за́дал</u> учи́тель по францу́зскому?
— Мы сего́дня <u>изуча́ли</u> проше́дшее вре́мя. Мы <u>де́лали</u> упражне́ние и <u>писа́ли</u> фра́зы на доске́. Учи́тель <u>за́дал</u> упражне́ние 5 на страни́це 26.
— Спаси́бо за по́мощь!
— Пожа́луйста! До встре́чи!

Le verbe "**быть / пробы́ть**" (être) au passé se conjugue de la manière suivante:
1) aspect imperfectif: **был** (*masc.sing.*), **была́** (*fém.sing.*), **бы́ло** (*n.sing.*), **бы́ли** (*pl. toutes les personnes*);
2) aspect perfectif: **про́был** (*masc.sing.*), **пробыла́** (*fém.sing.*), **про́было** (*n.sing.*), **про́были** (*pl. toutes les personnes*).
Alors selon les règles de grammaire le verbe "**быть**" ne s'emploie pas au présent (consultez l'annexe V), mais il est indispensable de le mettre dans la phrase pour exprimer l'action au passé. Examinez les exemples suivants:

Сего́дня хоро́шая пого́да.   **Э́то мой оте́ц.**   **У него́ мой уче́бник.**
Вчера́ <u>была́</u> хоро́шая пого́да. **Э́то <u>был</u> мой оте́ц.**   **У него́ <u>был</u> мой уче́бник.**

---

4. Lisez le texte. Mettez tous les verbes au passé en faisant attention aux aspects et aux particularités de l'emploi du verbe "быть":

Мой дя́дя Ва́ня живёт в дере́вне Смирно́во. Ему́ пятьдеся́т шесть лет. Он лю́бит ходи́ть на рыба́лку и устра́ивать пикни́к. Когда́ он идёт в лес собира́ть грибы́, он всегда́ зовёт меня́. Мы с ним вме́сте гуля́ем по по́лю, он мне пока́зывает разли́чные расте́ния, расска́зывает о приро́де. Я обожа́ю проводи́ть ле́то в дере́вне. Там мно́го мои́х друзе́й. В дере́вне больша́я де́тская спорти́вная площа́дка. На ней собира́ются де́ти и игра́ют в футбо́л. А когда́ я уезжа́ю, мне стано́вится ску́чно. Я люблю́ э́ту дере́вню.

VERBE - ГЛАГОЛ

5. Reliez les phrases russes avec les équivalents français en faisant attention à l'aspect des verbes:

1. Каждый день родители покупали детям фрукты.
   - a) Chaque jour les parents achetaient des fruits aux enfants.
   - b) Chaque jour les parents ont acheté des fruits aux enfants.

2. Вчера мне позвонил Виктор.
   - a) Hier Victor me téléphonait.
   - b) Hier Victor m'a téléphoné.

3. Весь вечер мы играли в шахматы.
   - a) Nous avons joué aux échecs toute la soirée.
   - b) Nous jouions aux échecs toute la soirée.

4. Мы пригласили друзей на ужин.
   - a) Nous avons invité nos amis à dîner.
   - b) Nous invitions nos amis à dîner.

5. Кто взял мой учебник?
   - a) Qui a pris mon manuel?
   - b) Qui prenait mon manuel?

6. Он ответил на все мои вопросы.
   - a) Il a répondu à toutes mes questions.
   - b) Il a répondu à toutes mes questions.

7. Таня не хотела идти в кино.
   - a) Tanya n'a pas voulu aller au cinéma.
   - b) Tanya ne voulait pas aller au cinéma.

8. Где родился этот писатель?
   - a) Où cet écrivain est-il né?
   - b) Où cet écrivain naissait-il?

9. Я забыл ваш адрес.
   - a) J'ai oublié votre adresse.
   - b) J'oubliais votre adresse.

10. Мой друг часто путал наши учебники.
    - a) Mon ami a souvent confondu nos manuels.
    - b) Mon ami confondait souvent nos manuels.

En russe il n'existe pas d'équivalent du passé antérieur, du passé simple et du plus-que-parfait. Par conséquent, il n'y pas de concordance de temps qui existe en français. Pour exprimer l'antériorité ou la postériorité des actions on emploie la même forme du passé. Comparez les phrases:

Моей мамы не было дома. Она ушла в магазин.
Ma mère n'était pas à la maison. Elle était partie au magasin.

Виктор не сдал экзамен, потому что он не повторял уроки.
Victor n'a pas réussi à l'examen parce qu'il n'avait pas révisé les cours.

Когда девушка ушла, праздник потерял для него весь интерес.
Quand la jeune fille fut partie, la fête perdit tout intérêt pour lui.

Он жил в доме, который был построен в 1912 году.
Il habitait la maison qui avait été construite en 1912.

→ Ainsi en russe on n'exprime ni antériorité ni postériorité à travers les moyens grammaticaux. C'est l'interlocuteur lui-même qui doit logiquement dégager la séquence des actions.

VERBE - ГЛАГОЛ

PASSÉ - ПРОШЕДШЕЕ ВРЕМЯ

6. Lisez les phrases. Comparez les phrases russes avec leur traduction en français en faisant attention au temps employés:

    1. Я заметил, что мы ошиблись дорогой.
                               Je me suis aperçu que nous étions trompés de route.
    2. Солнце поднялось высоко, когда я открыл глаза.
                               Le soleil était monté très haut, lorsque j'ai ouvert les yeux.
    3. Она спрашивала всех прохожих, но никто не видел её сына.
                               Elle interrogeait tous les passants, mais personne n'avait vu son fils.
    4. Он рассказывал мне историю, которую он мне уже рассказал двадцать раз.
                               Il me racontait une histoire qu'il m'avait déjà raconté vingt fois.
    5. Через два часа пилоты приземлились. Они не обнаружили пропавший самолёт.
                 Deux heures plus tard les pilotes atterrirent. Ils n'avaient pas découvert l'avion disparu.

7. Traduisez en russe:

1. Nous nous sommes réveillés à 10h. Notre mère était déjà partie. 2. Le journaliste est venu à la conférence. Tous les participants s'était réunis dans la salle. 3. Hélène est entrée dans la chambre, son fils s'était couché il y a longtemps. 4. Qui est venu à la soirée? - Éric, Sarah, Gaston, André. Claude n'est pas venu, il était tombé malade. 5. Quand il avait bien déjeuné, il était de bonne humeur. 6. Où est ton ami Gabriel? - Il est resté à la bibliothèque. Il avait oublié de rendre un livre et c'est pourquoi il a eu un entretien sérieux avec la bibliothécaire. 7. C'est incroyable! Nous sommes venus pour voyager en Espagne pendant un mois et moi, j'avais oublié de prendre mes lunettes! 8. Comment? Vous n'avez pas de chambre de libre? - Désolé, hier une équipe de football est descendue dans notre hôtel. Nous n'avions pas pu leur refuser de faire la réservation. 9. Ma grand-mère aimait lire. Elle avait acheté beaucoup de livres. 10. Monsieur Ivanov! On vous a appelé trois fois aujourd'hui. Et j'avais reçu une lettre pour vous.

En russe on peut exprimer une action passée qui a eu lieu tout récemment. Cette action qui s'exprime grâce au passé immédiat en français se traduit par la construction verbale

то́лько что + verbe au passé

Я то́лько что за́дал ему́ вопро́с.
Je viens de lui poser une question.

Мои́ роди́тели то́лько что прие́хали.
Mes parents viennent d'arriver.

Мы то́лько что на́чали экза́мен.
Nous venons de commencer l'examen.

---

8. Mettez les verbes au passé en exprimant les actions qui ont eu lieu récemment:

1. Саша (сделать) домашнее задание. 2. Мы (написать) диктант. 3. Дети (посмотреть) мультфильм. 4. Его сестра (уйти) на учёбу. 5. Я (звонить) на вокзал, поезд прибывает в обед. 6. Она (познакомиться) с одноклассниками. 7. Ребёнок (проснуться) и пошёл умываться. 8. Студенты (сдать) экзамен по русскому языку. 9. Он (обещать) мне больше не опаздывать на занятия. 10. Мама (сходить) в магазин и купила продукты. 11. Я (прочитать) эту книгу, она очень интересная. 12. Матч (закончиться), сборная команда Италии выиграла Евро-2020. 13. Что вы (сказать), можете повторить?

VERBE - ГЛАГОЛ

PASSÉ - ПРОШЕДШЕЕ ВРЕМЯ

Les verbes "**ходи́ть**" et "**идти́**" (y compris les verbes de l'aspect perfectif "**приходи́ть**" et "**прийти́**") sont les synonymes. Alors, il existe des cas où il faut utiliser tel ou tel verbe séparément:

1) si on parle d'une action qui se répète (une action multiple), on utilise le verbe "**ходи́ть**". Si on parle d'une seule direction, on emploie "**идти́**". Comparez:

В де́тстве я <u>ходи́л</u> в э́ту шко́лу.
Dans mon enfance j'étudiais à cette école.

В э́тот день я <u>шёл</u> в шко́лу.
Ce jour-là je suis allé à l'école.

Он ча́сто <u>хо́дит</u> в э́тот рестора́н.
Il va souvent à ce restaurant.

Он <u>идёт</u> в рестора́н поу́жинать.
Il va au restaurant pour dîner.

2) si on parle d'un phénomène naturel, on utilise toujours le verbe "**идти́**":

Вчера́ весь день <u>шёл</u> дождь.
Hier il a plu toute la journée.

Il est interdit de dire Вчера́ весь день <u>ходи́л</u> дождь.

Retenez! Э́ти часы́ <u>иду́т</u> то́чно.
ou
Э́ти часы́ <u>хо́дят</u> то́чно.

9. Employez "идти / прийти" ou "ходить / приходить" qui conviennent d'après le sens, mettez-les au passé:

1. В прошлом году весна ... рано. 2. Алекс, ты вчера когда ... домой? 3. Сегодня целый день ... дождь, поэтому мы остались дома. 4. Когда я ... домой, мама уже приготовила обед. 5. Всю неделю ... снег, дети играли на улице и лепили снеговиков. 6. Раз в неделю к нам ... директор школы и следил как мы учимся. 7. В нашем городе автобусы ... редко, поэтому нам нужно было выйти из дома рано. 8. Каждый год в наш класс ... новые ученики. 9. Девочка ... по улице под дождём и плакала. 10. Я люблю это место, раньше я сюда ... часто.

La forme négative du verbe se forme comme celle du présent: on met la particule "**не**" devant le verbe où bien devant le mot qu'on veut mettre à la forme négative. Observez:

Я **не** пока́зывал ему́ на́ши фотогра́фии.
Je ne lui ai pas montré nos photos.

Не я пока́зывал ему́ на́ши фотогра́фии.
Ce n'était pas moi qui lui ai montré nos photos.

Я **не** ему́ пока́зывал на́ши фотогра́фии.
Ce n'était pas lui à qui j'ai montré nos photos.

Я пока́зывал ему́ **не** на́ши фотогра́фии.
Ce n'étaient pas nos photos que je lui ai montrées.

VERBE - ГЛАГОЛ

10. Observez la négation au passé, comparez les phrases russes et françaises en prenant en compte les différences des formes grammaticales de négation:

1. Он не любил ездить в деревню.	1. Il n'aimait pas aller à la campagne.
2. Его родители приехали не на автобусе.	2. Ses parents ne sont pas venus en bus.
3. Почему вы играли не за команду нашего университета?	3. Pourquoi n'avez-vous pas joué pour l'équipe de notre université?
4. Мой брат не работал в этой компании.	4. Mon frère n'a pas travaillé pour cette société.
5. Её бабушка была не дома, она гуляла в саду.	5. Sa grand-mère n'était pas à la maison, elle se promenait dans le jardin.
6. Иван подарил другу не часы, а книгу.	6. Ivan n'a pas offert de montre à son ami, il lui a offert un livre.
7. Кто не закрыл дверь?	7. Qui n'a pas fermé la porte?
8. Не я посоветовал вам обратиться к директору школы.	8. Ce n'est pas moi qui vous a conseillé de vous adresser au directeur d'école.
9. Когда он зашёл в магазин, он увидел не продавца.	9. Quand il est entré au magasin, ce n'était pas le vendeur qu'il a vu.
10. Не твоя сестра помогла мне решить эту проблему.	10. Ce n'est pas ta sœur qui m'a aidé à résoudre ce problème.

Si la forme négative du verbe est accompagnée d'un mot négatif ("**никто**" - personne, "**ничто**" - rien, "**никогда**" - jamais, "**нигде**" - nulle part etc.), la particule "**не**" reste à sa place. En général le mot négatif se place devant "**не**", mais cette position n'est pas obligatoire. Observez:

Я никогда́ не́ был в Росси́и.
Je n'ai jamais visité la Russie.

Никто́ не знал почему́ Пётр опозда́л на вечери́нку.
Personne ne savait pourquoi Piotr avait été en retard à la soirée.

Он нигде́ не мог найти́ свою́ су́мку.
Il ne pouvait trouver son sac nulle part.

Attention!!!

Certains mots négatifs en russe peuvent être déclinés. Révisez la déclinaison de ces mots afin de les utiliser correctement:

Он никого́ не знал в э́той ко́мнате.
Il ne connaissait personne dans cette salle.

Ви́ктор был пре́данный друг, он никому́ не сказа́л пра́вду.
Victor était un ami fidèle, il n'a dit la vérité à personne.

11. Traduisez en faisant attention à la négation:

1. Mon voisin ne me saluait jamais. 2. Quand j'étais petit, son frère ne jouait jamais avec moi. 3. Je ne lui ai pas rendu son livre. 4. Personne ne comprenait ce qu'il se passait dans la rue en ce moment-là. 5. Elle n'a jamais vu ce monsieur. 6. Nous n'avons rien donné aux enfants. 7. Je n'ai vu nulle part de beaux paysages comme ça! 8. C'est vous qui lui avez proposé de n'aller nulle part? 9. Elle ne voulait plus le voir. 10. Il ne savait plus rien.

VERBE - ГЛАГОЛ

PASSÉ - ПРОШЕДШЕЕ ВРЕМЯ

12. Ouvrez les parenthèses en mettant le verbe au passé:

1. Его друг Сергей никогда не (видеть) моря. 2. Почему сегодня ты не (ходить) в университет? 3. Когда мальчик (открыть) дверь, он (заметить) маленького котёнка на пороге. 4. Кто (написать) эту статью? 5. Она (прочитать) все романы этого писателя. 6. Мне не (понравиться) эта гостиница. 7. Мы (выйти) на балкон и (подышать) свежим воздухом. 8. Где вы (остановиться)? - Мы (снять) квартиру в центре. 9. Почему ты не (остаться) у друга? - Я (захотеть) вернуться домой. 10. Я не (запомнить) его имени. Вроде оно (начинаться) на букву "Р"? 11. Он (оставить) свои ключи на полке. 12. Ты (сделать) домашнее задание? - Да, я (выполнить) упражнение по математике и (выучить) правила по английскому языку. 13. Я (предложить) ему чашку кофе, но он (отказаться). 14. Женщина (почувствовать) себя плохо, жители дома (вызвать) ей скорую помощь. 15. Мама (разрешить) тебе играть на улице? - Да, она (сказать), что я могу играть до пяти часов.

13. Refaites l'histoire en mettant toutes les actions au passé (consultez la conjugaison des verbes au passé, si nécessaire):

Дети играют во дворе. Ира и Надя катаются на велосипедах, Саша и Дима строят домики, а Рома и Вика играют в прятки. У Иры есть котёнок, она выходит с ним гулять во дворе. У Ромы есть щенок, они вместе с ребятами бегают и играют в догонялки. На улицу выходит дядя Ваня и говорит:
- Дети, не шумите!
Дети всегда его слушаются.
Наступает вечер и мама зовёт Иру домой.
- До свидания, - говорит Ира.
- Пока! До завтра! - кричат ей дети.
Через час все ребята уходят домой. Во дворе становится тихо.

14. Dans le texte trouvez tous les verbes au passé, donnez les infinitifs des verbes en marquant leurs aspects (perfectif ou imperfectif):

Пришла весна. Дни стали тёплыми. Солнце светит ярко. Птицы запели весёлые песни. Снег растаял и повсюду потекли ручьи. Дети рады - теперь можно играть на улице по-дольше. Рады и животные - им не надо прятаться от холода.
Школьники вышли в школьный двор и начали наводить порядок - обрезать деревья, убирать остатки снега и мусор.
- Дети! - говорит учительница Алёна Александровна. - Смотрите! Грачи прилетели!
Школьники весело закричали. Птиц было много, они летели быстро, как маленькие чёрные самолёты.
- Алёна Александровна! А откуда птицы прилетают? - спросил мальчик Вова.
- Они прилетают с юга, там где зимой тепло. Там они провели всю зиму, а летом живут у нас. Осенью они снова улетают в тёплые края.
Дети закончили работу и пошли домой. По дороге они разговаривали о птицах и о том, как хорошо жить там, где всегда тепло.

VERBE - ГЛАГОЛ

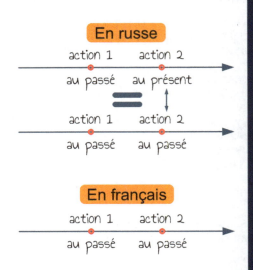

> Parfois les russophones ne différencient pas l'emploi du présent et du passé dans la même phrase c'est pourquoi ces derniers peuvent être utilisés l'un à côté de l'autre:
>
> Мужчи́на зашёл в зал и <u>говори́т</u>:
> - Мне ну́жен господи́н Петро́в.
> =
> Мужчи́на зашёл в зал и <u>сказа́л</u>:
> - Мне ну́жен господи́н Петро́в.
> *Un homme est entré dans la salle et a dit:*
> *- Je cherche M. Petrov.*
>
> Мэр го́рода поздра́вил жи́телей с пра́здником и <u>жела́ет</u> всем успе́хов.
> =
> Мэр го́рода поздра́вил жи́телей с пра́здником и <u>пожела́л</u> всем успе́хов.
> *Le maire de la ville a félicité les habitants à l'occasion de la fête et a adressé des vœux de réussite à tout le monde.*

15. Observez l'emploi du présent et du passé dans la même phrase, comparez avec les règles de concordance des temps en français:

1. Студенты вышли из университета и идут в столовую. 2. Мальчик ест печенье и попил воды. 3. Автобус останавливается, водитель открыл двери. 4. Как только отец увидел учителя он подходит к нему и начинает разговор. 5. Она включила телевизор, но сериал закончился. Оказывается он идёт только утром. 6. Я утром проснулся, иду в ванну и понимаю, что у меня закончилась зубная паста. 7. Мы открыли учебники и начали читать, как в класс входит директор и садится за последнюю парту. 8. Моя сестра сдала экзамен на права, но поняла, что не умеет водить машину. 9. Почему вы выбрали эту гостиницу? - Когда мы её увидели, мы сразу поняли, что здесь хорошие условия. 10. Сегодня я пришёл на работу и начальник мне говорит, что Дмитрий заболел и я должен выполнять его обязанности. 11. Именно в этот момент я подумал о своей семье, которая живёт далеко от меня. 12. Мне показалось, что мальчик плачет и я подошёл к нему, чтобы спросить.

16. Lisez le dialogue et expliquez en quoi consiste la confusion:

Преподаватель: Антон, вы сделали упражнение 6?
Антон: Да, я его делал.
Преподаватель: Но вы его сделали или нет?
Антон: Я его делал у себя в комнате, а потом подумал, что мой брат может мне помочь и я обратился к нему.
Преподаватель: И? Он помог?
Антон: Да, он мне помогал делать упражнение.
Преподаватель: Так, значит, вы сделали упражнение?
Антон: Нет, не сделал. Мой брат понял, что упражнение слишком трудное и что я должен его сделать сам.
Преподаватель: Понятно. В следующий раз советую делать упражнения самостоятельно.

VERBE - ГЛАГОЛ PASSÉ - ПРОШЕДШЕЕ ВРЕМЯ

17. Complétez les dialogues par les verbes suggérés. Faites attention à l'aspect du verbe (rappelez-vous les verbes qui exigent l'emploi des verbes à l'aspect imperfectif):

Exemple: - Вы <u>купили</u> новый телевизор?
- Нет, мой брат отсоветовал мне его ...

- Вы купили новый телевизор?
- Нет, мой брат отсоветовал мне его <u>покупать</u>.

1. - Ты завтра можешь <u>встать</u> по-раньше?
   - Да, я люблю рано ...

2. - Вы умеете <u>танцевать</u>?
   - Да, я учился ... в школе.

3. - Почему ты не пошёл в кино? Ты же собирался <u>пойти</u>?
   - Мне расхотелось ... в кино, мы с подругой хотим ... в парк.

4. - Почему ты не <u>надел</u> новую рубашку?
   - Мой друг отговорил меня её ...

5. - Вы до сих пор <u>ходите</u> на курсы русского языка?
   - Да, я продолжаю ... на курсы.

6. - Ты же хотел <u>посмотреть</u> новый сериал?
   - Нет, я устал ... телевизор.

7. - В Эрмитаже открылась новая выставка. Хочешь <u>пойти</u>?
   - Нет, я не люблю ... на выставки.

8. - Раньше ты хорошо <u>играл</u> на гитаре!
   - Да, к сожалению я разучился ...

18. Complétez les phrases par les verbes qui sont donnés entre parenthèses en choisissant un aspect convenable:

1. Вы **должны** ... занятия каждый день. Чтобы хорошо понять тему, **надо** ... все занятия в этом месяце (посетить – посещать).

2. Вам **необходимо** ... это стихотворение до завтра (учить – выучить).

3. Мне **нужно было** ... с вами по этому вопросу (советоваться – посоветоваться).

4. - **Можно** ... у вас газеты каждый день?
   - Да, можно.
   - А, **можно** сегодня ... эту газету? (брать – взять)

5. Вам **следует** ... новые слова в тетрадь каждый день. А эти слова вам **надо** ... завтра (записывать – записать).

Corrigés

1.

a) Я...
- читал книгу
- открыл окно
- посмотрел кино
- лежал на диване
- приготовила пирог
- ела яблоки
- отдыхала на море
- ехала в деревню
- возвращался домой
- каталась на велосипеде
- оделась тепло

b) Ты...
- любил свою маму
- курил сигарету
- играл с кошкой
- мечтал о будущем
- написала статью
- принесла продукты
- сидела на стуле
- гуляла с подружкой
- учился в школе
- улыбнулась ребёнку
- гордилась сыном

c) Он...
- обожал этот город
- делал упражнение
- учил английский
- вошёл в комнату
- включил телевизор
- встречал друга
- обманул сестру
- подошёл к двери
- находился в Москве
- виделся с отцом
- спустился по лестнице

d) Она...
- занималась йогой
- повторила слова
- выучила правило
- закрыла дверь
- позвонила учителю
- шла в аптеку
- нашла ключи
- дарила цветы
- веселилась с детьми
- проснулась утром
- радовалась подарку

e) Оно...
- закрыло солнце
- было давно
- плавало в воде
- висело на дереве
- стояло возле дома
- могло произойти
- наступило поздно
- шло быстро
- запомнилось хорошо
- случалось зимой
- появлялось редко

f) Мы...
- дружили всю жизнь
- собирали игрушки
- бежали по улице
- хотели мороженое
- купили книгу
- стирали одежду
- поливали цветы
- рисовали натюрморт
- увлекались пением
- интересовались искусством
- лечились в больнице

g) Вы...
- попросили совет
- сказали правду
- налили воды
- заплатили за билет
- рассказывали историю
- поставили стул
- пили вино
- сочинили стихотворение
- умывались с мылом
- садились в автобус
- любовались картиной

h) Они...
- ехали на автомобиле
- отправили сообщение
- взяли карандаш
- надели кофту
- служили в армии
- накрыли на стол
- нашли свою тетрадь
- считали до десяти
- вернулись поздно
- попрощались с родителями
- ошиблись адресом

VERBE - ГЛАГОЛ   *PASSÉ - ПРОШЕДШЕЕ ВРЕМЯ*

3. a) **Как ты <u>провёл</u> лето?** - Le verbe **провёл** à l'infinitif est **провести**, l'aspect perfectif indique l'achèvement de l'action exprimée par le verbe;

   Мы <u>ездили</u> с папой и мамой в Италию. - Le verbe **ездили** à l'infinitif est **ездить**, l'aspect imperfectif est employé pour les raisons descriptives bien qu'on puisse employer l'aspect perfectif du verbe (**съездить**);

   Какие достопримечательности вы <u>посетили</u>? - Le verbe **посетили** à l'infinitif est **посетить**, l'aspect perfectif révèle une action unique qui n'a pas de répétition. Alors, on peut employer le verbe à l'aspect imperfectif **посещать** (*Какие достопримечательности вы посещали?*) pour indiquer la répétition de l'action au passé;

   Мы <u>ходили</u> в Колизей, <u>фотографировались</u> в Ватикане, <u>посетили</u> знаменитые музеи. - Les aspects imperfectifs des verbes **ходить** et **фотографироваться** sont employés dans la description du séjour à Rome, tandis que l'aspect perfectif du verbe **посетить** marque une action achevée;

   Тебе <u>понравилось</u> путешествие? - Alors, l'aspect perfectif du verbe **понравиться** marque l'achèvement du voyage qui ne dure plus au moment de la conversation;

   Я <u>полюбил</u> итальянскую кухню и архитектуру. - L'aspect perfectif du verbe **полюбить** exprime une action achevée, un fait.

   b) **Ты <u>ходил</u> сегодня в школу? - Да, ходил.** - Dans cette situation l'aspect imperfectif du verbe **ходить** ne joue pas son rôle direct et ne signifie pas la répétition de l'action. Alors, on peut employer l'aspect perfectif **сходить** mais dans la langue parlée la forme **ходить** (au sens perfectif) est fréquemment utilisée;

   А почему ты сегодня <u>остался</u> дома? - Pour exprimer l'action achevée du verbe, l'action qui ne se répète pas on emploie l'aspect perfectif **остаться**;

   Я <u>заболел</u>. - On décrit un fait, une action accomplie, alors on emploie l'aspect perfectif **заболеть**.

   Какое упражнение <u>задал</u> учитель по французскому? - L'aspect perfectif du verbe **задать** marque une action unique qui n'a pas de durée (par rapport à l'aspect imperfectif du verbe **задавать**);

   Мы сегодня <u>изучали</u> прошедшее время. - Dans ce cas on dit qu'on apprenait mais on n'a pas fini d'apprendre. Alors comme l'action au passé n'est pas terminée, on emploie le verbe à l'aspect imperfectif **изучать** (comparez avec l'aspect perfectif **изучить**);

   Мы <u>делали</u> упражнение, <u>писали</u> фразы на доске. - C'est une description de ce qui se passait pendant la leçon. Alors c'est pourquoi on emploie l'aspect imperfectif des verbes **делать**, **писать**;

   Учитель <u>задал</u> упражнение 5 на странице 26. - C'est un fait réel, une action terminée, donc on emploie l'aspect perfectif du verbe **задать**.

VERBE - ГЛАГОЛ   PAGE 160   *PASSÉ - ПРОШЕДШЕЕ ВРЕМЯ*

4. Мой дядя Ваня жил в деревне Смирново. Ему было пятьдесят шесть лет. Он любил ходить на рыбалку и устраивать пикник. Когда он шёл в лес собирать грибы, он всегда звал меня. Мы с ним вместе гуляли по полю, он мне показывал различные растения, рассказывал о природе. Я обожал проводить лето в деревне. Там было много моих друзей. В деревне была большая детская спортивная площадка. На ней собирались дети и играли в футбол. А когда я уезжал, мне становилось скучно. Я любил эту деревню.

5.
1. a)
2. b)
3. a)
4. a)
5. a)
6. a)
7. b)
8. a)
9. a)
10. b)

7. 1. Мы проснулись в 10ч. Наша мать уже ушла. 2. Журналист пришёл на конференцию. Все участники собрались в зале. 3. Елена вошла в комнату, её сын уже давно лёг спать. 4. Кто пришёл на вечеринку? Эрик, Сара, Гастон, Андре. Клод не пришёл, он заболел. 5. Когда он хорошо поужинал, он был в хорошем настроении. 6. Где твой друг Габриель? - Он остался в библиотеке. Он забыл вернуть книгу, поэтому у него был серьезный разговор с библиотекарем. 7. Это невероятно! Мы приехали путешествовать в Испанию на месяц, а я забыл взять свои очки! 8. Как? У вас нет свободных комнат (номеров)? - Сожалею, вчера в нашем отеле остановилась футбольная команда. Мы не смогли им отказать в брони (забронировать номера). 9. Моя бабушка любила читать. Она купила много книг. 10. Господин Иванов! Вам звонили три раза сегодня. И я получил письмо для вас.

8. 1. Саша только что сделал домашнее задание. 2. Мы только что написали диктант. 3. Дети только что посмотрели мультфильм. 4. Его сестра только что ушла на учёбу. 5. Я только что звонил на вокзал, поезд прибывает в обед. 6. Она только что познакомилась с одноклассниками. 7. Ребёнок только что проснулся и пошёл умываться. 8. Студенты только что сдали экзамен по русскому языку. 9. Он только что обещал мне больше не опаздывать на занятия. 10. Мама только что сходила в магазин и купила продукты. 11. Я только что прочитал эту книгу, она очень интересная. 12. Матч только что закончился, сборная команда Италии выиграла Евро-2020. 13. Что вы только что сказали, можете повторить?

9. 1. В прошлом году весна пришла рано. 2. Алекс, ты вчера когда пришёл домой? 3. Сегодня целый день шёл дождь, поэтому мы остались дома. 4. Когда я пришёл домой, мама уже приготовила обед. 5. Всю неделю шёл снег, дети играли на улице и лепили снеговиков. 6. Раз в неделю к нам приходил директор школы и следил как мы учимся. 7. В нашем городе автобусы ходят редко, поэтому нам нужно было выйти из дома рано. 8. Каждый год в наш класс приходят новые ученики. 9. Девочка шла по улице под дождём и плакала. 10. Я люблю это место, раньше я сюда приходил часто.

VERBE - ГЛАГОЛ

11. 1. Мой сосед никогда меня не приветствовал. 2. Когда я был маленький, его брат никогда не играл со мной. 3. Я ему не вернул книгу. 4. Никто не понимал, что происходило в тот момент на улице. 5. Она никогда не видела этого господина. 6. Мы ничего не дали детям. 7. Я нигде не видел такие красивые пейзажи! 8. Это вы ему предложили никуда не идти? 9. Она больше не хотела его видеть. 10. Он больше ничего не знал.

12. 1. Его друг Сергей никогда не видел моря. 2. Почему сегодня ты не ходил в университет? 3. Когда мальчик открыл дверь, он заметил маленького котёнка на пороге. 4. Кто написал эту статью? 5. Она прочитала все романы этого писателя. 6. Мне не понравилась эта гостиница. 7. Мы вышли на балкон и подышали свежим воздухом. 8. Где вы остановились? - Мы сняли квартиру в центре. 9. Почему ты не остался у друга? - Я захотел вернуться домой. 10. Я не запомнил его имени. Вроде оно начиналось на букву "Р"? 11. Он оставил свои ключи на полке. 12. Ты сделал домашнее задание? - Да, я выполнил упражнение по математике и выучил правила по английскому языку. 13. Я предложил ему чашку кофе, но он отказался). 14. Женщина почувствовала себя плохо, жители дома вызвали ей скорую помощь. 15. Мама разрешила тебе играть на улице? - Да, она сказала, что я могу играть до пяти часов.

13. Дети играли во дворе. Ира и Надя катались на велосипедах, Саша и Дима строили домики, а Рома и Вика играли в прятки. У Иры был котёнок, она вышла с ним гулять во дворе. У Ромы был щенок, они вместе с ребятами бегали и играли в догонялки. На улицу вышел дядя Ваня и сказал:
- Дети, не шумите!
Дети всегда его слушались.
Наступил вечер и мама позвала Иру домой.
- До свидания, - сказала Ира.
- Пока! До завтра! - кричали ей дети.
Через час все ребята ушли домой. Во дворе стало тихо.

14. пришла - прийти (perfectif);
стали - стать (perfectif);
светит - светить (imperfectif);
запели - запеть (perfectif);
растаял - растаять (perfectif);
потекли - потечь (perfectif);
вышли - выйти (perfectif);
начали - начать (perfectif);
прилетели - прилететь (perfectif);
закричали - закричать (perfectif);
было - быть (imperfectif);
летели - лететь (imperfectif);
спросил - спросить (perfectif);
провели - провести (perfectif);
закончили - закончить (perfectif);
пошли - пойти (perfectif);
разговаривали - разговаривать (imperfectif).

17.
1. - Да, я люблю рано вставать.
2. - Да, я учился танцевать в школе.
3. - Мне расхотелось идти в кино, мы с подругой хотим пойти в парк.
4. - Мой друг отговорил меня её надевать.
5. - Да, я продолжаю ходить на курсы.
6. - Нет, я устал смотреть телевизор.
7. - Нет, я не люблю ходить на выставки.
8. - Да, к сожалению я разучился играть.

18.
1. Вы **должны посещать** занятия каждый день. Чтобы хорошо понять эту тему, **надо посетить** все занятия в этом месяце.

2. Вам **необходимо выучить** это стихотворение до завтра.

3. Мне **нужно было посоветоваться** с вами по этому вопросу.

4. - **Можно брать** у вас газеты каждый день?
   - Да, можно.
   - А, **можно** сегодня взять эту газету?

5. Вам **следует записывать** новые слова в тетрадь каждый день. А эти слова вам **надо записать** завтра.

FUTUR
БУДУЩЕЕ ВРЕМЯ

Le futur marque une action qui doit être effectuée dans quelque temps, dans un moment indiqué ou non. En russe il existe deux voies de formation du futur.

Pour exprimer l'action qui ne s'achève pas ou se répète au futur on emploie le **futur composé**.

FORMATION

быть au présent **infinitif** (aspect imperfectif)

Pour conjuguer le verbe au **futur composé** il faut conjuguer le verbe "**быть**" au futur simple et ajouter l'infinitif du verbe conjugué à l'aspect imperfectif.

À RETENIR!

быть au futur simple
- я бу́ду
- ты бу́дешь
- он / она́ / оно́ бу́дет
- мы бу́дем
- вы бу́дете
- они́ бу́дут

СМОТРЕ́ТЬ (aspect imperfectif)
- я бу́ду смотре́ть
- ты бу́дешь смотре́ть
- он / она́ / оно́ бу́дет смотре́ть
- мы бу́дем смотре́ть
- вы бу́дете смотре́ть
- они́ бу́дут смотре́ть

КУПА́ТЬСЯ (aspect imperfectif)
- я бу́ду купа́ться
- ты бу́дешь купа́ться
- он / она́ / оно́ бу́дет купа́ться
- мы бу́дем купа́ться
- вы бу́дете купа́ться
- они́ бу́дут купа́ться

N'oubliez pas que la conjugaison au futur simple s'effectue grâce au verbe à l'aspect perfectif. Si on utilise l'aspect imperfectif du verbe, on arrive à la conjugaison du verbe au présent. Comparez:

Он **чита́ет** э́ту кни́гу. ← présent
Он **прочита́ет** э́ту кни́гу. ← futur

Pour exprimer l'action qui doit être achevée au futur on emploie le **futur simple**.

FORMATION

infinitif (aspect perfectif) -ть terminaison du présent en fonction de la conjugaison du verbe (1re ou 2e)

Alors pour conjuguer le verbe au **futur simple** il faut former la base verbale du verbe à l'aspect perfectif et à cette forme ajouter une terminaison du présent en fonction de la personne (comme si on conjugue le verbe à l'aspect perfectif au présent).

ПОСМОТРЕ́ТЬ (aspect perfectif)
- я посмотрю́
- ты посмо́тришь
- он / она́ / оно́ посмо́трит
- мы посмо́трим
- вы посмо́трите
- они́ посмо́трят

Pour conjuguer les verbes réfléchis

au futur composé ou simple il faut suivre les règles de formation du futur des verbes non réfléchis:

ПОКУПА́ТЬСЯ (aspect perfectif)
- я покупа́юсь
- ты покупа́ешься
- он / она́ / оно́ покупа́ется
- мы покупа́емся
- вы покупа́етесь
- они́ покупа́ются

VERBE - ГЛАГОЛ

FUTUR - БУДУЩЕЕ ВРЕМЯ

> **À noter** : La conjugaison de certains verbes au futur simple a des particularités. Le plus souvent les verbes changent de suffixe. Observez et retenez: !

① Ы → О

verbes **открыть, закрыть, накрыть, скрыть, сокрыть, укрыть, вымыть, помыть, обмыть, умыть, перемыть, домыть, смыть, прорыть, вырыть, спеть, напеть, допеть** (y compris les verbes réfléchis ayant les mêmes racines, par exemple, **умыться, скрыться** etc.)

ОТКРЫ́ТЬ	УМЫ́ТЬ	СКРЫ́ТЬСЯ
я откро́ю	я умо́ю	я скро́юсь
ты откро́ешь	ты умо́ешь	ты скро́ешься
он / она́ откро́ет / оно́	он / она́ умо́ет / оно́	он / она́ скро́ется / оно́
мы откро́ем	мы умо́ем	мы скро́емся
вы откро́ете	вы умо́ете	вы скро́етесь
они́ откро́ют	они́ умо́ют	они́ скро́ются

② И → Ь

verbes **попи́ть, вы́пить, допи́ть, поби́ть, наби́ть, вы́бить, доби́ть, поли́ть, вы́лить, нали́ть, поши́ть, вы́шить, доши́ть, разви́ть, уби́ть** (y compris les verbes réfléchis ayant les mêmes racines, par exemple, **разви́ться, уби́ться** etc.)

НАЛИ́ТЬ	РАЗВИ́ТЬСЯ*
я налью́	я разовью́сь
ты нальёшь	ты разовьёшься
он / она́ нальёт / оно́	он / она́ разовьётся / оно́
мы нальём	мы разовьёмся
вы нальёте	вы разовьётесь
они́ налью́т	они́ разовью́тся

*dans la conjugaison du verbe "развива́ться" au futur on ajoute la lettre **о** entre les **з** et **в**

③ Е → -

verbe **умере́ть** et tous les verbes ayant la racine "пере́ть" (par exemple, **вы́тереть, протере́ть, запере́ть, допере́ть** etc.) et "тере́ть" (par exemple, **натере́ть, потере́ть, подтере́ть** etc.), y compris les verbes réfléchis (**запере́ться, вы́тереться** etc.)

УМЕРЕ́ТЬ	ЗАПЕРЕ́ТЬСЯ
я умру́	я запру́сь
ты умрёшь	ты запрёшься
он / она́ умрёт / оно́	он / она́ запрётся / оно́
мы умрём	мы запрёмся
вы умрёте	вы запрётесь
они́ умру́т	они́ запру́тся

> La conjugaison de ces verbes au futur simple est à retenir! !

нача́ть (commencer)	взять (prendre)
я начну́	я возьму́
ты начнёшь	ты возьмёшь
он / она́ начнёт / оно́	он / она́ возьмёт / оно́
мы начнём	мы возьмём
вы начнёте	вы возьмёте
они́ начну́т	они́ возьму́т

поня́ть (comprendre)	обня́ть (embrasser)	приня́ть (accepter)
я пойму́	я обниму́	я приму́
ты поймёшь	ты обни́мешь	ты при́мешь
он / она́ поймёт / оно́	он / она́ обни́мет / оно́	он / она́ при́мет / оно́
мы поймём	мы обни́мем	мы при́мем
вы поймёте	вы обни́мете	вы при́мете
они́ пойму́т	они́ обниму́т	они́ при́мут

VERBE - ГЛАГОЛ — FUTUR - БУДУЩЕЕ ВРЕМЯ

> ! Retenez les particularités de la conjugaison des verbes au futur simple

дать (donner)
я дам
ты дашь
он ⎫
она ⎬ даст
оно ⎭
мы дадим
вы дадите
они дадут

(les verbes ayant la racine **дать** se conjuguent de la même façon)

съесть (manger)
я съем
ты съешь
он ⎫
она ⎬ съест
оно ⎭
мы съедим
вы съедите
они съедят

(les verbes ayant la racine **есть** se conjuguent de la même façon)

сжечь (brûler)
я сожгу́
ты сожгёшь
он ⎫
она ⎬ сожгёт
оно ⎭
мы сожгём
вы сожгёте
они сожгут

забы́ть (oublier)
я забу́ду
ты забу́дешь
он ⎫
она ⎬ забу́дет
оно ⎭
мы забу́дем
вы забу́дете
они забу́дут

понра́виться (plaire)
я понра́влюсь
ты понра́вишься
он ⎫
она ⎬ понра́вится
оно ⎭
мы понра́вимся
вы понра́витесь
они понра́вятся

оста́ться (pouvoir)
я оста́нусь
ты оста́нешься
он ⎫
она ⎬ оста́нется
оно ⎭
мы оста́немся
вы оста́нетесь
они оста́нутся

оде́ть (habiller)
я оде́ну
ты оде́нешь
он ⎫
она ⎬ оде́нет
оно ⎭
мы оде́нем
вы оде́нете
они оде́нут

(le verbe **наде́ть** se conjugue de la même façon)

смочь (pouvoir)
я смогу́
ты смо́жешь
он ⎫
она ⎬ смо́жет
оно ⎭
мы смо́жем
вы смо́жете
они смо́гут

(le verbe **помо́чь** se conjugue de la même façon)

перевести́ (traduire)
я переведу́
ты переведёшь
он ⎫
она ⎬ переведёт
оно ⎭
мы переведём
вы переведёте
они переведу́т

снять (enlever)
я сниму́
ты сни́мешь
он ⎫
она ⎬ сни́мет
оно ⎭
мы сни́мем
вы сни́мете
они сни́мут

вы́йти (réunir)
я вы́йду
ты вы́йдешь
он ⎫
она ⎬ вы́йдет
оно ⎭
мы вы́йдем
вы вы́йдете
они вы́йдут

(les verbes **зайти́**, **уйти́**, **дойти́** se conjuguent de la même façon)

собра́ть (réunir)
я соберу́
ты соберёшь
он ⎫
она ⎬ соберёт
оно ⎭
мы соберём
вы соберёте
они соберу́т

(les verbes **убра́ть** et **набра́ть** se conjuguent de la même façon)

сесть (s'asseoir)
я ся́ду
ты ся́дешь
он ⎫
она ⎬ ся́дет
оно ⎭
мы ся́дем
вы ся́дете
они ся́дут

> Si vous hésitez, vous pouvez toujours consulter un dictionnaire pour trouver la conjugaison correcte des verbes dans tous les temps.

VERBE - ГЛАГОЛ

FUTUR - БУДУЩЕЕ ВРЕМЯ

Exercices et explications

1. Observez la conjugaison des verbes au futur simple et composé. Comparez le sens que les verbes transmettent grâce à tel ou tel temps:

Futur simple	Futur composé
1) Мы напи́шем дикта́нт. (on affirme qu'on écrira la dictée en tout cas, on exprime une action qui sera finie et qui ne se répètera pas)	Мы бу́дем писа́ть дикта́нт. (on sait qu'on écrira la dictée, mais on ne sait pas si on finira de l'écrire, alors l'action peut être inachevée)
2) Я откро́ю окно́. (on ouvrira la fenêtre une seule fois, par exemple, pour faire entrer de l'air)	Я бу́ду открыва́ть окно́. (l'action au futur se répétera, on ouvrira la fenêtre de temps en temps, disons, chaque jour)
3) Она́ погуля́ет в па́рке. (on exprime une action achevée au futur, elle se promènera pendant un certain temps, par exemple, pendant une heure)	Она́ бу́дет гуля́ть в па́рке. (on exprime une action qui n'a pas de durée au futur, même on sait pas si l'action sera achevée)
4) Мой брат сде́лает дома́шнее зада́ние. (on exprime une action dont on est sûr, une action qui doit obligatoirement se réaliser au futur)	Мой брат бу́дет де́лать дома́шнее зада́ние. (on exprime une action qui aura lieu au futur, mais on ne sait pas son résultat, le frère peut laisser son devoir inachevé)
5) Я сообщу́ тебе́ но́вости. (on parle d'une action unique qui ne se répétera plus; en outre, c'est une action dont la réalisation est sûre)	Я бу́ду сообща́ть тебе́ но́вости. (l'action doit se répéter au futur, l'interlocuteur annoncera des nouvelles de temps en temps)
6) Его́ оте́ц порабо́тает на заво́де. (l'emploi du futur simple indique que l'action est limitée dans le temps: son père ne travaillera pas à l'usine longtemps, peut-être parle-t-on d'un emploi par intérim)	Его́ оте́ц бу́дет рабо́тать на заво́де. (l'action durera longtemps et on ne sait pas quand le père cessera de travailler à l'usine, même il peut y travailler toute sa vie)
7) Ма́ма расска́жет ска́зку свои́м де́тям. (il s'agit d'une action qui s'effectuera en fait, ne se répétera pas et sera achevée; autrement dit, dans cette situation le futur simple indique que la mère racontera un conte jusqu'à la fin une seule fois)	Ма́ма бу́дет расска́зывать ска́зку свои́м де́тям. (d'après le contexte on ne comprend pas de quoi il s'agit, d'une action qui se répétera, ou d'une action qui n'aura pas de durée; si on ajoute "ка́ждый день", l'action se répétera, si on ajoute "ве́чером", on ne sait pas si l'action sera achevée)

VERBE - ГЛАГОЛ

2. Mettez les verbes aux formes convenables du futur simple:

a) Я...
побесе́довать с отцо́м
поблагодари́ть дру́га
взять ключи́
пове́рить его́ слова́м
уви́деть пти́цу
включи́ть телеви́зор
верну́ть уче́бник
вспо́мнить об обеща́нии
встать ра́но у́тром
доби́ться успе́ха
подели́ться с сестро́й

b) Ты...
поговори́ть с учи́телем
пригото́вить за́втрак
подари́ть цветы́
сде́лать упражне́ние
вы́полнить зада́ние
вы́учить слова́
поду́мать о бра́те
подожда́ть подру́гу
пожела́ть уда́чи
заду́маться о жи́зни
добра́ться до до́ма

c) Он...
найти́ свою́ су́мку
напеча́тать текст
нарисова́ть карти́ну
нача́ть рабо́ту
пообе́дать в кафе́
объясни́ть пра́вило
око́нчить учёбу
опозда́ть на уро́к
пообеща́ть помо́чь
научи́ться писа́ть
пора́доваться за дру́га

d) Она́...
отдохну́ть на пля́же
отве́тить на вопро́с
отпра́вить посы́лку
победи́ть на ко́нкурсе
повтори́ть стих
предложи́ть рабо́ту
поцелова́ть дочь
постуча́ть в дверь
потре́бовать свой биле́т
отказа́ться от пое́здки
постара́ться прийти́

e) Мы...
пригласи́ть в го́сти
прове́рить по́чту
прода́ть автомоби́ль
продо́лжить учёбу
попроси́ть проще́ния
прочита́ть кни́гу
разреши́ть войти́
разру́шить мечту́
слома́ть игру́шку
попыта́ться реши́ть пробле́му
познако́миться с де́вушкой

f) Вы...
услы́шать разгово́р
посове́товать блю́до
сравни́ть те́ксты
потеря́ть де́ньги
похвали́ть студе́нта
поста́вить стул
захоте́ть пое́сть
купи́ть газе́ту
покра́сить сте́ну
улыбну́ться дру́гу
сфотографи́роваться с семьёй

g) Они́...
укра́сть портмоне́
поигра́ть во дворе́
записа́ть паро́ль
послу́шать му́зыку
полюби́ть э́то ме́сто
сохрани́ть пода́рок
сыгра́ть в футбо́л
вспо́мнить её и́мя
прове́рить ученико́в
спря́таться за де́ревом
покупа́ться в мо́ре

> Comme la forme du verbe au futur simple coïncide à celle du verbe au présent, la conjugaison des verbes à ces deux temps a des traits communs. Ainsi, comme au présent certains verbes peuvent modifier les consonnes, par exemple, dans la conjugaison du verbe **писа́ть** au présent le **с** est remplacé par le **ш**: я пишу́, ты пи́шешь etc. Dans la conjugaison au futur simple on suit la même règle: **я напишу́, ты напи́шешь** etc.

VERBE - ГЛАГОЛ

FUTUR - БУДУЩЕЕ ВРЕМЯ

3. Mettez les verbes entre parenthèses au futur composé en choisissant l'aspect correct pour former le temps:

Exemple: На уроке русского языка преподаватель (объяснять/объяснить) нам новую тему.
→ На уроке русского языка преподаватель будет объяснять нам новую тему.

1. Мой друг Сергей (поступать/поступить) в университет в следующем году. 2. Алёна (работать/поработать) в школе учителем английского. 3. В этом году летом мы (отдыхать/отдохнуть) на берегу моря. 4. Завтра целый день я (посмотреть/смотреть) русские фильмы. 5. Вы (поужинать/ужинать)? - Нет, спасибо, я (ждать/подождать) мою сестру. 6. Наши ученики (участвовать/поучаствовать) в международных спортивных соревнованиях. 7. Я (позвонить/звонить) тебе каждый день. 8. Теперь наша семья (пожить/жить) на севере России. 9. Ты (читать/прочитать) эту книгу? 10. Следующей весной наш город (праздновать/отпраздновать) годовщину основания. 11. У меня потерялась кошка. Завтра я (искать/поискать) её весь день. 12. Вы (пить/выпить) белое или красное вино? - Я предпочитаю красное.

! En russe on peut exprimer une action très proche qui s'exprime grâce au futur immédiat en français. Cette action se traduit par la construction verbale

сейча́с + verbe au futur

Мы сейча́с пойдём в магази́н.
Nous allons partir au magasin.

Я сейча́с бу́ду расска́зывать вам ска́зку.
Je vais vous raconter un conte.

Его́ оте́ц сейча́с вам позвони́т.
Son père va vous téléphoner.

---

4. Mettez les verbes entre parenthèses au futur en exprimant les actions qui doivent se passer au moment très proche; employez le mot "сейчас":

Exemple: Дима (решать) задачу по математике. -
Дима сейчас будет решать задачу по математике.

Мы (сообщить) вам важную новость. -
Мы сейчас сообщим вам важную новость.

1. Он (сказать) тебе всю правду. 2. Мои друзья (прийти) к нам на обед. 3. Дети, мы (учить) с вами стихотворение Пушкина. 4. В каком городе (жить) твоя сестра? 5. Моя дочь (сыграть) вам на фортепиано. 6. Они собрали все вещи и (заказать) такси в аэропорт. 7. Здесь жарко, я (открыть) окно. 8. Мы не сможем найти этот адрес на карте, поэтому мы (попросить) помощи у этого полицейского. 9. Ученики (играть) в шахматы. 10. Моя подруга (пойти) в библиотеку. 11. Это место очень популярное среди туристов и мы (поехать) туда. 12. Что ты делаешь? - Я (делать) домашнее задание, а потом пойду гулять в парке. 13. Один момент, Саша (включить) свет. 14. Если хочешь, я (показать) мою коллекцию монет. 15. Извините, пожалуйста, мой помощник (решить) вашу проблему. 16. Это господин Рязанов, он (объяснять) нам, как пользоваться этим прибором. 17. Я (готовить) завтрак, а тебе нужно умыться и одеться.

> Parfois pour exprimer une action très proche on utilise la construction verbale
>
> **собира́ться** *(au présent)* **+ infinitif**
>
> Он собира́ется написа́ть статью́.
> *Il va écrire un article.*
>
> Мои́ друзья́ собира́ются навести́ть нас.
> *Mes amis vont nous rendre visite.*
>
> Что вы собира́етесь де́лать за́втра?
> *Qu'est-ce que vous allez faire demain?*

5. Mettez les verbes entre parenthèses au futur en exprimant les actions qui doivent se passer au moment très proche; employez le verbe "собираться":

Exemple: Студенты (сдавать) экзамен по французскому.
   Студенты собираются сдавать экзамен по французскому.

1. Ты (пойти) на вечеринку к Марии? 2. Его родители (вернуться) к семи часам. 3. Мэр города (выступить) перед жителями. 4. Где вы (остановиться)? 5. Я (купить) новую машину. 6. Наш университет (принимать) участие в футбольных соревнованиях. 7. Эрик и Мишель (выучить) русский язык за один год. 8. В этом году мои друзья (открыть) новый бизнес.

6. Donnez des réponses positives aux questions en employant...

a) le futur simple:

1. Вы поедите в Испанию этим летом? 2. Вы выучите слова к этому уроку? 3. Вы посмотрите фильм "1+1"? 4. Вы поспите несколько часов перед отъездом? 5. Вы откроете дверь? 6. Вы завершите работу к шести часам?

b) le futur composé:

1. Вы будете завтракать? 2. Вы будете читать эту книгу? 3. Вы будете покупать подарки для детей? 4. Вы будете купаться в бассейне? 5. Вы будете слушать музыку по радио? 6. Вы будете играть в футбол?

c) le mot "сейчас":

1. Когда вы сделаете упражнение? 2. Когда вы расскажите мне эту историю? 3. Вы принесёте мне эти документы? 4. Когда вы закончите статью? 5. Вы вернёте мою ручку? 6. Вы можете нажать на кнопку?

d) le verbe "собираться":

1. Вы придёте к нам на вечеринку? 2. Вы будете поступать в университет? 3. Вы расскажете нам интересную историю? 4. Вы пойдёте сегодня в кино? 5. Вы будете звонить преподавателю? 6. Вы принесёте мне этот альбом?

La négation des verbes au futur se forme grâce à la particule "**не**" qui se place:

1) devant le verbe au futur simple

Андре́й не пое́дет в Пари́ж э́тим ле́том.
André n'ira pas à Paris cet été.

Де́ти не прочита́ют э́ту кни́гу до́ма.
Les enfants ne liront pas ce livre à la maison.

2) devant le verbe "**быть**" au futur composé

Мы не бу́дем уча́ствовать на конфере́нции.
Nous ne participerons pas à la conférence.

Ма́льчики не бу́дут игра́ть на у́лице.
Les garçons ne joueront pas dans la rue.

3) devant le mot "**сейча́с**" ou devant le verbe
(en général toutes les positions sont équivalentes)

Я не сейча́с бу́ду де́лать э́то упражне́ние. =
Я сейча́с не бу́ду де́лать э́то упражне́ние.
Je ne vais pas faire cet exercice.

Учи́тель не сейча́с ска́жет оце́нки ученико́в. =
Учи́тель сейча́с не ска́жет оце́нки ученико́в.
Le professeur ne va pas parler des notes des élèves.

Его́ семья́ не сейча́с прие́дет. =
Его́ семья́ сейча́с не прие́дет.
Sa famille ne va pas venir.

4) devant le verbe "**собира́ться**"

Она́ не собира́ется учи́ться в э́той шко́ле.
Elle ne va pas étudier à cette école.

Мой брат не собира́ется е́хать за грани́цу.
Mon frère ne va pas partir à l'étranger.

Attention!!! Après le verbe "**собира́ться**" à la forme négative le verbe qui suit est toujours à l'aspect imperfectif:

Я не собира́юсь здесь ~~пожи́ть~~ жить.
Je ne vais pas vivre ici.

Они́ не собира́ются тебя́ ~~подожда́ть~~ ждать весь день.
Ils ne vont pas t'attendre toute la journée.

7. Mettez toutes les phrases à la forme négative:

1. Моя собака **будет кушать** эту еду. 2. Его дом **построится** в следующем году. 3. Вы **собираетесь идти** в магазин? 4. Они **захотят** составить нам компанию. 5. Я **сейчас буду** играть в шахматы с моим другом. 6. Завтра мы **будем** целый день **заниматься** в библиотеке. 7. Сегодня мы **будем праздновать** его день рождения. 8. Я **спрошу** мою подругу об этой книге. 9. Скажите им, что я **сейчас вернусь**. 10. Мои коллеги **собираются отдохнуть** на природе. 11. В среду к нам **приедет** его сестра. 12. Она поняла, что он **собирается уйти**. 13. Он **собирается вернуть** мои деньги. 14. Мы **сейчас поговорим** с ним об этой проблеме. 15. Вы **расскажете** ему всю правду? 16. Я **собираюсь попросить** у него помощи.

VERBE - ГЛАГОЛ

FUTUR - БУДУЩЕЕ ВРЕМЯ

8. Mettez tous les verbes au futur simple. Vous rappelez-vous quel aspect de verbe on utilise dans la conjugaison au futur simple?

1. Студенты не сдали экзамен по русскому. 2. Мария не звонила мне сегодня. 3. Мы попросили у учителя книгу этого писателя. 4. Мои друзья из Германии рассказывали мне о Берлине. 5. Мы написали письмо родителям. 6. Девушка получила посылку. 7. Они купили новые тетради и ручки. 8. Профессор дал мне свой словарь. 9. Я быстро перевёл текст на русский язык. 10. Сергей не делал это упражнение.

9. Répondez aux questions en mettant les verbes au futur, en commençant vos réponses par le mot "нет" et en employant les mots entre parenthèses:

Exemple: - Ты сделал домашнее задание? (завтра)
          - Нет, я сделаю его завтра.

1. Ты рассказал студентам об этом происшествии? (завтра) 2. Ты объяснил ей это задание? (потом) 3. Вы купили билеты на концерт? (вечером) 4. Ты показал преподавателю свою письменную работу? (в понедельник) 5. Вы сдали ваши тетради учителю? (на следующей неделе) 6. Ты помогла Ольге перевести текст? (на выходных) 7. Вы сообщили студентам о экзаменах? (завтра утром)

10. Racontez ces trois histoires au futur. Employez le futur simple ou composé suivant l'idée de l'action:

1. Друг меня пригласил на день рождения. Я купил ему подарок и поехал. Сначала я сел в метро, потом пересел на автобус. Я приехал вовремя. Все друзья ждали меня. Мы танцевали, пели и весело провели время. Вернулся я домой поздно, и лёг спать в два часа ночи.

2. В июле все студенты сдавали экзамены. В нашей группе студенты сдали экзамены хорошо. Потом у нас были каникулы, и мы отдыхали один месяц. Мы с друзьями поехали домой. В сентябре мы снова встретились в университете.

3. В пятницу моя сестра выступала на концерте. Она пела русские народные песни. Она готовилась к концерту заранее, учила слова песен, тренировала голос, репетировала с музыкантами. На концерте она волновалась, но выступила замечательно. Ей долго аплодировали, а друзья поздравляли и дарили цветы. Она была очень счастлива.

VERBE - ГЛАГОЛ

FUTUR - БУДУЩЕЕ ВРЕМЯ

11. Remplissez le tableau en mettant les verbes au futur simple à gauche et au futur composé à droite:

Futur simple	Futur composé
Exemple: Студенты **поедут** в Москву.	Студенты **будут ехать** в Москву.
1. Его сестра **не позвонит** нам.	
2.	Я **не буду рисовать** этот пейзаж.
3. Дети **сыграют** в шахматы завтра.	
4.	Мы **будем учить** это стихотворение.
5. Они **построят** дом в следующем году.	
6.	Ты **будешь знать** всю правду о ней.

12. Complétez le dialogue entre la mère et sa fille en mettant les verbes au futur simple ou au futur composé:

Exemple: - Таня, ты прочитала текст?
- Нет, мама, я его ... завтра.

↓

- Таня, ты прочитала текст?
- Нет, мама, я его прочитаю завтра.

Мама: Таня, ты делала уроки?
Таня: Нет, мама, я их ... после обеда.
Мама: Таня, ты уже пообедала?
Таня: Нет, я сейчас ... .
Мама: Таня, ты уже гуляла на улице?
Таня: Нет, я ... потом.
Мама: Таня, ты убрала свою комнату?
Таня: Нет, я ... её вечером.

13. Traduisez:

1. Excusez-moi, je reviendrai dans un jour. 2. Tu as appris une bonne nouvelle de Sacha? - Non, je vais lui téléphoner. 3. Demain Anne restera toute la journée à la maison. 4. Vous voulez du café? - Non, merci, je vais partir. 5. Notre équipe gagnera le premier match de cette année. 6. Vous acceptez notre proposition? - Je vais réfléchir. 7. Quand j'irai à Moscou, je visiterai le Kremlin. 8. Je veux discuter ce problème avec votre père! - D'accord, je vais lui en parler. 9. Ce chaton est très joli, il plaira à Tanya. 10. Cinq minutes de pause! Puis nous allons continuer notre leçon.

VERBE - ГЛАГОЛ

FUTUR - БУДУЩЕЕ ВРЕМЯ

 Corrigés

2.

a) Я... побесе́дую с отцо́м
поблагодарю́ дру́га
возьму́ ключи́
пове́рю его́ слова́м
уви́жу пти́цу
включу́ телеви́зор
верну́ уче́бник
вспо́мню об обеща́нии
вста́ну ра́но у́тром
добью́сь успе́ха
поделю́сь с сестро́й

b) Ты... поговори́шь с учи́телем
пригото́вишь за́втрак
пода́ришь цветы́
сде́лаешь упражне́ние
вы́полнишь зада́ние
вы́учишь слова́
поду́маешь о бра́те
подождёшь подру́гу
пожела́ешь уда́чи
заду́маешься о жи́зни
доберёшься до до́ма

c) Он... найдёт свою́ су́мку
напеча́тает текст
нарису́ет карти́ну
начнёт рабо́ту
пообе́дает в кафе́
объясни́т пра́вило
око́нчит учёбу
опозда́ет на уро́к
пообеща́ет помо́чь
нау́чится писа́ть
пора́дуется за дру́га

d) Она́... отдохнёт на пля́же
отве́тит на вопро́с
отпра́вит посы́лку
победи́т на ко́нкурсе
повтори́т стих
предло́жит рабо́ту
поцелу́ет дочь
постучи́т в дверь
потре́бует свой биле́т
отка́жется от пое́здки
постара́ется прийти́

e) Мы... пригласи́м в го́сти
прове́рим по́чту
продади́м автомоби́ль
продо́лжим учёбу
попро́сим проще́ния
прочита́ем кни́гу
разреши́м войти́
разру́шим мечту́
слома́ем игру́шку
попыта́емся реши́ть пробле́му
познако́мимся с де́вушкой

f) Вы... услы́шите разгово́р
посове́туете блю́до
сравни́те те́ксты
потеря́ете де́ньги
похва́лите студе́нта
поста́вите стул
захоти́те пое́сть
ку́пите газе́ту
покра́сите сте́ну
улыбнётесь дру́гу
сфотографи́руетесь с семьёй

g) Они́... украду́т портмоне́
поигра́ют во дворе́
запи́шут паро́ль
послу́шают му́зыку
полю́бят э́то ме́сто
сохраня́т пода́рок
сыгра́ют в футбо́л
вспо́мнят её и́мя
проверя́т ученико́в
спря́таются за де́ревом
покупа́ются в мо́ре

> Ne confondez pas la forme de l'infinitif des verbes réfléchis qui se terminent par **-ться** et la forme conjuguée des verbes qui se terminent par **-тся**. Comparez les phrases **он нахо́дится** et **он бу́дет находи́ться** où la lettre **ь** marque l'infinitif et dans la forme conjuguée du verbe il n'y en a pas. Comparez aussi: **он стро́ится** et **он бу́дет стро́иться**; **она́ знако́мится** et **она́ бу́дет знако́миться**

VERBE - ГЛАГОЛ FUTUR - БУДУЩЕЕ ВРЕМЯ

3.
1. Мой друг Сергей **будет поступать** в университет в следующем году.
2. Алёна **будет работать** в школе учителем английского.
3. В этом году летом мы **будем отдыхать** на берегу моря.
4. Завтра целый день я **буду смотреть** русские фильмы.
5. Вы **будете ужинать**? - Нет, спасибо, я **буду ждать** мою сестру.
6. Наши ученики **будут участвовать** в международных спортивных соревнованиях.
7. Я **буду звонить** тебе каждый день.
8. Теперь наша семья **будет жить** на севере России.
9. Ты **будешь читать** эту книгу?
10. Следующей весной наш город **будет праздновать** годовщину основания.
11. У меня потерялась кошка. Завтра я **буду искать** её весь день.
12. Вы **будете пить** белое или красное вино? - Я предпочитаю красное.

4.
1. Он **сейчас скажет** тебе всю правду.
2. Мои друзья **сейчас придут** к нам на обед.
3. Дети, мы **сейчас будем учить** с вами стихотворение Пушкина.
4. В каком городе **сейчас будет жить** твоя сестра?
5. Моя дочь **сейчас сыграет** вам на фортепиано.
6. Они собрали все вещи и **сейчас закажут** такси в аэропорт.
7. Здесь жарко, я **сейчас открою** окно.
8. Мы не сможем найти этот адрес на карте, поэтому мы **сейчас попросим** помощи у этого полицейского.
9. Ученики **сейчас будут играть** в шахматы.
10. Моя подруга **сейчас пойдёт** в библиотеку.
11. Это место очень популярное среди туристов и мы **сейчас поедем** туда.
12. Что ты делаешь? - Я **сейчас буду делать** домашнее задание, а потом пойду гулять в парке.
13. Один момент, Саша **сейчас включит** свет.
14. Если хочешь, я **сейчас покажу** мою коллекцию монет.
15. Извините, пожалуйста, мой помощник **сейчас решит** вашу проблему.
16. Это господин Рязанов, он **сейчас объяснит** нам, как пользоваться этим прибором.
17. Я **сейчас буду готовить** завтрак, а тебе нужно умыться и одеться.

5.
1. Ты **собираешься пойти** на вечеринку к Марии?
2. Его родители **собираются вернуться** к семи часам.
3. Мэр города **собирается выступить** перед жителями.
4. Где вы **собираетесь остановиться**?
5. Я **собираюсь купить** новую машину.
6. Наш университет **собирается принимать** участие в футбольных соревнованиях.
7. Эрик и Мишель **собирается выучить** русский язык за один год.
8. В этом году мои друзья **собираются открыть** новый бизнес.

VERBE - ГЛАГОЛ

6. a) 1. Да, я поеду в Испанию этим летом.
2. Да, я выучу слова к этому уроку.
3. Да, я посмотрю фильм "1+1".
4. Да, я посплю несколько часов перед отъездом.
5. Да, я открою дверь.
6. Да, я завершу работу к шести часам.

b) 1. Да, я буду завтракать.
2. Да, я буду читать эту книгу.
3. Да, я буду покупать подарки для детей.
4. Да, я буду купаться в бассейне.
5. Да, я буду слушать музыку по радио.
6. Да, я буду играть в футбол.

c) 1. Я сейчас его сделаю.
2. Я сейчас расскажу вам её.
3. Да, я сейчас принесу вам их.
4. Я сейчас закончу её.
5. Да, я сейчас верну вам её.
6. Да, я сейчас нажму.

d) 1. Да, я собираюсь приехать.
2. Да, я собираюсь поступать.
3. Да, я собираюсь рассказать.
4. Да, я собираюсь пойти.
5. Да, я собираюсь позвонить.
6. Да, я собираюсь принести.

7. 1. Моя собака **не будет кушать** эту еду.
2. Его дом **не построится** в следующем году.
3. Вы **не собираетесь идти** в магазин?
4. Они **не захотят** составить нам компанию.
5. Я **сейчас не буду играть** в шахматы с моим другом.
6. Завтра мы **не будем** целый день **заниматься** в библиотеке.
7. Сегодня **мы не будем праздновать** его день рождения.
8. Я **не спрошу** мою подругу об этой книге.
9. Скажите им, что я **не сейчас вернусь**.
10. Мои коллеги **не собираются отдыхать** на природе.
11. В среду к нам **не приедет** его сестра.
12. Она поняла, что он **не собирается уходить**.
13. Он **не собирается возвращать** мои деньги.
14. Мы **не сейчас поговорим** с ним об этой проблеме.
15. Вы **не расскажете** ему всю правду?
16. Я **не собираюсь просить** у него помощи.

VERBE - ГЛАГОЛ

8.
1. Студенты не **сдадут** экзамен по русскому.
2. Мария не **позвонит** мне сегодня.
3. Мы **попросим** у учителя книгу этого писателя.
4. Мои друзья из Германии **расскажут** мне о Берлине.
5. Мы **напишем** письмо родителям.
6. Девушка **получит** посылку.
7. Они **купят** новые тетради и ручки.
8. Профессор **даст** мне свой словарь.
9. Я быстро **переведу** текст на русский язык.
10. Сергей не **сделает** это упражнение.

9.
1. Нет, я расскажу им завтра.
2. Нет, я объясню ей потом.
3. Нет, я куплю их вечером.
4. Нет, я покажу ему в понедельник.
5. Нет, я сдам их на следующей неделе.
6. Нет, я помогу ей на выходных.
7. Нет, я сообщу им завтра утром.

10.
1. Друг меня пригласит на день рождения. Я куплю ему подарок и поеду. Сначала я сяду в метро, потом пересяду на автобус. Я приеду вовремя. Все друзья будут ждать меня. Мы будем танцевать, петь и весело проводить время. Вернусь я домой поздно, и лягу спать в два часа ночи.

2. В июле все студенты будут сдавать экзамены. В нашей группе студенты сдадут экзамены хорошо. Потом у нас будут каникулы, и мы будем отдыхать один месяц. Мы с друзьями поедем домой. В сентябре мы снова встретимся в университете.

3. В пятницу моя сестра будет выступать на концерте. Она будет петь русские народные песни. Она будет готовиться к концерту заранее, учить слова песен, тренировать голос, репетировать с музыкантами. На концерте она будет волноваться, но выступит замечательно. Ей долго будут аплодировать, а друзья будут поздравлять и дарить цветы. Она будет очень счастлива.

11.	Futur simple	Futur composé
1.	Его сестра **не позвонит** нам.	Его сестра **не будет звонить** нам.
2.	Я **не нарисую** этот пейзаж.	Я **не буду рисовать** этот пейзаж.
3.	Дети **сыграют** в шахматы завтра.	Дети **будут играть** в шахматы завтра.
4.	Мы **выучим** это стихотворение.	Мы **будем учить** это стихотворение.
5.	Они **построят** дом в следующем году.	Они будут строить дом в следующем году.
6.	Ты **узнаешь** всю правду о ней.	Ты **будешь знать** всю правду о ней.

12. Мама: Таня, ты делала уроки?
Таня: Нет, мама, я их **сделаю (буду делать)** после обеда.
Мама: Таня, ты уже пообедала?
Таня: Нет, я сейчас **пообедаю (буду обедать)**.
Мама: Таня, ты уже гуляла на улице?
Таня: Нет, я **погуляю (буду гулять)** потом.
Мама: Таня, ты убрала свою комнату?
Таня: Нет, я **уберу (буду убирать)** её вечером.

13. 1. Извините меня, я вернусь через день. 2. Ты узнал хорошую новость от Саши? - Нет, я сейчас ему позвоню. 3. Завтра Анна будет весь день дома (останется дома на весь день). 4. Вы хотите кофе? - Нет, спасибо, я сейчас уйду. 5. Наша команда выиграет первый матч этого года. 6. Вы принимаете наше предложение? - Я подумаю (сейчас подумаю). 7. Когда я поеду в Москву, я посещу Кремль (схожу в Кремль). 8. Я хочу обсудить эту проблему с вашим отцом! - Хорошо, я с ним сейчас поговорю. 9. Этот котёнок очень красивый, он понравится Тане. 10. Перерыв пять минут! Затем мы продолжим наш урок.

IMPÉRATIF
ПОВЕЛИТЕЛЬНОЕ НАКЛОНЕНИЕ

L'impératif exprime une volonté, un ordre ou interdiction. On distingue deux formes de l'impératif: simple et composée.

FORME SIMPLE

Avant de former l'impératif il faut conjuguer le verbe **à la 3e personne du pluriel** au présent (verbes imperfectifs) ou au futur (verbes perfectifs). Si la base verbale du verbe conjugué…

verbes non réfléchis

… se termine par une voyelle, l'impératif se forme à l'aide du suffixe **-й** pour le singulier et **-йте** pour le pluriel.

читáть → читáй — *lis*
они́ читáют → читáйте — *lisez*

рисовáть → рису́й — *dessine*
они́ рису́ют → рису́йте — *dessinez*

verbes non réfléchis

… se termine par une consonne, l'impératif se forme à l'aide du suffixe **-и** pour le singulier et **-ите** pour le pluriel.

посмотрéть → посмотри́ — *regarde*
они́ посмо́трят → посмотри́те — *regardez*

ходи́ть → ходи́ — *marche*
они́ хо́дят → ходи́те — *marchez*

verbes réfléchis

… se termine par une voyelle, l'impératif se forme à l'aide du suffixe **-йся** pour le singulier et **-йтесь** pour le pluriel.

купáться → купáйся — *baigne-toi*
они́ купáются → купáйтесь — *baignez-vous*

verbes réfléchis

… se termine par une consonne, l'impératif se forme à l'aide du suffixe **-ись** pour le singulier et **-итесь** pour le pluriel.

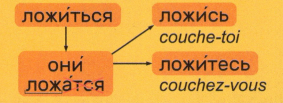

ложи́ться → ложи́сь — *couche-toi*
они́ ложáтся → ложи́тесь — *couchez-vous*

Attention! Certains verbes qui se terminent par **-вить** ont le suffixe **-ь** pour le singulier et le suffixe **-ьте** pour le pluriel. Voilà quelques-uns: гото́вить - гото́вь, гото́вьте; пригото́вить - пригото́вь, пригото́вьте; стáвить - ставь, ставьте; избáвить - избáвь, избáвьте; прáвить - правь, прáвьте; испрáвить - испрáвь, испрáвьте; прибáвить - прибáвь, прибáвьте; поздрáвить - поздрáвь, поздрáвьте; заправить - заправь, заправьте.

VERBE - ГЛАГОЛ

IMPÉRATIF - ПОВЕЛИТЕЛЬНОЕ НАКЛОНЕНИЕ

Où mettre l'accent dans l'impératif?

En général l'accent dans l'impératif est placé sur la même syllabe que dans l'infinitif du verbe: проси́ть - проси́, проси́те; ду́мать - ду́май, ду́майте; разреша́ть - разреши́, разреши́те; сади́ться - сади́сь, сади́тесь; одева́ться - одева́йся, одева́йтесь.

Quel aspect du verbe faut-il employer?

L'impératif formé à partir de l'aspect imperfectif du verbe marque la périodicité ou la durée de l'action et exprime souvent une demande ou une recommandation. Tandis que l'impératif formé à partir de l'aspect perfectif marque une action unique et exprime un ordre. Comparez:

> Пиши́те слова́ пра́вильно!
> **Écrivez les mots correctement!** (*c'est-à-dire il faut toujours écrire les mots correctement, la phrase exprime une demande, un conseil ou une recommandation*)

> Напиши́те слова́ пра́вильно!
> **Écrivez les mots correctement!** (*on veut dire qu'il faut écrire les mots correctement dans un moment donné, la phrase exprime un ordre*)

Retenez quelques verbes qui ont l'impératif irrégulier:

дава́ть* - дава́й, дава́йте
есть - ешь, е́шьте
надое́сть - надое́шь, надое́шьте
пить - пей, пе́йте
бить - бей, бе́йте
е́хать - едь, е́дьте
пое́хать - поезжа́й, поезжа́йте
лить - лей, ле́йте
быть - будь, бу́дьте
шить - шей, ше́йте

* On garde toujours le suffixe **-ва-** dans les verbes qui ont le radical **да-**, **ста-** ou **зна-**. Par exemple: отдава́ть - отдава́й, отдава́йте; узнава́ть - узнава́й, узнава́йте; встава́ть - встава́й, встава́йте.

Comment former la forme négative de l'impératif?

La forme négative se forme à l'aide de la particule **не** qui se place devant le verbe à l'impératif: смотре́ть - не смотри́, не смотри́те; идти́ - не иди́, не иди́те; смея́ться - не сме́йся, не сме́йтесь.

Pour renforcer la prière on peut utiliser les expressions будь добр (добра́) / бу́дьте добры́; будь любе́зен (любе́зна) / бу́дьте любе́зны:

> Бу́дьте добры́, расскажи́те э́ту исто́рию.
> *Racontez-moi cette histoire, s'il vous plaît.*

> Та́ня, будь любе́зна, принеси́ стул.
> *Tania, apporte une chaise, s'il te plaît.*

L'impératif ne peut pas être formé à partir des verbes suivants:

1. <u>verbes impersonnels</u>: света́ть (*faire jour*), светле́ть (*faire jour*), нездоро́виться (*ne pas se sentir bien*), смерка́ться (*faire sombre*);
2. <u>verbes de perception à l'aspect imperfectif</u>: ви́деть (*voir*), слы́шать (*entendre*);
3. <u>verbes qui désignent l'état</u>: недомога́ть (*ne pas se sentir bien*), зя́бнуть (*avoir froid*), гнить (*pourrir*), сто́ить (*coûter, valoir*);
4. <u>verbes modaux</u>: мочь (*pouvoir*), хоте́ть (*vouloir*).

Retenez encore deux formes simples qui expriment l'impératif:

① A l'aide de l'infinitif du verbe prononcé d'un ton ordonné:

Встать! - Debout!
Сесть! - Assis!
Лежа́ть! - Couché!
Разойти́сь! - Rompez les rangs!

En général ce type de l'impératif est utilisé par les militaires dans l'armée et par les dresseurs d'animaux.

② A l'aide du verbe au passé à la 1re personne du pluriel. Cette forme est propre au langage familier et ne s'applique qu'aux verbes пойти́, полете́ть et пое́хать:

Пошли́ в кино́!
- Allons au cinéma!
Пое́хали в Мадри́д!
- Allons à Madrid!
Полете́ли в Рим!
- Allons à Rome!

VERBE - ГЛАГОЛ

IMPÉRATIF - ПОВЕЛИТЕЛЬНОЕ НАКЛОНЕНИЕ

FORME COMPOSÉE

Dans la forme composée de l'impératif on utilise les mots **да**, **пусть** (**пуска́й** familier), **дава́й** (lorsqu'on se tutoie) / **дава́йте** (lorsqu'on se vouvoie ou s'adresse à un groupe de personnes) et le verbe. Grâce à cette forme on peut exprimer l'impératif à la 1re personne du pluriel et 3e personne du singulier et du pluriel.

Les mots **да**, **пусть** et **пуска́й** s'emploient avec le verbe au présent (si l'action souhaitée doit se passer au moment où on en parle) ou au futur (si l'action souhaitée doit se passer à l'avenir) à la 3e personne du singulier ou du pluriel. Cependant le pronom peut être utilisé ou non:

Пусть чита́ет ска́зку. =
Пусть он чита́ет ска́зку.
Qu'il lise le conte.

Пусть принесу́т цветы́. =
Пусть они́ принесу́т цветы́.
Qu'ils apportent les fleurs.

Пуска́й захо́дит. =
Пуска́й она́ захо́дит.
Qu'elle entre.

Да здра́вствует коро́ль!
Vive le roi!

Les mots **дава́й** / **дава́йте** s'emploient avec l'infinitif du verbe à l'aspect imperfectif (si l'action souhaitée doit se passer tout le temps ou au moment où on en parle) ou avec le verbe au futur à la 1re personne du pluriel (si l'action souhaitée doit se passer au futur). En ce cas le pronom est souvent omis:

Дава́й схо́дим в кино́!
Allons au cinéma!

Дава́йте позвони́м ей!
Téléphonons-lui!

Дава́й игра́ть в футбо́л!
Jouons au foot!

Le mot **дава́й** / **дава́йте** peut être employé indépendamment ou accompagné de la forme simple de l'impératif. En ce cas le mot **дава́й** / **дава́йте** incite à l'action:
Дава́й, пое́хали! - *Allez, on y va!*
Дава́йте, начина́йте! - *Allez, commencez!*

Voilà le tableau récapitulait de l'impératif russe

Comment exprimer un ordre ou une défense en russe?

		singulier	pluriel
ORDRE	1re personne	—	Ви́ктор не мо́жет сде́лать упражне́ние. **Дава́йте помо́жем** ему́!
	2e personne	Ви́ктор не мо́жет сде́лать упражне́ние. **Помоги́** ему́!	Ви́ктор не мо́жет сде́лать упражне́ние. **Помоги́те** ему́!
	3e personne	Ви́ктор не мо́жет сде́лать упражне́ние. **Пусть он помо́жет** ему́!	Ви́ктор не мо́жет сде́лать упражне́ние. **Пусть они́ помо́гут** ему́!
DÉFENSE	1re personne	—	Ви́ктор не мо́жет сде́лать упражне́ние. **Дава́йте не бу́дем помога́ть** ему́!
	2e personne	Ви́ктор не мо́жет сде́лать упражне́ние. **Не помога́й** ему́!	Ви́ктор не мо́жет сде́лать упражне́ние. **Не помога́йте** ему́!
	3e personne	Ви́ктор не мо́жет сде́лать упражне́ние. **Пусть он не помога́ет** ему́!	Ви́ктор не мо́жет сде́лать упражне́ние. **Пусть они́ не помога́ют** ему́!

VERBE - ГЛАГОЛ

IMPÉRATIF - ПОВЕЛИТЕЛЬНОЕ НАКЛОНЕНИЕ

 Exercices et explications

1. Ouvrez les parenthèses en formant l'impératif:

a) forme positive:
1. Андрей, (спросить) у брата, будет ли он кушать.
2. Дети, (открыть) тетради и (сделать) упражнение №5.
3. Здравствуйте! (Взять), пожалуйста, эту брошюру.
4. Папа, (купить) мне вот эту игрушку.
5. Если вы не знаете, что делать, (посоветоваться) с вашими родителями.
6. Вы можете опоздать на самолет. (Поспешить)!
7. Саша, сегодня играет "Реал Мадрид"! (Включить) телевизор.
8. Тебе нужно быстрее бегать. (Тренироваться) больше!
9. Лена, прежде, чем пойти в школу, (выпить) молоко и (съесть) булочку.

b) forme négative:
1. Вы живёте в опасном районе, не (ходить) ночью на улице.
2. Дима, это неинтересный фильм. Не (смотреть) его.
3. Господин Титов, не (отправлять) письмо директору.
4. Надо позвонить моим родителям. Пусть они не (беспокоиться) за меня.
5. Скажите Игорю Ивановичу, пусть не (заходить) в мой кабинет.
6. Друзья мои! Давайте не (ссориться)!
7. Маша, не (подходить) к собаке!
8. Передайте Олегу, пусть он не (редактировать) статью.
9. Вера Ивановна, не (перебивать) свою коллегу.

 Faites attention à ce que la forme négative de l'impératif à la 1re personne du pluriel se forme avec le verbe "**быть**" conjugué au futur + l'infinitif du verbe. Observez:

Давайте посмо́трим кино́. ➡ Дава́йте не бу́дем смотре́ть кино́.

Дава́йте остано́вимся в э́той гости́нице.
↪ Дава́йте не бу́дем остана́вливаться в э́той гости́нице.

Дава́йте гуля́ть в па́рке. ➡ Дава́йте не бу́дем игра́ть в па́рке.

2. Ouvrez les parenthèses en traduisant les mots en russe:

1. Роман Георгиевич, (lisez) ваш доклад, пожалуйста.
2. (Ne mange pas) много конфет, это вредно.
3. (Coupe) хлеб ножом.
4. Аня, осторожно, (ne renverse pas) молоко!
5. Женя, на улице сильный ветер, (ferme) окно.
6. Сегодня жарко! (Allons) на пляж!
7. Если вы не знаете, когда прибывает поезд, (adressez-vous) в справочную.
8. (Ne regardons pas) этот фильм, он неинтересный.
9. Саша, (prenons une photo) возле этого памятника.

VERBE - ГЛАГОЛ

IMPÉRATIF - ПОВЕЛИТЕЛЬНОЕ НАКЛОНЕНИЕ

3. Observez l'emploi des aspects de verbes dans l'impératif. Comparez le sens exprimé par les phrases russes et françaises:

Чтобы хорошо выучить русский язык **читайте** много книг, **учите** грамматические правила, **повторяйте** каждый день слова. **Не берите** слишком сложные книги, **начните** с лёгких. **Слушайте** русскую речь, **повторяйте** звуки за носителями языка. **Повторите** несколько раз одну и ту же фразу, чтобы чётко воспроизвести все звуки. **Учите** слова систематически: сегодня **выучите** десять слов, завтра **выучите** десять слов. Если бы будете каждый день учить слова, то через год вы сможете свободно говорить по-русски. Но самое главное - **делайте** всегда домашнее задание и не **пропускайте** занятия.

Pour bien apprendre le russe, **lisez** beaucoup de livres, **apprenez** les règles de grammaire, **révisez** les mots chaque jour. **Ne prenez pas** de livres trop difficiles, **commencez** par des livres faciles. **Écoutez** le discours en russe, **répétez** les sons après les locuteurs natifs. **Répétez** quelques fois la même phrase pour bien prononcer tous les sons. **Apprenez** les mots régulièrement: aujourd'hui **apprenez** dix mots, demain **apprenez** dix mots. Si vous apprenez les mots chaque jour, dans un an vous pourrez parler couramment le russe. Mais le principal: **faites** toujours le devoir et **ne manquez pas** les cours.

4. Préparez les crêpes avec Alina. Aidez-la à écrire la recette en mettant les verbes à la 2e personne du pluriel à l'impératif:

Взять 3 яйца, 1 столовую ложку сахара, 1 чайную ложку соли, 500 миллилитров молока, 280 грамм муки, 3 столовой ложки растительного масла. **Взбить** яйца с сахаром и солью. **Влить** половину молока и **перемешать**. **Просеять** муку и **добавить** её в яично-молочную смесь. **Добавить** другую половину молока и растительное масло. Тщательно **перемешать** и **оставить** на 15 минут. **Нагреть** сковороду, **смазать** растительным маслом и **пожарить** блины. **Подать** на стол со сливочным маслом или сметаной.

5. Observez l'emploi des formes positives et négatives de différents aspects de verbes:

1. Подожди меня, пожалуйста! → Не жди меня.
   Жди меня на остановке.
2. Расскажи нам о себе. → Не рассказывай им об этом.
   Рассказывай медленно.
3. Поставь книги на полку. → Не ставь книги на полку.
   Ставь, пожалуйста, аккуратнее.
4. Вставай, пора ехать. → Не вставай, ещё рано.
   Встань завтра пораньше.

VERBE - ГЛАГОЛ

IMPÉRATIF - ПОВЕЛИТЕЛЬНОЕ НАКЛОНЕНИЕ

✓ Corrigés

1.
a) forme positive:
1. спроси
2. откройте, сделайте
3. возьмите
4. купи
5. посоветуйтесь
6. поспешите
7. включи
8. тренируйся
9. выпей, съешь

b) forme négative:
1. не ходите
2. не смотри его
3. не отправляйте
4. не беспокоятся
5. не заходит
6. не будем ссориться
7. не подходи
8. не редактирует
9. не перебивайте.

2.
1. читайте/прочитайте
2. не ешь/не кушай
3. режь/порежь/разрежь
4. не пролей
5. закрой
6. пойдём/пошли/идём
7. обратитесь
8. не будем смотреть
9. давай сфотографируемся

4. **Возьмите** 3 яйца, 1 столовую ложку сахара, 1 чайную ложку соли, 500 миллилитров молока, 280 грамм муки, 3 столовой ложки растительного масла. **Взбейте** яйца с сахаром и солью. **Влейте** половину молока и **перемешайте**. **Просейте** муку и **добавьте** её в яично-молочную смесь. **Добавьте** другую половину молока и растительное масло. Тщательно **перемешайте** и **оставьте** на 15 минут. **Нагрейте** сковороду, **смажьте** растительным маслом и **пожарьте** блины. **Подайте** на стол со сливочным маслом или сметаной.

Parfois, la 2e personne du pluriel au présent ou au futur correspond à la 2e personne du pluriel à l'impératif:

Вы пригласи́те свои́х друзе́й? → Пригласи́те свои́х друзе́й!
Inviterez-vous vos amis? *Invitez vos amis!*

Dans certains cas l'accent se déplace à l'impératif:

Ско́лько вы пла́тите за кварти́ру? → Плати́те за кварти́ру.
Combien payez-vous le loyer? *Payez le loyer.*

Како́й суп вы ва́рите? → Вари́те лу́ковый суп.
Quelle soupe préparez-vous? *Préparez la soupe d'oignon.*

CONDITIONNEL
УСЛОВНОЕ НАКЛОНЕНИЕ

Le conditionnel en russe exprime une action désirée ou possible, une action qui aura lieu à condition qu'une autre action ait pu avoir lieu avant. Il n'a qu'une seule forme.

FORMATION

verbe au passé + бы

Pour conjuguer le verbe au conditionnel il ne faut que le conjuguer au passé en ajoutant la particule **бы**. Celle-ci peut se trouver devant ou après le verbe sans modifier le sens de l'énoncé. Si dans la phrase il y a les mots **хоть** ou **если**, la particule **бы** est souvent placée après ces mots.

СМОТРЕ́ТЬ (aspect imperfectif)

я смотре́л(а) бы
ты смотре́л(а) бы
он смотре́л бы   мы смотре́ли бы
она́ смотре́ла бы   вы смотре́ли бы
оно́ смотре́ло бы   они́ смотре́ли бы

ПОСМОТРЕ́ТЬ (aspect perfectif)

я посмотре́л(а) бы
ты посмотре́л(а) бы
он посмотре́л бы   мы посмотре́ли бы
она́ посмотре́ла бы   вы посмотре́ли бы
оно́ посмотре́ло бы   они́ посмотре́ли бы

Мы посмотре́ли бы кино́ сего́дня. =
Мы бы посмотре́ли кино́ сего́дня.
Nous regarderions un film aujourd'hui.

Хоть бы сего́дня пошёл дождь.
Si seulement il pleuvait aujourd'hui.

Е́сли бы он купи́л биле́ты, мы сходи́ли бы в музе́й.
S'il avait acheté des tickets, nous serions allés au musée.

Où utiliser le conditionnel?

1 Dans les phrases où on exprime une hypothèse, une condition qui influence sur le résultat d'une autre action. Retenez deux particularités essentielles de formation des phrases hypothétiques:
- dans la condition on met toujours la particule **бы** après le mot **если**;
- toutes les deux parties de la phrase (la condition et l'hypothèse) sont au conditionnel.

Е́сли бы у меня́ бы́ли де́ньги, я бы купи́л э́ту маши́ну.
Si j'avais de l'argent, j'achèterais cette voiture.

Он пришёл бы к нам, е́сли бы не заболе́л.
Il viendrait chez nous, s'il n'était pas malade.

Она́ бы уе́хала из Росси́и, е́сли бы ей да́ли ви́зу.
Elle aurait quitté la Russie, si on lui avait accordé le visa.

2 Dans les phrases où on exprime une information incertaine ou non confirmée:

Мой брат был бы лу́чшим ученико́м в кла́ссе.
Mon frère serait le meilleur élève dans sa classe.

Э́та кома́нда сыгра́ла бы лу́чше.
Cette équipe aurait mieux joué.

3 Dans les phrases où on exprime un souhait, un conseil, un regret:

Я погуля́л бы ве́чером в па́рке.
Je me promènerais au parc le soir.

Ты бы вы́учил все пра́вила по грамма́тике.
Tu devrais étudier toutes les règles de grammaire.

4 Dans les formes de politesse (dans les questions on utilise souvent la particule **не**):

Не могли́ бы вы откры́ть дверь?
Pourriez-vous ouvrir la porte.

Не хоте́ли бы вы помо́чь своему́ бра́ту?
Aimeriez-vous aider votre frère?

VERBE - ГЛАГОЛ
CONDITIONNEL - УСЛОВНОЕ НАКЛОНЕНИЕ

> **Exercices et explications**

1. Transformez les phrases en utilisant le conditionnel:
1. Мои родители хотели приехать на выходных.
2. Их команда не выиграла в этом матче.
3. Он поступит в университет в следующем году.
4. Друзья подарят мне на день рождения мою любимую книгу.
5. Сегодня он проснулся в 6 часов.
6. Саша и Дима тренируются каждый день.
7. Мальчики катаются во дворе на велосипедах.
8. Он повесил в своей комнате красивую картину.
9. В субботу мы с сестрой поедем в горы.

La particule **бы** peut être utilisée avec les mots **надо**, **нужно** et les groupes de mots **надо было**, **нужно было**, **можно было**, **нельзя было**. Alors la particule **бы** est toujours écrite après ces mots / ces groupes de mots:

Мне на́до сде́лать уро́ки. ➡ Мне на́до <u>бы</u> сде́лать уро́ки.
Il me faut faire mon devoir. *Il me faudrait faire mon devoir.*

Нам мо́жно бы́ло там оста́ться. ➡ Нам мо́жно бы́ло <u>бы</u> там оста́ться.
Nous pouvions y rester. *Nous aurions pu y rester.*

---

2. Transformez les phrases en utilisant le conditionnel:
1. Тебе надо сходить к врачу.
2. Вашему отцу нужно обратиться к хорошему юристу.
3. Им можно было купить билеты на 15 сентября.
4. Без идей нельзя было построить прибыльный бизнес.
5. Нам надо было зайти к другу, поэтому мы остановились.

3. Traduisez en russe:
1. Elle aimerait bien faire un voyage cet été.
2. Si j'étais le Président, alors je baisserais les impôts.
3. Je te donnerais mon livre, mais j'en ai besoin moi-même.
4. Si j'avais le temps, je lirais tous les livres de ma bibliothèque.
5. Nous voudrions une chambre pour deux personnes.
6. Si tu avais étudié, tu aurais réussi l'examen.
7. Pourriez-vous appeler un taxi? Je pars.
8. Mes parents souhaiteraient acheter quelques plantes pour leur jardin.
9. Sans mon agenda, j'oublierais tous mes rendez-vous.
10. Nous allumerions bien le feu, mais il n'y a plus de bois.
11. S'il apprenait le russe, il pourrait parler à ce monsieur.
12. Avec qui aimeriez-vous faire connaissance?

VERBE - ГЛАГОЛ

CONDITIONNEL - УСЛОВНОЕ НАКЛОНЕНИЕ

✓ Corrigés

1.
1. Мои родители **хотели бы** приехать на выходных.
2. Их команда не **выиграла бы** в этом матче.
3. Он **поступил бы** в университет в следующем году.
4. Друзья **подарили бы** мне на день рождения мою любимую книгу.
5. Сегодня он **проснулся бы** в 6 часов.
6. Саша и Дима **тренировались бы** каждый день.
7. Мальчики **катались бы** во дворе на велосипедах.
8. Он **повесил бы** в своей комнате красивую картину.
9. В субботу мы с сестрой **поехали бы** в горы.

2.
1. Тебе **надо бы** сходить к врачу.
2. Вашему отцу **нужно бы** обратиться к хорошему юристу.
3. Им **можно было бы** купить билеты на 15 сентября.
4. Без идей **нельзя было бы** построить прибыльный бизнес.
5. Нам **надо было бы** зайти к другу, поэтому мы остановились.

3.
1. Она очень хотела бы путешествовать этим летом.
2. Если бы я был президентом, то понизил бы налоги.
3. Я бы тебе дал книгу, но она мне нужна самому.
4. Если бы у меня было время, я бы прочитал все книги в своей библиотеке.
5. Мы хотели бы двухместный номер.
6. Если бы ты учился, ты сдал бы экзамен.
7. Не могли бы вы вызвать такси? Я уезжаю.
8. Мои родители хотели бы купить несколько растений для сада.
9. Без ежедневника я бы забыл все свои встречи.
10. Мы развели бы костёр, но дров больше нет.
11. Если бы он учил русский, он смог бы поговорить с этим господином.
12. С кем вы хотели бы познакомиться?

La particule **бы** a la forme courte **б** qu'on peut utiliser après les mots se terminant par une voyelle pour raccourcir la parole.

Если бы у меня было много денег! → Если б у меня было много денег!
Si j'avais beaucoup d'argent !

Было бы хорошо, если бы ты остался. → Было б хорошо, если б ты остался.
Ce serait bien, si tu restais.

PARTICIPE PRÉSENT ACTIF
ДЕЙСТВИТЕЛЬНОЕ ПРИЧАСТИЕ НАСТОЯЩЕГО ВРЕМЕНИ

Le participe présent actif caractérise un objet qui produit une action au présent. Dans la phrase il joue le rôle de l'adjectif, c'est pourquoi il s'accorde en genre, en nombre et en cas avec le nom.

Attention!!! Le participe présent actif ne peut être formé qu'à partir des **verbes imperfectifs**!!!

FORMATION

le radical du verbe à la 3e personne du pluriel du présent
+
ащ ou ящ ou ущ ou ющ
+
-ий pour le masculin singulier
-ая pour le féminin singulier
-ее pour le neutre singulier
-ие pour le pluriel de tous les genres

Pour former le participe présent actif il faut conjuguer le verbe à la 3e personne du pluriel du présent et supprimer la terminaison du verbe avec le suffixe. Puis à cette forme on ajoute l'un des suffixes avec la voyelle, celle qu'on utilise dans la 3e personne du pluriel du présent, et l'une des terminaisons de l'adjectif. Comme le participe présent joue le rôle de l'adjectif, il est indispensable de l'accorder avec le nom en modifiant la terminaison.

СМОТРЕ́ТЬ (aspect imperfectif)
они́ смо́тр**ят** → смотр**я́щий** / смотр**я́щая** / смотр**я́щее** / смотр**я́щие**

СПАСА́ТЬ (aspect imperfectif)
они́ спаса́**ют** → спаса́**ющий** / спаса́**ющая** / спаса́**ющее** / спаса́**ющие**

ЖИТЬ
они́ живу́т → живу́**щий** в Ло́ндоне
Я написа́л письмо́ дру́гу, живу́**щему** в Ло́ндоне.
J'ai écrit une lettre à mon ami qui vit à Londres.

ПРИНОСИ́ТЬ
они́ прино́сят → принося́**щий** по́чту
Она́ влюби́лась в па́рня, принося́**щего** по́чту.
Elle est tombée amoureuse du jeune homme qui apporte le courrier.

Pour former le participe présent actif à partir du verbe réfléchi il faut suivre la règle de la formation du participe présent actif à partir du verbe non réfléchi en ajoutant la terminaison **-ся** à la fin du verbe.

Attention!!! Dans la déclinaison du participe présent actif du verbe réfléchi on ne modifie que la terminaison **-ий-/-ая-/-ее-/-ие-**, sans modifiant la terminaison **-ся** (appelé souvent postfixe).

СМЕЯ́ТЬСЯ (aspect imperfectif)
смею́щийся / смею́щаяся / смею́щееся / смею́щиеся
↓
они́ смею́тся

КУПА́ТЬСЯ
они́ купа́ются → купа́ющиеся де́ти
Роди́тели следя́т за купа́ющимися детьми́.
Les parents surveillent les enfants qui se baignent.

ПАСТИ́СЬ (aspect imperfectif)
пасу́щийся / пасу́щаяся / пасу́щееся / пасу́щиеся
↓
они́ пасу́тся

ПАСТИ́СЬ
они́ пасу́тся → пасу́щаяся ло́шадь
Я нарисова́л пасу́щуюся на лугу́ ло́шадь.
J'ai dessiné un cheval qui paissent dans la prairie.

PARTICIPE PRÉSENT PASSIF
СТРАДАТЕЛЬНОЕ ПРИЧАСТИЕ НАСТОЯЩЕГО ВРЕМЕНИ

Le participe présent passif caractérise un objet qui subit une action produite par un autre objet au moment où on en parle. Il joue le rôle de l'adjectif et s'accorde en genre, en nombre et en cas avec le nom.

Attention!!! Le participe présent passif ne peut être formé qu'à partir des **verbes transitifs imperfectifs**!!! Il y a des verbes qui ne peuvent pas former le participe présent passif.

FORMATION

le verbe à la 1re personne du pluriel du présent +

- **-ый** pour le masculin singulier
- **-ая** pour le féminin singulier
- **-ое** pour le neutre singulier
- **-ые** pour le pluriel de tous les genres

Pour former le participe présent passif il faut conjuguer le verbe au présent à la 1re personne du pluriel et ajouter l'une des terminaisons de l'adjectif. Comme le participe présent joue le rôle de l'adjectif, il est indispensable de l'accorder avec le nom en modifiant la terminaison.

ДЕ́ЛАТЬ (transitif imperfectif) → мы де́лаем
- де́лаемый
- де́лаемая
- де́лаемое
- де́лаемые

ЧИТА́ТЬ
мы чита́ем → чита́емый
Кни́га э́того писа́теля са́мая чита́емая в ми́ре.
Le livre de cet écrivain est le plus lu au monde entier.

СПАСА́ТЬ (transitif imperfectif) → мы спаса́ем
- спаса́емый
- спаса́емая
- спаса́емое
- спаса́емые

ПОКУПА́ТЬ
мы покупа́ем → покупа́емый
Не забыва́йте покупа́емые това́ры на ка́ссе.
N'oubliez pas les produits achetés à la caisse.

! Le participe présent passif ne peut pas être formé à partir des verbes réfléchis, puisque ceux-ci sont toujours intransitifs.

Voilà quelques verbes transitifs imperfectifs qui n'ont pas de participe présent passif:

печь (cuire), жать (presser), брить (raser), ждать (attendre), брать (prendre), мять (froisser), писа́ть (écrire), тере́ть (frotter), пить (boire), петь (chanter), коло́ть (piquer), моло́ть (moudre), ста́вить (mettre), по́мнить (se rappeler), шить (coudre), мести́ (balayer)

Certains verbes ont une formation irrégulière de participe présent passif. Retenez quelques-uns:

влечь (entraîner) - влеко́мый
влеко́мый тече́нием - *entraîné par le courant*

вести́ (mener, guider) - ведо́мый
ведо́мый звёздами - *guidé par les étoiles*

нести́ (porter) - несо́мый
несо́мый им крест - *la croix qu'il porte*

задава́ть (poser) - задава́емый
ча́сто задава́емые вопро́сы - *questions fréquemment posées*

дава́ть (donner) - дава́емый
дава́емое обеща́ние - *une promesse donnée*

VERBE - ГЛАГОЛ

La particule négative **НЕ** et le participe présent

*Notez, quand la particule **не** est écrite ensemble et séparément*

- En général la particule négative **не** est écrite séparément du participe présent, s'il y a un complément:

  Она́ знако́мится с мужчи́нами, не име́ющими <u>вре́дных привы́чек</u>.
  Elle fait la connaissance des hommes qui n'ont pas de mauvaises habitudes.

  Не зна́ющие <u>своего́ про́шлого</u> лю́ди не зна́ют своё бу́дущее.
  Les gens qui ne savent pas leur passé ne savent pas leur avenir.

- Si le participe présent n'a pas de complément à côté, la particule **не** est écrite en un seul mot:

  Неве́жды - э́то незна́ющие лю́ди.
  Les ignares sont des gens ignorants.

  - Si le participe présent est accompagné d'un mot négatif (**никто́, нигде́, ничто́, никогда́, никого́** etc.), la particule **не** est écrite séparément:

    Неве́жды - э́то <u>ничего́</u> не зна́ющие лю́ди.
    Les ignares sont des gens qui ignorent tout.

  - Alors, si le participe présent a un complément à côté, la particule **не** est séparée.

    Неве́жды - э́то лю́ди, не зна́ющие <u>что́-либо</u>.
    Les ignares sont des gens qui ne savent pas quelque chose.

- Si la particule **не** fait partie du verbe et ne peut pas être séparée (par.ex., **ненави́деть, негодова́ть, недоумева́ть, невзлюби́ть**), elle est écrite en un seul mot:

  Она́ до́лго ещё стоя́ла с <u>недоумева́ющим</u> взгля́дом.
  Elle est restée encore longtemps avec un regard étonné.

  Никто́ не лю́бит на́шего мэ́ра, <u>ненави́дящего</u> всех мигра́нтов.
  Personne n'aime notre maire qui déteste tous les immigrants.

- La particule **не** est écrite toujours en un seul mot, s'il y a un mot qui renforce le sens du participe présent, mais il n'y a pas de complément à côté:

  Э́то вызыва́ет <u>по́лностью</u> неуправля́емый рост кле́ток.
  Cela entraîne un développement absolument incontrôlable de cellules.

  - Par ailleurs, si le participe présent est précédé par la locution **далеко́ не..., отню́дь не..., ниско́лько не...** ou **во́все не...**, la particule **не** est séparée.

    Э́то вызыва́ет <u>во́все не</u> управля́емый рост кле́ток.
    Cela n'entraîne pas du tout un développement incontrôlable de cellules.

VERBE - ГЛАГОЛ — PARTICIPE - ПРИЧАСТИЕ

Exercices et explications

1. Observez la formation du participe présent actif:

1. Мы слушаем Лену, которая **рассказывает** нам интересную историю.
   Мы слушаем Лену, **рассказывающую** нам интересную историю.
2. Папа, купи мне попугая, который **умеет** говорить.
   Папа, купи мне попугая, **умеющего** говорить.
3. Я познакомился с блогером, который **снимает** смешные видеоролики.
   Я познакомился с блогером, **снимающим** смешные видеоролики.
4. Окулист - это врач, который **лечит** зрение пациентов.
   Окулист - это врач, **лечащий** зрение пациентов.
5. Они посетили музей, который **находится** в центре Сочи.
   Они посетили музей, **находящийся** в центре Сочи.
6. У вас есть мастер, который **может** починить мою машину?
   У вас есть мастер, **могущий** починить мою машину?
7. Во дворе играют дети, которые громко **смеются**.
   Во дворе играют громко **смеющиеся** дети.
8. Загорелся зелёный сигнал светофора, который **разрешает** перейти дорогу.
   Загорелся зелёный сигнал светофора, **разрешающий** перейти дорогу.
9. В нашем городе много магазинов, который **открываются** в 6 часов утра.
   В нашем городе много магазинов, **открывающихся** в 6 часов утра.
10. У меня есть друг, который **знает** десять иностранных языков.
    У меня есть друг, **знающий** десять иностранных языков.

En général le participe présent actif est devant le nom qu'il caractérise:

Студе́нты слу́шают выступа́ющего профе́ссора.
Les étudiants écoutent le professeur qui parle.

Это са́мая продава́емая компью́терная игра́ 2020 го́да.
C'est le jeu PC le plus vendu en 2020.

Pourtant, si le participe présent actif ou passif a un complément, il peut être placé après le nom qu'il caractérise (style neutre) ou devant le nom (style officiel):

Студе́нты слу́шают профе́ссора, выступа́ющего с докла́дом. *Les étudiants écoutent le professeur qui présente son exposé. / Les étudiants écoutent le professeur présentant son exposé.*	Студе́нты слу́шают выступа́ющего с докла́дом профе́ссора. *Les étudiants écoutent le professeur qui présente son exposé. / Les étudiants écoutent le professeur présentant son exposé.*
В на́шем рестора́не отли́чный се́рвис, предоставля́емый клие́нтам. *Le service de notre restaurant qu'on offre à nos clients est le meilleur.*	В на́шем рестора́не отли́чный предоставля́емый клие́нтам се́рвис. *Notre restaurant offre le meilleur service aux clients.*

VERBE - ГЛАГОЛ

PARTICIPE - ПРИЧАСТИЕ

2. Ouvrez les parenthèses en formant le participe présent actif ou passif. N'oubliez pas d'accorder les participes:

participe présent actif

1. Lancet - это журнал, (публиковать) научные статьи.
2. Это господин Титов, мой (лечить) врач.
3. Женщина успокаивает (кричать) ребёнка.
4. Женя пригласил (работать) с ним коллег на свой день рождения.
5. Отец позвал (играть) во дворе детей.
6. Мы наблюдаем за зайцем, (копать) яму.
7. Я работаю на фирме, (оказывать) различные строительные услуги.
8. Учитель нам показал цветы, (расти) в лесах Амазонки.

participe présent passif

1. Яблоки, (выращивать) в горах, вкуснее и слаще.
2. Проверяйте в магазине (покупать) товары.
3. Компьютер не обнаруживает (подключать) USB-диск.
4. (Разрабатывать) нашей компанией игры популярны во всём мире.
5. Вы можете получить скидку на (приобретать) книгу.
6. Оцените, пожалуйста, качество (получать) услуг.
7. (Произносить) слова состоят из звуков.
8. Этот профессор никогда не отвечает на (задавать) студентами вопросы.

3. Reliez les participes avec les phrases:

1. Мне нравятся люди, ... мнение других людей.
2. Каждый человек должен знать наказание за .... преступление.
3. .... мысли должны быть ясными для всех.
4. Это .... территория, туда нельзя ходить.
5. В нашем классе есть девочка, хорошо .... натюрморты.
6. На факультете много студентов, ... русский язык.
7. Это семья французов, ... по всей России.
8. Гуси - это птицы, ... осенью на юг.
9. Полиция ищет группу преступников, ... людей.
10. Музей Лувр - самый .... музей во всем мире.

- улетающие
- рисующая
- путешествующих
- посещаемый
- выражаемые
- совершаемое
- изучающих
- уважающие
- обманывающих
- охраняемая

4. Remplacez la locution française entre parenthèses par le participe présent russe actif ou passif:

1. Я не люблю людей, (qui cachent) правду.
   - скрывающих
   - скрываемых

2. На (présenté) схеме изображён двигатель самолёта.
   - демонстрирующей
   - демонстрируемой

3. Красный - мой (préféré) цвет.
   - любящий
   - любимый

4. Это единственный магазин, (qui vend) русские книги.
   - продающий
   - продаваемый

5. (Qui aime) и верный муж - мечта каждой женщины.
   - любящий
   - любимый

6. Водород - это газ, (qui crée) звёзды.
   - создающий
   - создаваемый

7. Студенты смотрят фильм, (qui présente) главные законы физики.
   - демонстрирующий
   - демонстрируемый

8. Я сейчас вам покажу самую (vendue) машину во всём мире.
   - продающую
   - продаваемую

9. Картины, (créés) этим художником, продаются во всём мире.
   - создающие
   - создаваемые

10. Нет ничего хуже, чем (cachée) от родителей правда.
    - скрывающая
    - скрываемая

11. Это знаменитый английский стадион, (rassemblant) тысячи болельщиков "Манчестер-сити".
    - собирающий
    - собираемый

12. (Remis) награда является самой престижной в Европе.
    - вручающая
    - вручаемая

13. (Ramassés) фрукты нужно тщательно мыть.
    - собирающие
    - собираемые

14. Человек, (qui remet) медаль, - это наш тренер.
    - вручающий
    - вручаемый

VERBE - ГЛАГОЛ — PARTICIPE - ПРИЧАСТИЕ

Le participe présent passif a la forme courte qui est très rare dans la langue parlée, mais on l'utilise souvent dans des ouvrages littéraires et scientifiques. La forme courte ne joue que le rôle du prédicat de la phrase et c'est pourquoi elle n'a que le nominatif. Pour former la forme courte du masculin à partir de la forme complète du participe présent passif il faut supprimer la terminaison **-ый**. En ajoutant les terminaisons **-ая** ou **-ое** à la forme courte du masculin on peut former les formes courtes du féminin et du neutre. Pour former le pluriel du masculin, du féminin ou du neutre il faut ajouter la terminaison **-ы** à la forme courte du masculin. Observez:

forme complète
Чарли Чаплин – самый узнаваемый человек в мире.
Charlie Chaplin est la personne la plus reconnue au monde.

forme courte
Чарли Чаплин – самый узнаваем в мире.
Charlie Chaplin est le plus reconnu au monde.

forme complète
Это любимые духи всех женщин.
C'est un parfum aimé par toutes les femmes.

forme courte
Эти духи любимы всеми женщинами.
Ce parfum est aimé par toutes les femmes.

Attention!!! Ce ne sont pas tous les verbes qui ont la forme courte du participe présent passif.

5. Observez la comparaison des formes complètes et courtes des participes:

forme complète	forme courte
1. Он всегда делит <u>решаемые</u> проблемы на мелкие и большие.	1. Не беспокойтесь, эти проблемы вполне <u>решаемы</u>.
2. Я люблю вас, моя <u>обожаемая</u> принцесса.	2. Она была красива и <u>обожаема</u> всеми принцами.
3. Фермеры, <u>зависимые</u> от урожая, просят помощи.	3. Фермеры всегда были <u>зависимы</u> от урожая.
4. У этого прибора есть одна главная <u>выполняемая</u> функция.	4. Простая функция не значит, что она легко <u>выполняема</u>.
5. <u>Неуправляемый</u> поезд попал в аварию.	5. Авария произошла, потому что поезд был <u>неуправляем</u>.
6. <u>Покупаемый</u> автомобиль обязательно должен быть застрахован.	6. Этот автомобиль - наиболее <u>покупаем</u> в Китае.

VERBE - ГЛАГОЛ
PARTICIPE - ПРИЧАСТИЕ

6. Créez la forme courte à partir des formes complètes du participe présent passif:

1. обсужда́емый - ....
2. реша́емая - ....
3. устана́вливаемый - ....
4. охраня́емые - ....
5. поднима́емая - ....
6. носи́мый - ....
7. спуска́емые - ....
8. пока́зываемая - ....
9. сохраня́емая - ....
10. запуска́емый - ....
11. пропуска́емые - ....
12. подава́емые - ....

En général la particule **не** doit être écrite séparément avec la forme courte du participe présent passif:

Э́та зада́ча не реша́ема обы́чным путём.
Ce problème ne peut pas être résolu d'une manière ordinaire.

Э́то зда́ние не возводи́мо на э́том ме́сте.
Ce bâtiment ne peut pas être construit sur cette place.

✓ **Faites attention à la traduction française des phrases avec не + la forme courte du participe présent passif!**

Au fil du temps la plupart des formes courtes du participe présent passif avec la particule **не** sont devenues des adjectifs et c'est pourquoi on les écrit en un seul mot:

Преиму́щество ва́шего проду́кта <u>неоспори́мо</u>.
L'avantage de votre produit est indéniable.

Большинство́ исто́чников эне́ргии <u>невозобновля́емы</u>.
La plupart des sources d'énergie sont non-renouvelables.

Местоположе́ние ва́шего автомоби́ля <u>неопределя́емо</u>.
L'emplacement de votre auto est indétectable.

Alors, comment distinguer le participe présent passif à la forme courte de l'adjectif à la forme courte pour écrire correctement la particule **не**? Retenez cette règle simple:

" Si le mot avec la particule **не** est accompagné d'un complément, ce mot est un participe présent et la particule **не** est écrite séparément. Sinon le mot avec la particule **не** joue le rôle de l'adjectif et la particule est écrite en un seul mot. "

Э́то препя́тствие <u>непреодоли́мо</u>. C'est un adjectif **непреодоли́мый** qui est utilisé à la forme courte.
Cet obstacle est insurmontable.

C'est la forme courte du participe présent passif formée à partir du verbe **преодоле́ть**, parce qu'il y a le complément du verbe **спортсме́нами**.

Э́то препя́тствие не <u>преодоли́мо</u> сла́быми спортсме́нами.
Cet obstacle ne peut pas être surmonté par des sportifs faibles.

VERBE - ГЛАГОЛ   PARTICIPE - ПРИЧАСТИЕ

7. Observez les phrases où les mots jouent le rôle de l'adjectif et du participe présent avec _не_:

adjectif avec **НЕ** qui joue le rôle du préfixe	participe présent avec **НЕ** qui joue le rôle de la particule
1. Эта ошибка неустранима. / _Cette erreur est irrécupérable._	1. Эта ошибка не устранима операционной системой. / _Cette erreur ne peut pas être corrigée par le système d'exploitation._
2. Этот вид вредителей неуничтожаем. / _Ce type des insectes nuisibles est indestructible._	2. Этот вид вредителей не уничтожаем инсектицидами. / _Ce type des insectes nuisibles ne peut pas être détruit par les insecticides._
3. Мои проекты нефинансируемы. / _Mes projets ne sont pas financés._	3. Мои проекты не финансируемы частными компаниями. / _Mes projets ne peuvent pas être financés par des sociétés._
4. Государственные расходы неконтролируемы. / _Les dépenses publiques sont incontrôlables._	4. Государственные расходы не контролируемы президентом. / _Les dépenses publiques ne peuvent pas être contrôlées par le président._
5. Его болезнь неизлечима. / _Sa maladie est incurable._	5. Его болезнь не излечима местными врачами. / _Sa maladie ne peut pas être guérie par les médecins locaux._
6. Эти леса непроходимы. / _Ces forêts sont impénétrables._	6. Эти леса не проходимы для человека. / _L'homme ne peut pas passer par ces forêts._
7. Перспективы вашего бизнеса непросматриваемы. / _Les perspectives de votre affaire sont voilées._	7. Перспективы вашего бизнеса не просматриваемы нашим экономистом. / _Notre économiste ne voit pas les perspectives de votre affaire._
8. Эти две картины совершенно неотличимы. / _Ces deux tableaux sont absolument indiscernables._	8. Эти две картины совершенно не отличимы искусствоведами. / _Les historiens de l'art ne peuvent pas différencier ces deux tableaux._
9. Телефонный номер неопределяем. / _Le numéro de téléphone est indétectable._	9. Телефонный номер не определяем никакими системами. / _Aucun système ne peut détecter le numéro de téléphone._
10. Наша страна непобедима. / _Notre pays est invincible._	10. Наша страна не победима внешним врагом. / _L'ennemi extérieur ne peut pas vaincre notre pays._

Le participe présent russe n'est pas toujours traduit par le participe présent français. Si le verbe est transitif, dans la traduction on utilise le participe passé.

Кофе, выра́щиваемый в Таила́нде, са́мый дорого́й в ми́ре.
Le café cultivé en Thaïlande est le plus cher au monde.

Статьи́, публику́емые в на́шем журна́ле, но́сят нау́чный хара́ктер.
Les articles publiés dans notre revue sont scientifiques.

Карти́ны, создава́емые э́тим худо́жником, знамени́ты во всём ми́ре.
Les tableaux créés par ce peintre sont célèbres dans le monde entier.

À noter

8. Ouvrez les parenthèses en écrivant la particule *не* séparément ou en un seul mot. Essayez de comprendre si la forme courte du participe joue le rôle d'un adjectif à la forme courte:

1. Моя мечта (не)осуществима.
2. Эта миссия (не)выполнима простыми методами.
3. В данном случае это правило (не)применимо.
4. Его помощь (не)значима.
5. Данное природное явление (не)объяснимо никакими теориями.
6. Этот момент моей жизни (не)забываем.
7. Ситуация на конференции (не)выносима.
8. Власть в этой стране (не)сменяема более ста лет.
9. Красота лазурного пляжа (не)описуема никакими словами.
10. Новая функция в приложении (не)реализуема.

9. Rappelez-vous tous les cas quand la particule *не* est écrite séparément du participe présent ou en un seul mot:

1. Борис взял (не)оплачиваемый отпуск (*un congé sans solde*).
2. На столе стоял никем (не)используемый принтер.
3. Преступники проникли на (не)охраняемую стоянку.
4. (Не)владеющие русским языком могут посещать языковые курсы.
5. Он подарил своей жене абсолютно (не)забываемый вечер.
6. Приказы командира (не)обсуждаемы военнослужащими.
7. Это вовсе (не)объяснимое природное явление.
8. Во время путешествия вы испытаете (не)передаваемые эмоции.
9. Я отдал ему единственный и (не)повторимый экземпляр старинной книги.
10. Она стояла возле двери с (не)доумевающим видом.

10. Traduisez les séries ci-dessous en utilisant le participe présent actif ou passif:

1. умирающий солдат;
2. улыбающийся мальчик;
3. используемый материал;
4. воспитываемый родителями ребёнок;
5. студенты, не посещающие занятия;
6. клиент, покупающий конфеты;
7. просматриваемый зрителями фильм;
8. самый покупаемый компьютер в России;
9. мальчик, не уступающий место бабушке;
10. спускающийся по лестнице преподаватель;
11. сидящая возле родителей девочка;
12. постоянно не работающий кондиционер;
13. успокаивающая музыка;
14. обсуждаемые на совещании вопросы.

Corrigés

2.

participe présent actif

1. Lancet - это журнал, публикующий научные статьи.
2. Это господин Титов, мой лечащий врач.
3. Женщина успокаивает кричащего ребёнка.
4. Женя пригласил работающих с ним коллег на свой день рождения.
5. Отец позвал играющих во дворе детей.
6. Мы наблюдаем за зайцем, копающим яму.
7. Я работаю на фирме, оказывающей различные строительные услуги.
8. Учитель нам показал цветы, растущие в лесах Амазонки.

participe présent passif

1. Яблоки, выращиваемые в горах, вкуснее и слаще.
2. Проверяйте в магазине покупаемые товары.
3. Компьютер не обнаруживает подключаемый USB-диск.
4. Разрабатываемые нашей компанией игры популярны во всём мире.
5. Вы можете получить скидку на приобретаемую книгу.
6. Оцените, пожалуйста, качество получаемых услуг.
7. Произносимые слова состоят из звуков.
8. Этот профессор никогда не отвечает на задаваемые студентами вопросы.

3.

1. Мне нравятся люди, ... мнение других людей.
2. Каждый человек должен знать наказание за .... преступление.
3. .... мысли должны быть ясными для всех.
4. Это .... территория, туда нельзя ходить.
5. В нашем классе есть девочка, хорошо .... натюрморты.
6. На факультете много студентов, ... русский язык.
7. Это семья французов, ... по всей России.
8. Гуси - это птицы, ... осенью на юг.
9. Полиция ищет группу преступников, ... людей.
10. Музей Лувр - самый .... музей во всём мире.

- уважающие
- совершаемое
- выражаемые
- охраняемая
- рисующая
- изучающих
- путешествующих
- улетающие
- обманывающих
- посещаемый

4.
1. Я не люблю людей, скрывающих правду.
2. На демонстрируемой схеме изображён двигатель самолёта.
3. Красный - мой любимый цвет.
4. Это единственный магазин, продающий русские книги.
5. Любящий и верный муж - мечта каждой женщины.
6. Водород - это газ, создающий звёзды.
7. Студенты смотрят фильм, демонстрирующий главные законы физики.
8. Я сейчас вам покажу самую продаваемую машину во всём мире.
9. Картины, создаваемые этим художником, продаются во всём мире.
10. Нет ничего хуже, чем скрываемая от родителей правда.
11. Это знаменитый английский стадион, собирающий тысячи болельщиков "Манчестер-сити".
12. Вручаемая награда является самой престижной в Европе.
13. Собираемые фрукты нужно тщательно мыть.
14. Человек, вручающий медаль, - это наш тренер.

6.
1. обсужда́емый - обсужда́ем
2. реша́емая - реша́ема
3. устана́вливаемый - устана́вливаем
4. охраня́емые - охраня́емы
5. поднима́емая - поднима́ема
6. носи́мый - носи́м
7. спуска́емые - спуска́емы
8. пока́зываемая - пока́зываема
9. сохраня́емая - сохраня́ема
10. запуска́емый - запуска́ем
11. пропуска́емые - пропуска́емы
12. подава́емые - подава́емы

8.
1. Моя мечта неосуществима.
2. Эта миссия не выполнима простыми методами.
3. В данном случае это правило неприменимо.
4. Его помощь незначима.
5. Данное природное явление не объяснимо никакими теориями.
6. Этот момент моей жизни незабываем.
7. Ситуация на конференции невыносима.
8. Власть в этой стране несменяема более ста лет.
9. Красота лазурного пляжа не описуема никакими словами.
10. Новая функция в приложении нереализуема.

VERBE - ГЛАГОЛ — PAGE 199 — PARTICIPE - ПРИЧАСТИЕ

9.
1. Борис взял неоплачиваемый отпуск.
2. На столе стоял никем не используемый принтер.
3. Преступники проникли на неохраняемую стоянку.
4. Не владеющие русским языком могут посещать языковые курсы.
5. Он подарил своей жене абсолютно незабываемый вечер.
6. Приказы командира не обсуждаемы военнослужащими.
7. Это вовсе не объяснимое природное явление.
8. Во время путешествия вы испытаете непередаваемые эмоции.
9. Я отдал ему единственный и неповторимый экземпляр старинной книги.
10. Она стояла возле двери с недоумевающим видом.

10.
1. умирающий солдат - **un soldat mourant**;
2. улыбающийся мальчик - **un garçon souriant**;
3. используемый материал - **un matériau utilisé**;
4. воспитываемый родителями ребёнок - **un enfant élevé par ses parents**;
5. студенты, не посещающие занятия - **les étudiants manquant des cours**;
6. клиент, покупающий конфеты - **un client achetant des bonbons**;
7. просматриваемый зрителями фильм - **un film regardé par des spectateurs**;
8. самый покупаемый компьютер в России - **l'ordinateur le plus acheté en Russie**;
9. мальчик, не уступающий место бабушке - **un garçon ne cédant pas sa place à une vieille dame**;
10. спускающийся по лестнице преподаватель - **un professeur descendant des escaliers**;
11. сидящая возле родителей девочка - **une fille assise près de ses parents**;
12. постоянно не работающий кондиционер - **le climatiseur qui ne fonctionne pas toujours**;
13. успокаивающая музыка - **une musique apaisante**;
14. обсуждаемые на совещании вопросы - **des questions abordées à la conférence**.

Dans certains cas il est préférable d'utiliser le pronom relatif "qui" ou "que" pour traduire la locution avec le participe présent russe. Le plus souvent ce sont les phrases avec les pronoms personnels COD ou COI qui demandent l'emploi de la tournure avec "qui" ou "que":

Интересующая вас статья находится на странице 135.
L'article qui vous intéresse est à la page 135.

Разговаривающая с тобой женщина – моя мать.
La femme qui te parle est ma mère.

Я купил нравящуюся им игру.
J'ai acheté le jeu qu'ils aiment.

Attention!

VERBE - ГЛАГОЛ
PARTICIPE - ПРИЧАСТИЕ

PARTICIPE PASSÉ ACTIF
ДЕЙСТВИТЕЛЬНОЕ ПРИЧАСТИЕ ПРОШЕДШЕГО ВРЕМЕНИ

Le participe passé actif caractérise un objet qui produit une action au passé. Dans la phrase il joue le rôle de l'adjectif, c'est pourquoi il s'accorde en genre, en nombre et en cas avec le nom.

FORMATION

base verbale + **вш** ou **ш** +
- **-ий** pour le masculin singulier
- **-ая** pour le féminin singulier
- **-ее** pour le neutre singulier
- **-ие** pour le pluriel de tous les genres

Pour former le participe passé actif à partir de l'infinitif il faut trouver la base verbale, puis ajouter le suffixe **вш**, si la base verbale se termine par une voyelle, ou **ш**, si la base verbale se termine par une consonne. A cette forme on ajoute encore une des terminaisons de l'adjectif. Comme le participe passé joue le rôle de l'adjectif, il est indispensable de l'accorder avec le nom en modifiant la terminaison.

СМОТРЕ́ТЬ (aspect imperfectif)
la base verbale se termine par une voyelle, il faut ajouter le suffixe **вш**
- смотре́вший
- смотре́вшая
- смотре́вшее
- смотре́вшие

СПАСТИ́ (aspect perfectif)
la base verbale se termine par une consonne, il faut ajouter le suffixe **ш**
- спа́сший
- спа́сшая
- спа́сшее
- спа́сшие

ЖИТЬ
жи́вший → жи́вший писа́тель
Это рома́н писа́теля, жи́вшего в XIX ве́ке.
C'est le roman de l'écrivain qui a vécu au XIXe siècle.

ПРИНЕСТИ́
принёсший → принёсшая де́вушка
Он поблагодари́л де́вушку, принёсшую ко́фе.
Il a remercié la jeune fille qui avait apporté du café.

Pour former le participe passé actif à partir de l'infinitif du verbe réfléchi il faut suivre la règle de la formation du participe passé à partir de l'infinitif du verbe non réfléchi en mettant la terminaison **-ся** à la fin du verbe.

Attention!!! Dans la déclinaison du participe passé actif du verbe réfléchi on ne modifie que la terminaison **-ий-/-ая-/-ее-/-ие-**, sans modifiant la terminaison **-ся** (appelé souvent postfixe).

СМЕЯ́ТЬСЯ (aspect imperfectif)
la base verbale se termine par une voyelle, il faut ajouter le suffixe **вш**
- смея́вшийся
- смея́вшаяся
- смея́вшееся
- смея́вшиеся

КУПА́ТЬСЯ
купа́вшийся → купа́вшийся ма́льчик
Они́ спасли́ ма́льчика, купа́вшегося в о́зере.
Ils ont sauvé le garçon qui s'était baigné dans le lac.

ПАСТИ́СЬ (aspect imperfectif)
la base verbale se termine par une consonne, il faut ajouter le suffixe **ш**
- па́сшийся
- па́сшаяся
- па́сшееся
- па́сшиеся

ПАСТИ́СЬ
па́сшийся → па́сшиеся коро́вы
Де́ти рисова́ли коро́в, па́сшихся на лугу́.
Les enfants dessinaient des vaches qui pâturaient dans la pré.

Certaines particularités du paricipe passé actif russe

En général la formation du participe passé actif ne pose aucun problème. Alors, retenez quelques cas irréguliers:

идти́ - ше́дший (pas идший)
войти́ - воше́дший (pas войший)
прийти́ - пришéдший (pas прийвший)
поги́бнуть - поги́бший (pas погибнувший)
умере́ть - уме́рший (pas умеревший)
стере́ть - стёртый (pas стеретый)
найти́ - наше́дший (pas найвший)
прийти́ - пришéдший (pas прийвший)
расти́ - ро́сший (pas расший)
грести́ - грёбший (pas гревший)
привести́ - приве́дший (pas привевший)

Notez le participe passé actif des verbes qui finissent par -чь: ✓

бере́чь - берёгший
стере́чь - стерёгший
лечь - лёгший
испе́чь - испёкший
жечь - жёгший
течь - тёкший

Le participe passé actif russe peut exprimer une action achevée ou inachevée au passé en fonction de l'aspect du verbe employé. En français il manque le participe passé actif, c'est pourquoi dans la traduction on utilise les équivalents grammaticaux: imparfait, passé composé (passé simple) ou plus-que-parfait: Comparez:

Он увидéл же́нщину, жи́вшую в сосéднем до́ме.	Il vit la femme qui habitait dans la maison voisine.
Он уви́дел же́нщину, прожи́вшую всю жизнь в сосéднем до́ме.	Il vit la femme qui avait habité dans la maison voisine toute sa vie.
Я задéл маши́ну, парковáвшуюся во дворé.	J'ai touché la voiture qui se garait dans la cour.
Я задéл маши́ну, припаркова́вшуюся во дворé.	J'ai touché la voiture qui s'était garée dans la cour.

Le participe passé actif du verbe imperfectif et celui du verbe perfectif ne sont pas identiques et on peut déformer le sens de la phrase, si on remplace l'un par l'autre. Observez les phrases:

Отéц позвáл купа́вшегося мáльчика.
Le père a appelé le garçon qui se baignait.
Отéц позвáл искупáвшегося мáльчика.
Le père a appelé le garçon qui s'était baigné.

Alors, dans la première phrase le participe passé actif du verbe imperfectif veut dire que les actions des verbes **позвáть** et **купáться** se passent en même temps. Tandis que dans la deuxième le participe passé actif du verbe perfectif indique que le garçon a fini de se baigner.

Le participe passé actif des verbes perfectifs peut être traduit en français par le participe passé, surtout dans le cas où le participe passé caractérise le sujet de la phrase:

Прочита́вший письмо́ Па́вел вы́глядел о́чень озабо́ченным.
Ayant lu la lettre, Paul avait l'air très préoccupé.

Воше́дший в кабинéт нача́льник спроси́л, куда́ ушёл Николáй.
Le chef, entré au bureau, demanda où Nicolas était parti.

Нача́вший разгово́р мужчи́на вдруг замолча́л.
Ayant engagé la conversation, l'homme se tut soudainement.

VERBE - ГЛАГОЛ

PARTICIPE PASSÉ PASSIF
СТРАДАТЕЛЬНОЕ ПРИЧАСТИЕ ПРОШЕДШЕГО ВРЕМЕНИ

Le participe passé passif caractérise un objet qui subit une action produite par un autre objet au passé. Dans la phrase il joue le rôle de l'adjectif et s'accorde en genre, en nombre et en cas avec le nom.

Attention!!! Le participe passé passif ne peut être formé qu'à partir des **verbes transitifs directs**!!!

FORMATION

base verbale + **l'un des suffixes** +
- **-ий** pour le masculin singulier
- **-ая** pour le féminin singulier
- **-ое** pour le neutre singulier
- **-ие** pour le pluriel de tous les genres

Pour former le participe passé passif il faut ajouter à la base verbale le suffixe:

т

Suffixe	Règle	Exemples
у+т	si l'infinitif se termine par **-нуть** (обману́ть, согну́ть, сдви́нуть, поки́нуть, отве́ргнуть)	обма́нутый, со́гнутый, поки́нутый, отве́ргнутый
е+т	si l'infinitif se termine par **-еть** (согре́ть, разде́ть)	согре́тый, разде́тый
и+т, я+т, ы+т, е+т	si l'infinitif est formé à partir des verbes monosyllabiques бить (уби́ть, разби́ть), пить (допи́ть), лить (разли́ть, отли́ть), шить (сшить, проши́ть), вить (приви́ть), крыть (откры́ть, закры́ть), жить (прожи́ть), мять (помя́ть), быть (забы́ть, добы́ть), петь (спеть, перепе́ть), мыть (помы́ть, вы́мыть), рыть (разры́ть, вы́рыть), жать (сжать, прижа́ть), взять, снять (пересня́ть) et autres, à l'exception du verbe дать	уби́тый, разби́тый, вби́тый, допи́тый, распи́тый, разли́тый, отли́тый, проли́тый, сши́тый, проши́тый, вши́тый, откры́тый, закры́тый, прожи́тый, помя́тый, забы́тый, добы́тый, спе́тый, перепе́тый, помы́тый, вы́мытый, разры́тый, вы́рытый, сжа́тый, прижа́тый, взя́тый, сня́тый
о+т	si l'infinitif fait partie du groupe de verbes **коло́ть**: расколо́ть, заколо́ть, смоло́ть, размоло́ть	ко́лотый, раско́лотый, смо́лотый, зако́лотый
а/я+т	si l'infinitif fait partie du groupe de verbes **поня́ть** et **нача́ть**: снять, приня́ть, отня́ть	по́нятый, на́чатый сня́тый, при́нятый, о́тнятый
т	si l'infinitif fait partie du groupe de verbes **тере́ть**: растере́ть, запере́ть, отпере́ть, стере́ть, вы́тереть	тёртый, растёртый, за́пертый, отпёртый, стёртый

нн

Suffixe	Règle	Exemples
а+нн	si l'infinitif se termine par **-ать**: прочита́ть, посчита́ть, спря́тать, замета́ть, сде́лать	прочи́танный, посчи́танный, спря́танный, замётанный
я+нн	si l'infinitif **perfectif** se termine par **-ять**: потеря́ть, зате́ять, засе́ять, припая́ть	поте́рянный, зате́янный, засе́янный, припа́янный
ова+нн	si l'infinitif se termine par **-овать**: нарисова́ть, скова́ть, поми́ловать	нарисо́ванный, ско́ванный, поми́лованный
ёва+нн	si l'infinitif se termine par **-евать**: завоева́ть, отвоева́ть, заклева́ть	завоёванный, отвоёванный, заклёванный
е+нн	si l'infinitif se termine par **-ить**: заме́тить, купи́ть, накорми́ть, задуши́ть, загуби́ть	заме́ченный, ку́пленный, нако́рмленный, заду́шенный
ё+нн	si l'infinitif est formé à partir des verbes **нести́** et **печь**: принести́, унести́, отнести́, испе́чь, запе́чь	принесённый, унесённый, отнесённый, испечённый, запечённый

Faites attention aux particularités du participé passé passif de ces verbes

Certaines particularités du paricipe passé passif russe

Dans certains cas le participe passé passif ne peut pas être formé à partir des verbes imperfectifs. Cela est dû au fait que le participe passé passif exprime une action achevée, bien que celle-ci puisse être exprimée par un verbe imperfectif. Alors, comparez les phrases russes et françaises:

> Я не люблю́ пирожки́, жа́ренные в ма́сле.
> *Je n'aime pas les pirojki frits dans l'huile.*
>
> Я не люблю́ пирожки́, пожа́ренные в ма́сле.
> *Je n'aime pas les pirojki frits dans l'huile.*

On voit que le sens des phrases russes est identique et exprime une action achevée au passé, malgré que dans la première phrase on utilise le verbe imperfectif et dans la deuxième le verbe perfectif. Par ailleurs, voilà quelques verbes qui n'ont pas de forme de participe passé passif:

> чита́ть *imperf.* — прочита́ть *perf.*
> Он не нашёл оши́бок в ~~чи́танной~~ статье́.
> Он не нашёл оши́бок в прочи́танной статье́.
> *Il n'a pas trouvé de fautes dans l'article lu.*
>
> открыва́ть *imperf.* — откры́ть *perf.*
> Она́ посмотре́ла в ~~открыванное~~ окно́.
> Она́ посмотре́ла в откры́тое окно́.
> *Elle a regardé par la fenêtre ouverte.*
>
> скрыва́ть *imperf.* — скрыть *perf.*
> Эта исто́рия име́ет ~~скрыванный~~ смысл.
> Эта исто́рия име́ет скры́тый смысл.
> *Cette histoire a un sens caché.*

Le participe passé passif a la forme courte qui peut être formée à partir de la plupart des participes. Pour faire la forme courte il faut enlever **-ный** dans les participes qui se terminent par **-нный** ou **-ый** dans les participes qui se terminent par **-тый** et ajouter la terminaison en fonction du genre et du nombre. Comme la forme courte du participe passé passif ne joue que le rôle de l'attribut du verbe **быть** dans la phrase (bien qu'il soit omis), elle n'a pas de déclinaison et n'existe qu'en cas nominatif:

> Он уви́дел откры́тое окно́.   Il a vu une fenêtre ouverte.
> Окно́ бы́ло откры́то.   La fenêtre était ouverte.

> Это заме́тка, напи́санная мои́м бра́том.   C'est un article rédigé par mon frère.
> Заме́тка была́ напи́сана в про́шлом году́.   L'article a été rédigé l'année passée.

> Я потеря́л ку́пленный вчера́ биле́т.   J'ai perdu le billet que j'avais acheté hier.
> Биле́т ку́плен на вокза́ле.   Le billet a été acheté à la gare.

ON NE PEUT PAS

confondre le participe passé passif et l'adjectif formé à partir du verbe (adjectif verbal). Malgré que ces deux formes soient très similaires, leurs écritures sont différentes:

жа́реный карто́фель (adj.)
жа́ренный карто́фель (part.passé passif)
des pommes de terre rôties

ква́шеная капу́ста (adj.)
ква́шенная капу́ста (part.passé passif)
un chou fermenté

кра́шеная дверь (adj.)
кра́шенная дверь (part.passé passif)
une porte peinte

COMMENT

distinguer l'adjectif verbal du participe passé passif? C'est facile: l'adjectif indique une qualité d'objet, tandis que le participe passé passif exprime une action effectuée sur l'objet. Comparez:

Я не люблю́ жа́реный карто́фель.
Je n'aime pas les pommes de terre rôties.

жа́реный est un adjectif verbal, il forme un épithète avec le nom **карто́фель** en désignant un repas; on écrit une seule lettre **н**

Я не люблю́ карто́фель, жа́ренный в оли́вковом ма́сле.
Je n'aime pas les pommes de terre rôties dans l'huile d'olive.

жа́ренный est un participe passé passif, il désigne l'action du verbe **жа́рить**

> услы́шанный → услы́шан
> спе́тый → спет

La particule négative **HE** et le participe passé

*Notez, quand la particule **не** est écrite ensemble et séparément*

- Selon la règle générale la particule négative **не** est écrite séparément du participe passé, s'il y a un complément:

  Он жил с бра́том, не люби́вшим чужи́х люде́й.
  Il vivait avec son frère qui n'aimait pas les personnes étrangères.

  Я поссо́рился с не верну́вшим мне де́ньги дру́гом.
  Je me suis disputé avec mon ami qui ne m'avait pas rendu mon argent.

- Si le participe passé n'a pas de complément à côté, la particule **не** est écrite en un seul mot:

  Он жил с неработа́вшим бра́том.
  Il vivait avec son frère qui ne travaillait pas.

  - Si le participe passé est accompagné d'un mot négatif (**никто́, нигде́, ничто́, никогда́, никого́** etc.), la particule **не** est écrite séparément:

    Он жил с нигде́ не рабо́тавшим бра́том.
    Il vivait avec son frère qui ne travaillait nulle part.

  - Alors, si le participe passé a un complément à côté, la particule **не** est séparée.

    Он жил с бра́том, не рабо́тавшим учи́телем.
    Il vivait avec son frère qui ne travaillait pas comme professeur.

- Si la particule **не** fait partie du verbe et ne peut pas être séparée (par.ex., **ненави́деть, негодова́ть, недоумева́ть, невзлюби́ть**), elle est écrite en un seul mot:

  Он жил с бра́том, ненави́девшим чужи́х люде́й.
  Il vivait avec son frère qui haïssait les personnes étrangères.

  Я поссо́рился с невзлюби́вшим меня́ дру́гом.
  Je me suis disputé avec mon ami qui m'avait détesté.

- La particule **не** est écrite toujours en un seul mot, s'il y a un mot qui renforce le sens du participe passé, mais il n'y a pas de complément à côté:

  Он жил с абсолю́тно неработа́шим бра́том.
  Il vivait avec son frère qui ne travaillait pas absolument.

  - Par ailleurs, si le participe passé est précédé par la locution **далеко́ не..., отню́дь не..., ниско́лько не...** ou **во́все не...**, la particule **не** est séparée.

    Его́ брат вы́глядел отню́дь не уста́вшим.
    Son frère ne semblait point fatigué.

VERBE - ГЛАГОЛ — PARTICIPE - ПРИЧАСТИЕ

> **Exercices et explications**

1. Observez la formation du participe passé actif:

1. Пётр увидел незнакомца, который **выходил** из офиса.
   Пётр увидел незнакомца, **выходившего** из офиса.
2. Он помог встать старику, который **упал** на тротуаре.
   Он помог встать старику, **упавшему** на тротуаре.
3. Мы испугались собаку, которая громко **лаяла** за забором.
   Мы испугались собаку, громко **лаявшую** за забором.
4. Она не заметила поезд, который **прибыл** на перрон.
   Она не заметила поезд, **прибывший** на перрон.
5. Мама похвалила дочку, которая **закончила** делать уроки.
   Мама похвалила дочку, **закончившую** делать уроки.
6. Вика улыбнулась Мише, который её **узнал**.
   Вика улыбнулась **узнавшему** её Мише.
7. Я познакомился с человеком, который **не любил** современную литературу.
   Я познакомился с **не любившим** современную литературу человеком.
8. Девушка подала другу чай, который **стоял** на столе.
   Девушка подала другу чай, **стоявший** на столе.
9. Папа помог подняться сыну, который **упал** на траве.
   Папа помог подняться сыну, **упавшему** на траве.
10. Сестра похвалила брата, который **полил** цветы.
    Сестра похвалила брата, **полившего** цветы.

En général le participe passé actif ou passif est devant le nom qu'il caractérise:

Она́ смотре́ла на чита́вшего ма́льчика. | Я подари́л ему́ прочи́танную кни́гу.
Elle regardait le garçon qui lisait. | *Je lui ai offert le livre lu.*

Pourtant, si le participe passé actif ou passif a un complément, il se place après le nom qu'il caractérise:

Она́ смотре́ла на ма́льчика, чита́вшего кни́гу. | Я подари́л ему́ кни́гу, прочи́танную мои́м отцо́м.
Elle regardait le garçon qui lisait un livre. | *Je lui ai offert le livre que mon père avait lu. / Je lui ai offert le livre lu par mon père.*

Mais le participe passé actif ou passif accompagné par le complément peut aussi se trouver devant le nom qu'il caractérise.
Par ailleurs, ce style de l'énoncé est très rare dans la langue parlée.

Она́ смотре́ла на чита́вшего кни́гу ма́льчика. | Я подари́л ему́ прочи́танную мои́м отцо́м кни́гу.
Elle regardait le garçon qui lisait un livre. | *Je lui ai offert le livre que mon père avait lu. / Je lui ai offert le livre lu par mon père.*

VERBE - ГЛАГОЛ

2. Comparez les phrases où le participe passé actif précède ou suit le nom qu'il caractérise. Tâchez de comprendre pourquoi on utilise telle ou telle position du participe passé:

1. Мама обняла испугавшегося ребёнка.
Maman a embrassé l'enfant qui avait peur.
   Мама обняла испугавшегося собаки ребёнка.
   Мама обняла ребёнка, испугавшегося собаки.
Maman a embrassé l'enfant qui avait peur du chien.
2. Павел поднял упавшую ручку.
Paul a soulevé le stylo tombé.
   Павел поднял упавшую со стола ручку.
   Павел поднял ручку, упавшую со стола.
Paul a soulevé le stylo qui était tombé de la table.
3. Он нашёл потерявшегося котёнка.
Il a trouvé le chaton perdu.
   Он нашёл потерявшегося возле дома котёнка.
   Он нашёл котёнка, потерявшегося возле дома.
Il a trouvé le chaton qui s'était perdu près de la maison.
4. Дети собирали пожелтевшую листву.
Les enfants ramassaient des feuilles jaunies.
   Дети собирали пожелтевшую в сентябре листву.
   Дети собирали листву, пожелтевшую в сентябре.
Les enfants ramassaient des feuilles qui avaient jauni en septembre.

3. Traduisez les phrases en choisissant les différentes façons de l'utilisation de participe passé actif:

1. Администратор гостиницы искал опоздавших на самолёт туристов.
2. Миша обнял вернувшуюся сестру.
3. Учитель отругал опоздавшего ученика.
4. Мама похвалила дочь, сочинившую красивое стихотворение.
5. Полиция нашла человека, укравшего велосипед.
6. Директор поздравил вернувшегося из Москвы работника.
7. Наш сосед не видел уехавшую машину.
8. В нашем классе есть ученик, прочитавший все книги Толстого.
9. Это писатель, написавший знаменитый роман.
10. Он поздоровался с другом, приехавшим из Франции.

Faites attention à ce que le participe passé actif formé à partir du verbe transitif doit être utilisé avec un complément d'objet. Par ex., la phrase suivante est incomplète:

Продавец узнал купившего человека.
Le vendeur a reconnu la personne achetée.

Mais si on ajoute un complément, la phrase a un sens complet.

Продавец узнал купившего цветы человека.
Le vendeur a reconnu la personne qui avait acheté des fleurs.

VERBE - ГЛАГОЛ

PARTICIPE - ПРИЧАСТИЕ

4. Transformez les phrases d'après le modèle:

> Это мой друг, который жил в Англии.
> ⇨ Это мой друг, живший в Англии.
> ⇨ Это мой живший в Англии друг.

1. Я познакомился с девушкой, которая училась в Берлине.
2. Он жил с братом, который работал в банке.
3. Мне подарили компьютер, который стоил 1000 евро.
4. Мы посмотрели фильм, который снимался в России.
5. Возле бара стоял мужчина, который разговаривал с официантом.
6. Покажите мне книгу, которая получила литературную премию.
7. Она поймала такси, которое ехало мимо дома.
8. Это мужчина, который просил помощь.
9. Это памятник Колумбу, который открыл Америку.
10. Её брат работал на фирме, которая производила мебель.

Si dans la phrase il y a une opposition avec la conjonction **а**, la particule **не** doit être écrite séparément. Comparez les phrases:

Его друг вы́глядел неуста́вшим.
Son ami ne semblait pas fatigué.

Его друг вы́глядел не уста́вшим, а бо́дрым.
Son ami ne semblait pas fatigué, mais il avait l'air vif.

Si le verbe est composé de la particule inséparable **не**, celle-ci reste dans l'opposition:

Он был челове́ком не ненави́девшим, а люби́вшим шко́лу.
Il était une personne qui ne détestait pas l'école, mais il l'aimait.

---

5. Vous-rappelez vous comment on utilise la particule négative *не* avec le participe passé actif? Alors, trouvez les phrases incorrectes:

1. Профессор провёл встречу с <u>непоступившими</u> в университет молодыми людьми.
2. На этом острове живут люди, никогда <u>не видевшие</u> самолётов.
3. Дима любит <u>неостывший</u> чай.
4. Мальчик видел <u>нелетевший</u>, а приземлившийся самолёт.
5. У меня есть нигде <u>не путешествовавший</u> друг.
6. Этот художник рисовал <u>нераскрывшиеся</u> подсолнухи.
7. В нашей школе учится <u>не читавший</u> ни одной книги ученик.
8. Мама купила <u>не растаявшее</u>, а целое мороженое.
9. Учительница провела беседу с <u>невыучившим</u> стих мальчиком.
10. В магазине ходил ничего <u>непокупавший</u> человек.
11. Она дружила с <u>нелюбившим</u> ночные прогулки парнем.
12. Гид встретил <u>неуехавших</u> туристов в аэропорту.
13. Банк направил письма <u>не заплатившим</u> долг клиентам.

6. Observez la formation des participes passé actif et passif à partir du même verbe:

| *actif* | **выращивать** | *passif* |

Он познакомил меня с родителями, <u>выращивавшими</u> цветы.
Il m'a présenté à ses parents qui cultivaient des fleurs.

Он принёс цветы, <u>выращенные</u> его родителями.
Il a apporté les fleurs que ses parents avaient cultivées.

купить

Парень, <u>купивший</u> недавно телефон, недоволен им.
Le jeune homme qui a récemment acheté le portable en est mécontent.

Саша показал мне <u>купленный</u> недавно телефон.
Sacha m'a montré son portable qu'il avait récemment acheté.

забыть

Он ищет женщину, <u>забывшую</u> сумку в кафе.
Il cherche la femme qui a oublié le sac au café.

Эта женщина пришла забрать <u>забытую</u> сумку.
Cette femme est venue pour prendre son sac oublié.

написать

Я знаю профессора, <u>написавшего</u> эту статью.
Je connais le professeur qui a écrit cet article.

Я прочитал статью, <u>написанную</u> моим профессором.
J'ai lu l'article écrit par mon professeur.

построить

Меня познакомили с архитектором, <u>построившим</u> мост в Москве.
On m'a présenté l'architecte qui avait construit un pont à Moscou.

Мне показали мост, <u>построенный</u> японским архитектором.
On m'a montré un pont construit par un architecte japonais.

7. Utilisez dans les phrases le participe passé actif ou passif:

1. Артур так и не вернул мне (взять) долг.
2. Всегда нужно заканчивать (начать) дело.
3. На остановке стоял человек, (ждать) автобус.
4. Кошка, (бояться) собаки, не выходила из дома.
5. (Услышать) голос был похож на голос маленького мальчика.
6. Я помню все (рассказать) мамой в детстве сказки.
7. (Спать) дети не слышали ни грома, ни дождя.
8. Мы ищем (потеряться) собаку по кличке Джек.
9. Мама поцеловала детей, (подарить) ей цветы.
10. Преступник выпрыгнул через (открыть) окно.
11. Многим людям не хватает (получить) зарплаты.
12. Он не запомнил имени (звонить) мужчины.

La particule **не** est toujours écrite séparément avec la forme courte du participe passé passif. Comparez les phrases:

В кабинéте был <u>невы́ключенный</u> телевизор.
Au bureau il y avait une télé non éteinte.

В кабинéте телевизор был не <u>вы́ключен</u>.
Au bureau il y avait une télé non éteinte.

У меня́ до́ма мно́го <u>непрочи́танных</u> книг.
J'ai beaucoup de livres non lus chez moi.

Э́ти кни́ги ещё не <u>прочи́таны</u>.
Ces livres ne sont pas encore lus.

Faites attention à ce que la forme courte joue toujours le rôle du prédicat dans la phrase, tandis que la forme complète peut jouer le rôle de l'adjectif ou du prédicat. Observez-le:

Покупа́тель забы́л в магази́не <u>опла́ченный</u> това́р (*adjectif*).
Au magasin le client a oublié la marchandise payée.

Э́тот това́р <u>опла́ченный</u>, но никто́ его́ не забира́ет (*prédicat*).
Cette marchandise est payée, mais personne ne la retire.

Вы мо́жете забра́ть това́р, он <u>опла́чен</u> (*prédicat*).
Vous pouvez retirer la marchandise, elle est payée.

Я нашёл в авто́бусе <u>незанятое</u> ме́сто (*adjectif*).
J'ai trouvé une place inoccupée dans le bus.

Э́то ме́сто <u>незанятое</u>, вы мо́жете сесть (*prédicat*).
Cette place n'est pas occupée, vous pouvez vous installer ici.

Мо́жно я ся́ду на э́то ме́сто? Оно́ не <u>за́нято</u>? (*prédicat*).
Puis-je m'installer à cette place? N'est-elle pas occupée?

8. Ouvrez les parenthèses en utilisant la forme complète ou courte du participe passé passif. Écrivez la particule <u>не</u> ensemble ou séparément:

1. Писатель сжёг свой не (закончить) роман.
2. Трасса "Москва - Сочи" ещё не (достроить).
3. Тема "Глагольные суффиксы" не (пройти).
4. Он уехал на не (отремонтировать) машине.
5. У меня осталась ещё одна не (решить) задача.
6. Ваш приказ не (выполнить).
7. Надеюсь, магазин пока не (закрыть).
8. Рейс 3057 до Берлина перенесли на не (определить) время.
9. Наша посылка не (доставить).
10. Нельзя наказывать за не (совершить) преступление.
11. Не (сохранить) файл восстановить невозможно.
12. На столе стоял бокал не (выпить) вина.

Corrigés

3.
1. Le manager de l'hôtel cherchait les touristes qui avaient raté le vol.
2. Micha a embrassé sa sœur qui était rentrée.
3. Le professeur a grondé l'élève qui était en retard.
4. Maman a loué sa fille qui avait composé un beau poème.
5. La police a trouvé la personne qui avait volé le vélo.
6. Le directeur a félicité l'employé qui était rentré de Moscou.
7. Notre voisin n'a pas vu la voiture qui était partie.
8. Dans notre classe il y a un élève qui avait lu toutes les œuvres de Tolstoï.
9. C'est l'écrivain qui a écrit son célèbre roman.
10. Il a salué son ami qui était arrivé de France.

4.
1. Я познакомился с девушкой, которая училась в Берлине. - Я познакомился с девушкой, учившейся в Берлине. - Я познакомился с учившейся в Берлине девушкой.
2. Он жил с братом, который работал в банке. - Он жил с братом, работавшим в банке. - Он жил с работавшим в банке братом.
3. Мне подарили компьютер, который стоил 1000 евро. - Мне подарили компьютер, стоивший 1000 евро. - Мне подарили стоивший 1000 евро компьютер.
4. Мы посмотрели фильм, который снимался в России. - Мы посмотрели фильм, снимавшийся в России. - Мы посмотрели снимавшийся в России фильм.
5. Возле бара стоял мужчина, который разговаривал с официантом. - Возле бара стоял мужчина, разговаривавший с официантом. - Возле бара стоял разговаривавший с официантом мужчина.
6. Покажите мне книгу, которая получила литературную премию. - Покажите мне книгу, получившую литературную премию. - Покажите мне получившую литературную премию книгу.
7. Она поймала такси, которое ехало мимо дома. - Она поймала такси, ехавшее мимо дома. - Она поймала ехавшее мимо дома такси.
8. Это мужчина, который просил помощь. - Это мужчина, просивший помощь. - Это просивший помощь мужчина.
9. Это памятник Колумбу, который открыл Америку. - Это памятник Колумбу, открывшему Америку. - Это памятник открывшему Америку Колумбу.
10. Её брат работал на фирме, которая производила мебель. - Её брат работал на фирме, производившей мебель. - Её брат работал на производившей мебель фирме.

5. 1. Профессор провёл встречу с не поступившими в университет молодыми людьми. / la particule doit être écrite séparément, parce que dans la phrase il y a le complément в университет
2. На этом острове живут люди, никогда не видевшие самолётов. / la particule doit être écrite séparément, parce que dans la phrase il y a la négation никогда не
3. Дима любит неостывший чай. / la particule doit être écrite ensemble, parce que dans la phrase il n'y a pas de complément à côté du mot чай
4. Мальчик видел не летевший, а приземлившийся самолёт. / la particule doit être écrite séparément, parce que dans la phrase il y a une opposition avec la conjonction а
5. У меня есть нигде не путешествовавший друг. / la particule doit être écrite séparément, parce que dans la phrase il y a la négation нигде не
6. Этот художник рисовал нераскрывшиеся подсолнухи. / la particule doit être écrite ensemble, parce que dans la phrase il n'y a pas de complément à côté du mot подсолнухи
7. В нашей школе учится не читавший ни одной книги ученик. / la particule doit être écrite séparément, parce que dans la phrase il y a le complément ни одной книги
8. Мама купила не растаявшее, а целое мороженое. / la particule doit être écrite séparément, parce que dans la phrase il y a l'opposition avec la conjonction а
9. Учительница провела беседу с не выучившим стих мальчиком. / la particule doit être écrite séparément, parce que dans la phrase il y a le complément стих
10. В магазине ходил ничего не покупавший человек. / la particule doit être écrite séparément, parce que dans la phrase il y a la négation ничего не
11. Она дружила с не любившим ночные прогулки парнем. / la particule doit être écrite séparément, parce que dans la phrase il y a le complément ночные прогулки
12. Гид встретил неуехавших туристов в аэропорту. / la particule doit être écrite ensemble, parce que dans la phrase il n'y a pas de complément à côté du mot туристов
13. Банк направил письма не заплатившим долг клиентам. / la particule doit être écrite séparément, parce que dans la phrase il y a le complément долг

7. 1. Артур так и не вернул мне взятый долг.
2. Всегда нужно заканчивать начатое дело.
3. На остановке стоял человек, ждавший автобус.
4. Кошка, боявшаяся собаки, не выходила из дома.
5. Услышанный голос был похож на голос маленького мальчика.
6. Я помню все рассказанные мамой в детстве сказки.
7. Спавшие дети не слышали ни грома, ни дождя.
8. Мы ищем потерявшуюся собаку по кличке Джек.
9. Мама поцеловала детей, подаривших ей цветы.
10. Преступник выпрыгнул через открытое окно.
11. Многим людям не хватает полученной зарплаты.
12. Он не запомнил имени звонившего мужчины.

VERBE - ГЛАГОЛ

8.
1. Писатель сжёг свой незаконченный роман.
2. Трасса "Москва - Сочи" ещё не достроена.
3. Тема "Глагольные суффиксы" не пройдена.
4. Он уехал на неотремонтированной машине.
5. У меня осталась ещё одна нерешённая задача.
6. Ваш приказ не выполнен.
7. Надеюсь, магазин пока не закрыт.
8. Рейс 3057 до Берлина перенесли на неопределённое время.
9. Наша посылка не доставлена.
10. Нельзя наказывать за несовершённое преступление.
11. Несохранённый файл восстановить невозможно.
12. На столе стоял бокал невыпитого вина.

Certains verbes ont une forme particulière de participe passé passif. Retenez-les:

идти́ *aller* - ше́дший
прийти́ *venir* - прише́дший
подойти́ *s'approcher* - подоше́дший
пройти́ *passer* - проше́дший
уйти́ *partir* - уше́дший
войти́ *entrer* - воше́дший
вы́йти *sortir* - вы́шедший
найти́ *trouver* - наше́дший
поги́бнуть *périr* - поги́бший
умере́ть *mourir* - уме́рший
стере́ть *effacer* - стёртый

VERBE - ГЛАГОЛ

GÉRONDIF - ДЕЕПРИЧАСТИЕ

GÉRONDIF IMPERFECTIF
ДЕЕПРИЧАСТИЕ НЕСОВЕРШЕННОГО ВИДА

Le gérondif imperfectif exprime une action inachevée qui se passe simultanément avec l'action principale de la phrase exprimée par un verbe au présent, au futur ou au passé.

Attention!!! Le gérondif imperfectif ne peut être formé qu'à partir des **verbes imperfectifs**!!!

FORMATION

le radical du verbe à la 3e personne du pluriel du présent + **â** ou **я̂**

СТУЧА́ТЬ (aspect imperfectif)
они́ стуча́т → стуча́

СМОТРЕ́ТЬ (aspect imperfectif)
они́ смо́трят → смотря́

ДУ́МАТЬ (aspect imperfectif)
они́ ду́мают → ду́мая

Pour former le gérondif imperfectif il faut conjuguer le verbe au présent à la 3e personne du pluriel et supprimer la terminaison du verbe avec le suffixe. Puis à ce radical on ajoute le suffixe **a**, si le verbe à la 3e personne du pluriel du présent se termine par **-ат**. Sinon on ajoute le suffixe **я**. Le gérondif imperfectif n'a ni genre, ni nombre, ni déclinaison.

РИСОВА́ТЬ
они́ рису́ют → рису́я портре́т
Он зараба́тывал де́ньги, рису́я портре́ты тури́стов.
Il gagnait de l'argent en dessinant des portraits des touristes.

ИГРА́ТЬ
они́ игра́ют → игра́я в ша́хматы
Мы прово́дим ка́ждый день, игра́я в ша́хматы.
Nous passons toutes les journées en jouant aux échecs.

Certains verbes qui se terminent par **-ут** à la 3me personne du pluriel du présent n'ont pas de gérondif. Retenez quelques-uns: **писа́ть** (écrire), **жечь** (brûler), **бежа́ть** (courir), **лезть** (grimper), **е́хать** (aller), **врать** (mentir), **лгать** (mentir), **ждать** (attendre). Pour exprimer le sens du gérondif on le remplace par un autre verbe ou une locution. Par exemple, on peut remplacer le verbe **ждать** par son synonyme **ожида́ть** qui a sa forme du gérondif ou par la locution **в ожида́нии**:

Я чита́л кни́гу, ожида́я дру́га. -
Je lisais un livre en attendant mon ami.

Мы пи́ли ко́фе и разгова́ривали в ожида́нии по́езда. - *Nous buvions du café et nous nous parlions en attendant le train.*

ЛОЖИ́ТЬСЯ (aspect imperfectif)
ложа́сь ← они́ ложа́тся

СМЕЯ́ТЬСЯ (aspect imperfectif)
смея́сь ← они́ смею́тся

Pour former le gérondif imperfectif à partir du verbe réfléchi il faut ajouter le suffixe **ась** au radical du verbe conjugué au présent à la 3me personne du pluriel si celui-ci se termine par **-атся**. Dans tous les autres cas on ajoute le suffixe **ясь**.

БОЯ́ТЬСЯ
они́ боя́тся → боя́сь зада́ть вопро́с
Он слу́шал его́ внима́тельно, боя́сь зада́ть вопро́с.
Il l'écoutait attentivement en craignant de poser une question.

GÉRONDIF PERFECTIF
ДЕЕПРИЧАСТИЕ СОВЕРШЕННОГО ВИДА

Le gérondif perfectif exprime une action achevée qui s'est produite avant l'action principale de la phrase exprimée par un verbe au passé (le plus souvent), au présent ou au futur (rarement).

Attention!!! Le gérondif perfectif ne peut être formé qu'à partir des **verbes perfectifs**!!!

FORMATION

le verbe au passé à la 3e personne du singulier sans la lettre finale Л +  **В** ou **ШИ**

Pour former le gérondif perfectif il faut conjuguer le verbe au passé à la 3e personne du singulier (masculin). Si le verbe conjugué se termine par le suffixe **л**, il faut le supprimer et ajouter le suffixe **в**. Sinon il ne faut qu'ajouter au verbe conjugué le suffixe **ши**. Le gérondif perfectif n'a ni genre, ni nombre, ni déclinaison.

НАРИСОВА́ТЬ
он нарисова́л → нарисова́в портре́т
Нарисова́в портре́т, Никола́й показа́л его́ свое́й жене́.
Ayant peint le portrait, Nicolas l'a montré à sa femme.

ДОСТИ́ГНУТЬ
он дости́гнул → дости́гнув верши́ны
Дости́гнув верши́ны, альпини́сты разби́ли ла́герь.
Ayant atteint le sommet, les alpinistes ont installé leur campement.

ПОСТУЧА́ТЬ (aspect perfectif)
он постуча́л → постуча́в

СМОЧЬ (aspect perfectif)
он смог → смо́гши

ИСПЕ́ЧЬ (aspect perfectif)
он испёк → испёкши

Pour former le gérondif perfectif à partir du verbe réfléchi il faut ajouter le suffixe accompagné par le postfixe **вшись** au radical du verbe conjugué au passé à la 3me personne du singulier. Si le radical du verbe conjugué se termine par une consonne (par exemple, le verbe **испе́чься - он испёкся**), on ajoute la construction **шись**.

ОСТАНОВИ́ТЬСЯ (aspect perfectif)
он останови́лся → останови́вшись

ПРОСНУ́ТЬСЯ
он просну́лся → просну́вшись ра́но
Просну́вшись ра́но, мы пошли́ гуля́ть в парк.
Réveillés tôt, nous sommes allés nous promener au parc.

Certains verbes qui se terminent à l'infinitif par **-ти** peuvent avoir la double forme du gérondif perfectif. Tels sont les verbes **войти́** (entrer), **вы́йти** (entrer), **уйти́** (partir), **найти́** (trouver), **пойти́** (aller), **подойти́** (approcher), **прийти́** (venir), **принести́** (apporter). Ces verbes peuvent former le gérondif perfectif grâce au suffixe **я** (fréquemment utilisé) et au suffixe **ши** en modifiant le radical du verbe (souvent utilisé dans la langue écrite). Observez:

Войдя́ в дом, я услы́шал крик. - *Étant entré dans la maison j'ai entendu un cri.*

Воше́дши в ко́мнату, он уви́дел своего́ бра́та. - *Entré dans sa chambre il vit son frère.*

VERBE - ГЛАГОЛ — GÉRONDIF - ДЕЕПРИЧАСТИЕ

> **Exercices et explications**

1. Observez la formation du gérondif imperfectif:

1. Лиза **сидела** на скамейке и читала книгу.
   Сидя на скамейке, Лиза читала книгу.
2. Целый день мы **лежали** на пляже и загорали.
   Целый день мы загорали, **лёжа** на пляже.
3. Вечером мы с друзьями пили чай и **рассказывали** интересные истории.
   Рассказывая интересные истории, мы с друзьями пили вечером чай.
4. Антон писал статью и **думал** о предстоящей научной конференции.
   Антон писал статью, **думая** о предстоящей научной конференции.
5. Катя ехала в поезде и **восхищалась** сибирскими пейзажами.
   Катя ехала в поезде, **восхищаясь** сибирскими пейзажами.
6. Она смотрела фильм и громко **смеялась**.
   Она смотрела фильм, громко **смеясь**.
7. Дети бегали во дворе и **играли** в догонялки.
   Дети бегали во дворе, **играя** в догонялки.
8. Кошка смотрела в окно и **наблюдала** за летающими птицами.
   Кошка смотрела в окно, **наблюдая** за летающими птицами.
9. Воскресенье обычно мы проводим у бабушки и **готовим** пироги.
   Воскресенье обычно мы проводим у бабушки, **готовя** пироги.
10. Я сижу за столом и **повторяю** слова по английскому.
    Я сижу за столом, **повторяя** слова по английскому.

2. Observez la formation du gérondif perfectif:

1. Он **написал** письмо родителям и отправил его.
   Написав письмо родителям, он отправил его.
2. Саша **открыл** дверь и понял, что никого дома не было.
   Открыв дверь, Саша понял, что никого дома не было.
3. Вечером Борис **закончил** работу и пошёл домой.
   Закончив работу вечером, Борис пошёл домой.
4. Студенты **окружили** профессора и стали задавать ему вопросы.
   Окружив профессора, студенты стали задавать ему вопросы.
5. Мы **купили** билеты на самолёт и поехали в аэропорт.
   Купив билеты на самолёт, мы поехали в аэропорт.
6. Мама **приготовила** борщ и накрыла на стол.
   Приготовив борщ, мама накрыла на стол.
7. Пациент **зашёл** в кабинет и поздоровался с врачом.
   Зайдя в кабинет, пациент поздоровался с врачом.
8. Я **выбрал** подарок для подруги и оплатил покупку картой.
   Выбрав подарок для подруги, я оплатил покупку картой.
9. Женя **позвонил** директору и сказал, что не придёт на работу.
   Позвонив директору, Женя сказал, что не придёт на работу.
10. Они **приехали** в больницу и попросили врачей помочь им.
    Приехав в больницу, они попросили врачей помочь им.

VERBE - ГЛАГОЛ

3. Formez le gérondif imperfectif à partir des verbes entre parenthèses:

1. Она работает на телеканале, (снимать) видеорепортажи.
2. Его брат занимался наукой, (проводить) различные исследования.
3. Солнце будет увеличиваться, (уничтожать) все планеты.
4. Перепишите эти слова, (подбирать) к ним рифмы.
5. Он копил деньги на университет, (экономить) на развлечениях.
6. Мой друг участвовал в соревнованиях, (занимать) первые места.
7. Анна любит отдыхать на пляже, (купаться) в море.
8. Девочка рыдала, (задыхаться) от горя.
9. (Держаться) за руки, они гуляли вдвоём в пустынном парке.
10. (Приближаться) к лесу, охотник смотрел по сторонам.

4. Observez l'usage des verbes et des locutions qui remplacent les verbes n'ayant pas de gérondif imperfectif:

1. Целый день он провёл, читая газеты и (пить) чай.

1. Целый день он провёл, читая газеты и попивая чай (*le verbe utilisé* **попивать** *est le synonyme du verbe* **пить** *boire*).

2. Учитель объяснял тему, (писать) примеры на доске.

2. Учитель объяснял тему, записывая примеры на доске (*on utilise le verbe* **записывать** *noter*).

3. Бабушка любит сидеть у камина, (вязать) носки своим внукам.

3. Бабушка любит сидеть у камина за вязкой носков своим внукам (*la locution nominale* **за вязкой** *peut être traduite* **en tricotant**).

4. Молодёжь веселилась в ночном клубе, (плясать) всю ночь.

4. Молодёжь веселилась в ночном клубе, танцуя всю ночь (*le verbe* **плясать** *est remplacé par le synonyme* **танцевая** *danser*).

5. Мальчик плакал, (лить) сок на пол.

5. Мальчик плакал, проливая сок на пол (*le verbe utilisé* **проливать** *est le synonyme du verbe* **лить** *verser*).

6. Кто-то кричал впереди, (бежать) мне навстречу.

6. Кто-то кричал впереди, приближаясь мне навстречу (*le verbe* **бежать** *courir est remplacé par le verbe* **приближаться** *s'approcher*).

7. (Не мочь) скрывать свою радость, мама заплакала.

7. Не в состоянии скрывать свою радость, мама заплакала (*le verbe* **мочь** *pouvoir est remplacé par la locution équivalente* **в состоянии**).

8. (Печь) яблочный пирог, Лиза смотрела свой любимый сериал.

8. Готовя яблочный пирог, Лиза смотрела свой любимый сериал (*le verbe utilisé* **готовить** *est le synonyme du verbe* **печь** *cuire*).

9. Он разговаривал по телефону, (ехать) за рулём автомобиля.

9. Он разговаривал по телефону, двигаясь за рулём автомобиля (*on utilise le verbe* **двигаться** *avancer*).

10. Саша катается на велосипеде, (лизать) мороженное.

10. Саша катается на велосипеде, облизывая мороженное (*le verbe utilisé* **облизывать** *est le synonyme du verbe* **лизать** *lécher*).

VERBE - ГЛАГОЛ
GÉRONDIF - ДЕЕПРИЧАСТИЕ

Retenez une petite liste de verbes qui ne peuvent pas former le gérondif imperfectif:

шить – coudre	жать – serrer	чесáть – gratter	хотéть – vouloir
бить – battre	пить – boire	вéсить – peser	писáть – écrire
ткать – tisser	петь – chanter	лизáть – lécher	бежáть – courir
врать – mentir	ждать – attendre	косúть – faucher	пахáть – labourer
спать – dormir	лить – verser	вязáть – tricoter	родúться – naître
есть – manger	лгать – mentir	рéзать – couper	казáться – sembler
рвать – déchirer	éхать – avancer	плясáть – danser	стрúчься – se coiffer

---

5. Reformulez les verbes entre parenthèses en utilisant des synonymes ou des locutions. Utilisez un dictionnaire pour faciliter la tâche:

1. Мама смотрит телевизор, (шить) папины брюки.
2. Мы гуляли по полю, (рвать) цветы.
3. Он всегда глядит в глаза, (врать) и не краснея.
4. Женщина что-то кричала, (бежать) по улице.
5. Девочка играла с куклой, (петь) песню "Кукла Маша".
6. (Лизать) себе лапы, возле дерева спокойно лежала собака.
7. Целыми днями она сидела возле окна, (вязать) шарфы для детей.
8. (Хотеть) помочь своей маме, мальчик подбежал и взял тяжёлые сумки.
9. Кошка бегала по двору, изредка останавливаясь и (чесать) себе спинку.
10. Чтобы скрыть улики, они провели всю ночь в офисе, (резать) документы.

On ne peut pas former le gérondif imperfectif à partir des verbes dont les infinitifs se terminent par -нуть ou -чь. Retenez quelques-uns:

гнуть – plier	жечь – brûler	берéчь – protéger	мёрзнуть – avoir froid
печь – cuire	тянýть – tirer	тонýть – se noyer	мóкнуть – se mouiller
течь – couler	мочь – pouvoir	пáхнуть – sentir	стерéчь – garder

---

6. Reformulez les verbes entre parenthèses en utilisant des synonymes ou des locutions. Utilisez un dictionnaire pour faciliter la tâche:

1. Ты можешь сломать палку, (гнуть) её!
2. Свободное время я провожу на кухне, (печь) пироги.
3. Собака стояла возле ворот, (стеречь) дом своего хозяина.
4. (Мёрзнуть) на остановке, Таня ждала свой автобус.
5. Я храню эту редкую книгу, (беречь) от огня и влаги.
6. Река Обь находится в Сибири, (течь) через города Новосибирск и Сургут.
7. Дворники подметали улицу, (жечь) сухие листья и траву.
8. "Помогите!" - кричал мужчина, (тонуть).
9. Девушка говорила по телефону, (мокнуть) под дождём.
10. (Мочь) помочь тебе решить эту проблему, он предпочёл остаться в стороне и наблюдать, как ты мучаешься.

VERBE - ГЛАГОЛ

GÉRONDIF - ДЕЕПРИЧАСТИЕ

> La construction négative du gérondif imperfectif est souvent exprimée par l'infinitif avec la préposition **SANS**:
>
> Я могу́ отве́тить на все ва́ши вопро́сы, <u>не чита́я</u> э́той статьи́.
> *Je peux répondre à toutes vos questions <u>sans lire</u> cet article.*
>
> Продолжа́йте жить, <u>не ду́мая</u> о про́шлом.
> *Continuez à vivre <u>sans penser</u> au passé.*

7. Mettez les verbes au gérondif imperfectif et traduisez les phrases en français:

1. Она работала, (не обращать) внимания на своих детей.
2. Компания строила дома, (не соблюдать) правила мэрии.
3. Нельзя переходить дорогу, (не смотреть) по сторонам.
4. (Не открывать) дверь, он спросил: "Кто там?".
5. Дима находился весь день дома, (не выходить) из своей комнаты.
6. (Не задавать) вопросов, Мария отдала ему деньги и ушла.
7. Ничего (не отвечать), Витя побежал во двор.
8. (Не желать) обидеть свою подругу, она не стала продолжать рассказ.

8. Transformez les phrases d'après le modèle:

> Когда она гуляла по парку, она любовалась этим озером.
> <u>Гуляя</u> по парку, она любовалась этим озером.
>  Она гуляла по парку, <u>любуясь</u> этим озером.

1. Когда я учу слова, я записываю перевод в тетрадь.
2. Когда он покупает продукты, он консультируется с продавцом.
3. Когда строители строят дом, они соблюдают требования безопасности.
4. Когда выпускники поступают в университет, они сдают экзамены.
5. Когда дети много смотрят телевизор, они портят своё зрение.

9. Formez le gérondif perfectif à partir des verbes entre parenthèses:

1. Мы вышли из дома, (забыть) взять с собой зонтик.
2. Вы порадуете свою маму, (подарить) ей улыбку.
3. (Постучать) два раза в дверь, он позвонил в звонок.
4. (Послушать) лекцию, студенты стали задавать вопросы.
5. Я сохранил тебе денег, (посоветовать) не покупать эту игру.
6. (Пригласить) свою подругу на вечеринку, ты окажешь ей внимание.
7. Миша ушёл из дома, (взять) рюкзак и скейтборд.
8. (Проснуться) рано утром, бабушка приготовила всем завтрак.
9. (Отказаться) от подарка, вы проявите неуважение к нему.
10. (Остаться) один, мальчик начал придумывать себе развлечения.

10. Comparez les phrases ayant de différents types de gérondif:

gérondif imperfectif	gérondif perfectif
1. Мой брат всегда ужинает, смотря телевизор. *(il mange et regarde la télé en même temps)*	1. Мой брат всегда ужинает, посмотрев телевизор. *(il regarde la télé et puis il mange)*
2. Учитель объясняет тему, показывая детям картинки. *(le professeur montre des dessins aux enfants pour mieux expliquer le sujet de la leçon)*	2. Учитель объясняет тему, показав детям картинки. *(d'abord le professeur a montré des dessins aux enfants et puis il leur explique le sujet de la leçon)*
3. Он написал это стихотворение, гуляя по лесу. *(il se promenait dans la forêt et écrivait le poème)*	3. Он написал это стихотворение, погуляв по лесу. *(il a écrit ce poème après une balade en forêt)*
4. Мы купили ей цветы, ходя по магазинам. *(nous lui avons acheté des fleurs en faisant les boutiques)*	4. Мы купили ей цветы, походив по магазинам. *(nous avons fait les boutiques et puis nous lui avons acheté des fleurs)*

La plupart des verbes dont les infinitifs se terminent par **-ти** (**принести́, прийти́, уйти́, найти́, войти́, пройти́** etc.) forment le gérondif perfectif grâce au suffixe **я** (parfois **а**):

Найдя́ свою́ су́мку, А́нна устреми́лась к двери́ и вы́шла.
Ayant trouvé son sac, Anne s'est précipitée vers la porte et est sortie.

Пройдя́ ми́мо кио́ска, он не вспо́мнил, что хоте́л купи́ть све́жий но́мер газе́ты.
En passant devant le kiosque, il ne se souvint pas qu'il avait voulu acheter un nouveau numéro de journal.

Дойдя́ до сле́дующего перекрёстка, поверни́те напра́во.
Arrivé au prochain carrefour, tournez à droite.

---

11. Utilisez le gérondif imperfectif ou le gérondif perfectif des verbes entre parenthèses en fonction du sens de la phrase:

1. (Проводить/провести) её домой, я заказал такси и уехал к себе.
2. (Бронировать/забронировать) номер в гостинице, мы стали упаковывать чемоданы.
3. (Переходить/перейти) дорогу, обязательно посмотрите налево, а потом направо.
4. (Приобретать/приобрести) смартфон в нашем магазине, вы получаете гарантию на три года и персональное обслуживание.
5. Он уехал из Парижа, (забирать/забрать) все свои вещи.
6. (Решать/решить) немного прогуляться, он вышел на улицу.
7. Соблюдайте меры безопасности, (работать/поработать) с электроинструментами.
8. Преступник сбежал из тюрьмы, (скрываться/скрыться) в лесу.
9. (Собираться/собраться) в зале, участники начали конференцию.

VERBE - ГЛАГОЛ

GÉRONDIF - ДЕЕПРИЧАСТИЕ

12. Remplissez le tableau en mettant les formes des verbes qui manquent:

infinitif imperfectif	infinitif perfectif	gérondif imperfectif	gérondif perfectif
стучать	постучать	стуча	постучав
разбивать	....	разбивая	разбив
....	поздравить	поздравляя	....
приглашать	....	приглашая	....
беседовать	побеседовать	....	....
....	....	заботясь	позаботившись
....	отчаяться	....	отчаявшись
....	испортиться	....	....
....	....	встречаясь	....

Les verbes non réfléchis qui forment le gérondif perfectif grâce au suffixe **в** peuvent aussi former le gérondif perfectif grâce au double suffixe **вши**. Dans la langue familière cette forme révèle souvent la séquence rapide de quelques actions:

Вспо́мнивши о своём обеща́нии никому́ не говори́ть об э́том, она́ замолча́ла.
En se souvenant qu'elle avait promis de ne le dire à personne, elle s'est tue.
(elle s'en est souvenue et s'est aussitôt tue)

Узна́вши о сме́рти своего́ еди́нственного сы́на, мать запла́кала.
En apprenant la mort de son fils unique, la mère s'est mise à pleurer.
(dès qu'elle a appris la mort de son fils unique, elle s'est mise à pleurer)

Dans la langue écrite le gérondif perfectif avec le double suffixe **вши** est rarement utilisé.

---

13. Mettez les verbes au gérondif perfectif avec le double suffixe вши:

1. (Написать) запи́ску, Ве́ра запеча́тала конве́рт и положи́ла на стол.
2. (Взять) пальто́, он попроща́лся со все́ми и ушёл.
3. (Сде́лать) уро́ки, я позвони́л дру́гу, что́бы позва́ть его́ погуля́ть.
4. (Зако́нчить) чита́ть стихотворе́ние, ма́льчик поклони́лся пе́ред зри́телями.
5. (Вы́ключить) компью́тер, Ми́ша вспо́мнил, что забы́л прове́рить по́чту.

Certains verbes (par ex. **игра́ть, гляде́ть, жале́ть, кра́сться, жить**) peuvent former le gérondif imperfectif avec le suffixe **учи / ючи**. Comme ce suffixe est archaïque, ce gérondif ne figure que dans les œuvres écrites au XVIIIe et XIXe siècles.

"Ну и что мы тепе́рь бу́дем де́лать?" - спроси́л он, краду́чись на цы́почках.
"Qu'allons-nous faire?" demanda-t-il en marchant sur la pointe des pieds.

VERBE - ГЛАГОЛ

GÉRONDIF - ДЕЕПРИЧАСТИЕ

Le gérondif imperfectif du verbe **быть** (être) est **будучи**. C'est le seul gérondif imperfectif avec le suffixe **учи** qu'on utilise actuellement dans les langues parlée et écrite.

Будучи ребёнком, я любил читать Гарри Поттера.
Lorsque j'étais enfant, j'aimais lire Harry Potter.

Будучи королём, Эдуард был титульным главой англиканской церкви.
En tant que roi, Édouard devint gouverneur suprême de l'Église d'Angleterre.

> Le nom qui suit le gérondif **будучи** est toujours au cas instrumental!!!

14. Traduisez les phrases en utilisant le gérondif будучи:
1. Elle a commencé à être engagée dans la photographie en tant que petite fille.
2. Quand cette femme était en vie, elle a accompli beaucoup de bonnes actions.
3. Quand j'étais jeune homme, j'étudiais le droit à l'université de Paris.
4. Depuis qu'il est devenu entraîneur, il a également beaucoup de succès.
5. La majorité des fumeurs ont commencé à fumer alors qu'ils étaient adolescents ou jeunes adultes.

La construction négative du gérondif perfectif est souvent exprimée par l'infinitif avec la préposition **SANS**:

Не сказав ни слова, она посмотрела на него и продолжила читать книгу.
Sans rien dire, elle l'a regardé et a continué à lire le livre.

La construction négative du gérondif perfectif peut aussi être exprimée par l'infinitif passé avec la préposition **SANS** tout en conservant le sens de la version russe:

Я знаю одного человека, который никогда не выходит из дома, не прочитав свой гороскоп.
Je connais une personne qui ne sort jamais de chez elle sans avoir lu son horoscope.

15. Mettez les verbes au gérondif perfectif et traduisez les phrases en français:
1. Саша вернулся домой, (не купить) хлеба.
2. Этот ученик пришёл в школу, (не сделать) уроки.
3. (Не окончить) школу, он поступил в оксфордский университет.
4. (Не закончить) лечение, вы рискуете получить осложнение.
5. Нельзя наказывать ребёнка, (не разобраться) в ситуации.
6. Он ушёл, (не умыться) и (не почистить) зубы.
7. Алексей так и уехал, (не проститься) со своей подругой.
8. (Не дождаться) своей очереди, мужчина начал всех толкать.

16. Lisez le texte. Transformez les phrases avec des verbes soulignés en utilisant le gérondif imperfectif ou le gérondif perfectif.

Это мой друг Дима. Мы учимся в одном и том же университете. В прошлом году он <u>закончил</u> школу в Санкт-Петербурге и поступил на юридический факультет МГУ. Когда он <u>приехал</u> в Москву, он не мог найти своё общежитие. Мы <u>встретились</u> с ним в метро и разговорились. Я <u>выслушал</u> Диму и захотел ему помочь. Мы <u>нашли</u> его общежитие на карте навигатора и отправились на поиски. Когда мы <u>пришли</u> в общежитие, то узнали, что администратора не было на месте. Я <u>пожалел</u> Диму и предложил ему переночевать у меня. В то время я <u>был</u> студентом второго курса и уже снимал однокомнатную квартиру. Диме понравилось месторасположение моего дома, поэтому он предложил мне снимать квартиру вместе. Я немного <u>подумал</u> и решил согласиться: вдвоём жить веселее и можно будет экономить на аренде квартиры. С тех пор мы <u>стали</u> друзьями, вместе ходим в кафе и на студенческие вечеринки. Мы <u>помогаем</u> друг другу решать проблемы по учёбе и укрепляем свою дружбу. Я помогаю ему учить историю России, а он помогает мне писать реферат по международному праву. Дима стал моим лучшим другом в университете.

Corrigés

3.
1. Она работает на телеканале, снимая видеорепортажи.
2. Его брат занимался наукой, проводя различные исследования.
3. Солнце будет увеличиваться, уничтожая все планеты.
4. Перепишите эти слова, подбирая к ним рифмы.
5. Он копил деньги на университет, экономя на развлечениях.
6. Мой друг участвовал в соревнованиях, занимая первые места.
7. Анна любит отдыхать на пляже, купаясь в море.
8. Девочка рыдала, задыхаясь от горя.
9. Держась за руки, они гуляли вдвоём в пустынном парке.
10. Приближаясь к лесу, охотник смотрел по сторонам.

5.
1. Мама смотрит телевизор, <u>занимаясь шитьём</u> папиных брюк.
2. Мы гуляли по полю, <u>собирая</u> цветы.
3. Он всегда глядит в глаза, <u>говоря ложь</u> и не краснея.
4. Женщина что-то кричала, <u>бегая</u> по улице.
5. Девочка играла с куклой, <u>напевая</u> песню "Кукла Маша".
ou Девочка играла с куклой, <u>исполняя</u> песню "Кукла Маша".
6. <u>Облизывая</u> себе лапы, возле дерева спокойно лежала собака.
7. Целыми днями она сидела возле окна <u>за вязкой</u> шарфов для детей.
8. <u>Желая</u> помочь своей маме, мальчик подбежал и взял тяжёлые сумки.
9. Кошка бегала по двору, изредка останавливаясь и <u>почёсывая</u> себе спинку.
10. Чтобы скрыть улики, они провели всю ночь в офисе, <u>разрезая</u> документы.
ou Чтобы скрыть улики, они провели всю ночь в офисе, <u>уничтожая</u> документы.

6.
1. Ты можешь сломать палку, <u>сгибая</u> её!
2. Свободное время я провожу на кухне, <u>выпекая</u> пироги.
3. Собака стояла возле ворот, <u>охраняя</u> дом своего хозяина.
4. <u>Замерзая</u> на остановке, Таня ждала свой автобус.
5. Я храню эту редкую книгу, <u>оберегая</u> от огня и влаги.
6. Река Обь находится в Сибири, <u>протекая</u> через города Новосибирск и Сургут.
7. Дворники подметали улицу, <u>сжигая</u> сухие листья и траву.
8. "Помогите!" - кричал мужчина, <u>уходя под воду</u>.
9. Девушка говорила по телефону, <u>измокая</u> под дождём.
ou Девушка говорила по телефону, <u>стоя</u> под дождём.
10. <u>Имея возможность</u> помочь тебе решить эту проблему, он предпочёл остаться в стороне и наблюдать, как ты мучаешься.

7.
1. Она работала, не обращая внимания на своих детей.
   Elle travaillait sans faire attention à ses enfants.
2. Компания строила дома, не соблюдая правила мэрии.
   L'entreprise construisait des maisons sans respecter les règles de la mairie.
3. Нельзя переходить дорогу, не смотря по сторонам.
   On ne peut pas traverser la route sans regarder autour.
4. Не открывая дверь, он спросил: "Кто там?".
   Sans ouvrir la porte, il a demandé "Qui est là?"
5. Дима находился весь день дома, не выходя из своей комнаты.
   Dima restait chez lui toute la journée sans sortir de sa chambre.
6. Не задавая вопросов, Мария отдала ему деньги и ушла.
   Sans poser de questions, Marie lui a donné de l'argent et est partie.
7. Ничего не отвечая, Витя побежал во двор.
   Sans rien répondre, Vitya a couru dans la cour.
8. Не желая обидеть свою подругу, она не стала продолжать рассказ.
   Sans vouloir offenser son amie, elle n'a pas continué son histoire.

8.
1. Когда я учу слова, я записываю перевод в тетрадь.
   Уча слова, я записываю перевод в тетрадь.
   Я учу слова, записывая перевод в тетрадь.
2. Когда он покупает продукты, он консультируется с продавцом.
   Покупая продукты, он консультируется с продавцом.
   Он покупает продукты, консультируясь с продавцом.
3. Когда строители строят дом, они соблюдают требования безопасности.
   Строя дом, строители соблюдают требования безопасности.
   Строители строят дом, соблюдая требования безопасности.
4. Когда выпускники поступают в университет, они сдают экзамены.
   Поступая в университет, выпускники сдают экзамены.
   Выпускники поступают в университет, сдавая экзамены.
5. Когда дети много смотрят телевизор, они портят своё зрение.
   Смотря много телевизор, дети портят своё зрение.
   Дети много смотрят телевизор, портя своё зрение.

VERBE - ГЛАГОЛ   PAGE 225   gérondif - ДЕЕПРИЧАСТИЕ

9.
1. Мы вышли из дома, забыв взять с собой зонтик.
2. Вы порадуете свою маму, подарив ей улыбку.
3. Постучав два раза в дверь, он позвонил в звонок.
4. Послушав лекцию, студенты стали задавать вопросы.
5. Я сохранил тебе денег, посоветовав не покупать эту игру.
6. Пригласив свою подругу на вечеринку, ты окажешь ей внимание.
7. Миша ушёл из дома, взяв рюкзак и скейтборд.
8. Проснувшись рано утром, бабушка приготовила всем завтрак.
9. Отказавшись от подарка, вы проявите неуважение к нему.
10. Оставшись один, мальчик начал придумывать себе развлечения.

11.
1. Проведя её домой, я заказал такси и уехал к себе.
2. Забронировав номер в гостинице, мы стали упаковывать чемоданы.
3. Переходя дорогу, обязательно посмотрите налево, а потом направо.
4. Приобретая смартфон в нашем магазине, вы получаете гарантию на три года и персональное обслуживание.
5. Он уехал из Парижа, забрав все свои вещи.
6. Решив немного прогуляться, он вышел на улицу.
7. Соблюдайте меры безопасности, работая с электроинструментами.
8. Преступник сбежал из тюрьмы, скрывшись в лесу.
9. Собравшись в зале, участники начали конференцию.

12. Remplissez le tableau en mettant les formes des verbes qui manquent:

infinitif imperfectif	infinitif perfectif	gérondif imperfectif	gérondif perfectif
стучать	постучать	стуча	постучав
разбивать	разбить	разбивая	разбив
поздравлять	поздравить	поздравляя	поздравив
приглашать	пригласить	приглашая	пригласив
беседовать	побеседовать	беседуя	побеседовав
заботиться	позаботиться	заботясь	позаботившись
отчаиваться	отчаяться	отчаиваясь	отчаявшись
портиться	испортиться	портясь	испортившись
встречаться	встретиться	встречаясь	встретившись

VERBE - ГЛАГОЛ   **GÉRONDIF - ДЕЕПРИЧАСТИЕ**

13.
1. Написавши записку, Вера запечатала конверт и положила на стол.
2. Взявши пальто, он попрощался со всеми и ушёл.
3. Сделавши уроки, я позвонил другу, чтобы позвать его погулять.
4. Закончивши читать стихотворение, мальчик поклонился перед зрителями.
5. Выключивши компьютер, Миша вспомнил, что забыл проверить почту.

14.
1. Она начала заниматься фотографией, будучи маленькой девочкой.
2. Будучи при жизни, эта женщина сделала много добра.
3. Будучи молодым, я изучал право в университете Парижа.
4. Будучи тренером, он также имеет большой успех.
5. Большинство курильщиков начали курить, будучи подростками или молодыми людьми.

15.
1. Саша вернулся домой, не купив хлеба.
   Sacha est rentré sans avoir acheté du pain.
2. Этот ученик пришёл в школу, не сделав уроки.
   Cet élève est venu à l'école sans avoir faire le devoir.
3. Не окончив школу, он поступил в оксфордский университет.
   Sans terminer ses études, il est entré à l'université d'Oxford.
4. Не закончив лечение, вы рискуете получить осложнение.
   Sans terminer le traitement, vous risquez d'avoir complication.
5. Нельзя наказывать ребёнка, не разобравшись в ситуации.
   On ne peut pas punir son enfant, sans comprendre la situation.
6. Он ушёл, не умывшись и не почистив зубы.
   Il est parti, sans se laver et se brosser les dents.
7. Алексей так и уехал, не простившись со своей подругой.
   Alexey est parti, sans dire au revoir à son amie.
8. Не дождавшись своей очереди, мужчина начал всех толкать.
   Sans attendre son tour, l'homme a commencé à bousculer tous.

16. Это мой друг Дима. Мы учимся в одном и том же университете. <u>Закончив</u> школу в Санкт-Петербурге в прошлом году, он поступил на юридический факультет МГУ. <u>Приехав</u> в Москву, он не мог найти своё общежитие. <u>Встретившись</u> с ним в метро, мы разговорились. <u>Выслушав</u> Диму, я захотел ему помочь. <u>Найдя</u> его общежитие на карте навигатора, мы отправились на поиски. <u>Придя</u> в общежитие, мы узнали, что администратора не было на месте. <u>Пожалев</u> Диму, я предложил ему переночевать у меня. <u>Будучи</u> студентом второго курса, я уже снимал однокомнатную квартиру. Диме понравилось месторасположение моего дома, поэтому он предложил мне снимать квартиру вместе. Немного <u>подумав</u>, я решил согласиться: вдвоём жить веселее и можно будет экономить на аренде квартиры. <u>Став</u> с тех пор друзьями, мы вместе ходим в кафе и на студенческие вечеринки. <u>Помогая</u> друг другу решать проблемы по учёбе, мы укрепляем свою дружбу. Я помогаю ему учить историю России, а он помогает мне писать реферат по международному праву. Дима стал моим лучшим другом в университете.

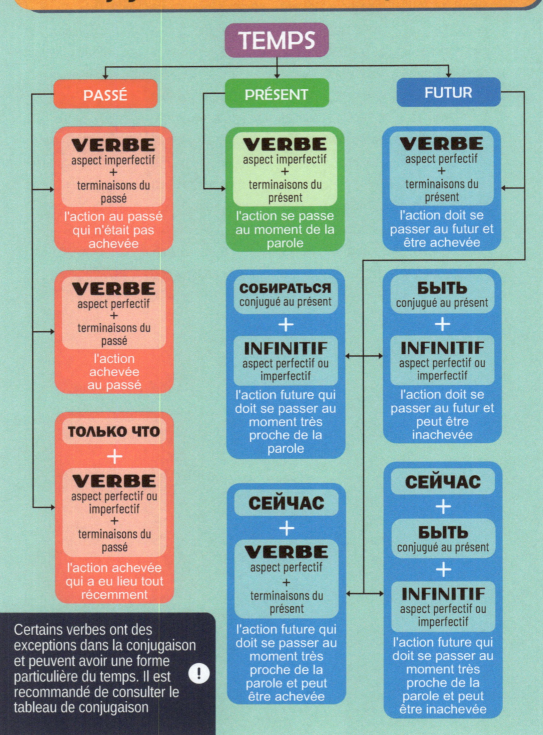

VERBE - ГЛАГОЛ

⚠️ Auto-évaluation. Verbe

1. Когда мы ждали подругу, мы … музыку.
   a) послушали
   b) слушали

2. Завтра у нас тест по грамматике и мы весь вечер … правила.
   a) будем повторять
   b) повторим

3. Мы … новый фильм и пойдем гулять.
   a) будем смотреть
   b) посмотрим

4. Мой друг всегда … мне интересные письма.
   a) пишет
   b) напишет

5. Завтра у нас контрольная работа. Я весь вечер … задания.
   a) буду выполнять
   b) выполню

6. Он … домашнее задание и пойдет играть с друзьями.
   a) будет выполнять
   b) выполнит

7. Мы … билеты и пригласим преподавателей в театр.
   a) будем покупать
   b) купим

8. Я долго … стихотворение и, наконец, … его.
   a) учил; выучил
   b) выучил; учил

9. Когда ты … новый компьютер, мы придем к тебе в гости.
   a) будешь покупать
   b) купишь

10. В ресторане друзья обедали и …
  a) разговаривали
  b) поговорили

11. В следующем году мы … новый магазин.
  a) откроем
  b) открыли

12. Завтра я весь день … текст и учить новые слова.
  a) буду переводить
  b) переведу

13. Я … книгу и отдам ее тебе.
  a) буду читать
  b) прочту

14. Летом студенты … экзамены и … домой.
  a) будут сдавать; будут уезжать
  b) сдадут; уедут

15. Все лето я … в киоске и помогать отцу продавать газеты.
  a) буду работать
  b) поработаю

16. Мы … тест два часа.
  a) будем писать
  b) напишем

17. Сейчас я … новый урок и пойду к моей подруге Кате.
  a) буду повторять
  b) повторю

18. Завтра вы обязательно … все документы.
  a) будете получать
  b) получите

19. Обычно мы ... в парке и идём гулять.
   a) встречались
   b) встречаемся

20. Она не любит ... пешком.
   a) ходит
   b) ходить

21. Наконец мы начали ... в шахматы в моим отцом.
   a) играть
   b) сыграть

22. Извините, мне надо вас ... об этой проблеме.
   a) спрашивать
   b) спросить

23. Вы всегда ... этой дорогой? - Да, но сегодня я ... на автобусе.
   a) ходите; поеду
   b) сходите; буду поехать

24. Мои родители всегда хотят ... правду.
   a) знать
   b) знают

25. Сегодня мой ребёнок первый раз ... слово «мама».
   a) сказал
   b) поговорил

26. В этом городе ... самый высокий небоскрёб в мире.
   a) находиться
   b) находится

27. Вам нужно ... к этому господину, он вам поможет.
   a) обратиться
   b) обратится

28. Мой брат ... с акцентом по-русски, а я ... без акцента.
 a) говорит; говорю
 b) поговорит; поговорю

29. Его жена всегда ... вкусные блюда, она любит ... .
 a) приготовит; приготовить
 b) готовит; готовить

30. Его отец ... свои слова два раза.
 a) не любит повторять
 b) любит не повторять

31. Он шёл вдоль улицы, не ... и не ... по сторонам.
 a) обернулся, посмотрел
 b) оборачиваясь, смотря

32. ... к двери, Мария не заметила бабушку, ... в саду.
 a) подошла, отдыхала
 b) подойдя, отдыхающую

33. Только ... над собой и ... страх, он ... успехов.
 a) работая, преодолев, добился
 b) поработав, преодолевая, добиваясь

Corrigés

1. a)   6. b)   11. a)   16. a)   21. a)   26. b)
2. a)   7. b)   12. a)   17. b)   22. b)   27. a)
3. a)   8. a)   13. b)   18. b)   23. a)   28. a)
4. a)   9. b)   14. b)   19. b)   24. a)   29. b)
5. a)   10. a)   15. a)   20. b)   25. a)   30. a)

VERBE - ГЛАГОЛ

> ❗ **Exercices de révision. Verbe**

1. Mettez les verbes entre parenthèses au présent :

Мой день

Обычно я (вставать) в 7 часов утра, (умываться), (одеваться), (завтракать). Иногда я (смотреть) по телевизору последние новости. Я (выходить) из дома по-раньше и поэтому никогда не (опаздывать). Я (ехать) в университет на автобусе. Занятия (начинаться) в 9 часов. На лекциях я (учить) лексику, фонетику и грамматику русского языка. Я внимательно (слушать), что (говорить) преподаватель. Когда преподаватель (спрашивать), я (отвечать). Если я не (понимать) слова, я (просить) преподавателя объяснить. Я много (заниматься) каждый день, чтобы хорошо говорить по-русски. После занятий я (обедать) в столовой и потом немного (гулять) по городу. Иногда я (идти) в библиотеку, чтобы взять книги. Я (возвращаться) домой в 4 часа. Дома я (отдыхать): (слушать) музыку или (играть) на компьютере. Потом я (делать) домашнее задание, (учить) новые слова, (повторять) правила. Вечером я (разговаривать) по телефону или (общаться) с друзьями в интернете, иногда (читать) книги. (Ужинать) я в 8 часов. Обычно я (ложиться) спать в 11 часов вечера.

2. Mettez les verbes entre parenthèses au passé en choisissant l'aspect convenable :

Мое путешествие

Этим летом на каникулах я (ехать/поехать) в Россию. Перед поездкой я (купить/покупать) билеты на самолёт и (забронировать/бронировать) номер в гостинице. В день вылета я (приехать/приезжать) в аэропорт, (зарегистрироваться/регистрироваться) на рейс и ровно в 12 часов мы (вылететь/вылетать). Через три часа мы (быть/пробыть) в Москве. В этом городе я (быть/пробыть) в первый раз. Я (выйти/выходить) с аэропорта и (направиться/направляться) на автобусную остановку. Моя гостиница (находиться) недалеко от аэропорта. Когда я (приехать/приезжать) в гостиницу, работник (подарить/дарить) мне гид по Москве и (дать/давать) карту города. Во время поездки я (посетить/посещать) музеи, театры и многие достопримечательности столицы. Мне (понравиться/нравиться) город, особенно его центральная часть, Красная Площадь, Кремль, Арбат. Я много (фотографироваться/сфотографироваться), чтобы показать фотографии моим друзьям и родителям. Перед отъездом я (купить/покупать) сувениры, а также книги об истории России.

VERBE - ГЛАГОЛ

3. Mettez les verbes entre parenthèses au futur en choisissant l'aspect convenable:

Мой выходной день

Завтра я не (пойти) в университет, потому что (быть/пробыть) воскресенье. Мой выходной день (начинаться/начаться) в 9 часов. Всё утро я (убраться/убираться) в своей комнате и (навести/наводить) порядок в моих вещах. Потом я (звонить/позвонить) другу Андрею. Если завтра (быть/пробыть) тёплая погода, мы (гулять/погулять) в парке весь день. Мой друг (взять/брать) шахматы и книги, а я фотоаппарат. Мы (играть/сыграть), (фотографироваться/сфотографироваться) и (читать/прочитать) книги до вечера. Мы (пообедать/обедать) в кафе в парке. Там же находится центральный стадион, где мы два часа (смотреть/посмотреть) футбольный матч между командами нашего университета. Вечером мы (вернуться/возвращаться) ко мне домой, (ужинать/поужинать) и (играть/поиграть) на игровой приставке до 9 часов. Потом мой друг (уйти/уходить) к себе домой, а я (умыться/умываться) и (лечь/ложиться) спать, потому что в понедельник (начинаться/начаться) новая учебная неделя в университете.

4. Mettez les verbes aux temps qui conviennent d'après le sens:

1. Вчера весь вечер мы с друзьями (петь/спеть) песни во дворе.
2. В этом году я начал учёбу в университете. Через пять лет я (становиться/стать) инженером.
3. Когда Оля вошла в магазин, она (встретить/встречать) свою подругу Таню.
4. В детстве я (любить/полюбить) гулять в саду и каждый день мы в отцом (наблюдать/понаблюдать) за природой.
5. Завтра он (звонить/позвонить) в аэропорт и (спросить/спрашивать), когда ближайший рейс в Берлин.
6. Мама (печь/испечь) пирожки и дала их детям.
7. Вы уже (писать/написать) статью? - Нет, но я сейчас её (закончить/заканчивать).
8. Сегодня весь день мы (кататься) на велосипедах.
9. Саша, ты сделал домашнее задание? - Да, мама, я только что (делать/сделать).

5. Utilisez le participe (présent ou passé) ou le gérondif en fonction du sens de la phrase:

1. Мы проводим каждые выходные, (заниматься) домашними делами.
2. Она рассказывала историю, (вспоминать) все детали.
3. Я решил избавиться от уличного шума, (закрыть) окно.
4. Мой отец не любит людей, (беспокоиться) только о себе.
5. Каждое утро я бегу на остановку и смотрю вслед только что (уехать) автобусу.
6. Дети, давайте повторим (выучить) на прошлом уроке слова.
7. В стоимость номера в гостинице (включить) завтрак.

1. Мой день

Обычно я **встаю** в 7 часов утра, **умываюсь**, **одеваюсь**, **завтракаю**. Иногда я **смотрю** по телевизору последние новости. Я **выхожу** из дома по-раньше и поэтому никогда не **опаздываю**. Я **еду** в университет на автобусе. Занятия **начинаются** в 9 часов. На лекциях я **учу** лексику, фонетику и грамматику русского языка. Я внимательно **слушаю**, что **говорит** преподаватель. Когда преподаватель **спрашивает**, я **отвечаю**. Если я не **понимаю** слова, я **прошу** преподавателя объяснить. Я много **занимаюсь** каждый день, чтобы хорошо говорить по-русски. После занятий я **обедаю** в столовой и потом немного **гуляю** по городу. Иногда я **иду** в библиотеку, чтобы взять книги. Я **возвращаюсь** домой в 4 часа. Дома я **отдыхаю**: **слушаю** музыку или **играю** на компьютере. Потом я **делаю** домашнее задание, **учу** новые слова, **повторяю** правила. Вечером я **разговариваю** по телефону или **общаюсь** с друзьями в интернете, иногда **читаю** книги. **Ужинаю** я в 8 часов. Обычно я **ложусь** спать в 11 часов вечера.

2. Мое путешествие

Этим летом на каникулах я **ездил** в Россию. Перед поездкой я **купил** билеты на самолёт и **забронировал** номер в гостинице. В день вылета я **приехал** в аэропорт, **зарегистрировался** на рейс и ровно в 12 часов мы **вылетели**. Через три часа мы **были** в Москве. В этом городе я **был** в первый раз. Я **вышел** с аэропорта и **направился** на автобусную остановку. Моя гостиница **находилась** недалеко от аэропорта. Когда я **приехал** в гостиницу, работник **подарил** мне гид по Москве и **дал** карту города. Во время поездки я **посещал** музеи, театры и многие достопримечательности столицы. Мне **понравился** город, особенно его центральная часть, Красная Площадь, Кремль, Арбат. Я много **фотографировался**, чтобы показать фотографии моим друзьям и родителям. Перед отъездом я **купил** сувениры, а также книги об истории России.

3. Мой выходной день

Завтра я не **пойду** в университет, потому что **будет** воскресенье. Мой выходной день **начнётся** в 9 часов. Всё утро я **буду убираться** в своей комнате и **наводить** порядок в моих вещах. Потом я **позвоню** другу Андрею. Если завтра **будет** тёплая погода, мы **будем гулять** в парке весь день. Мой друг **возьмёт** шахматы и книги, а я фотоаппарат. Мы **будем играть**, **фотографироваться** и **читать** книги до вечера. Мы **пообедаем** в кафе в парке. Там же находится центральный стадион, где мы два часа **будем смотреть** футбольный матч между командами нашего университета. Вечером мы **вернёмся** ко мне домой, **поужинаем** и **будем играть** на игровой приставке до 9 часов. Потом мой друг **уйдёт** к себе домой, а я **умоюсь** и **лягу** спать, потому что в понедельник **начнётся** новая учебная неделя в университете.

4.
1. Вчера весь вечер мы с друзьями **пели** песни во дворе.
2. В этом году я начал учёбу в университете. Через пять лет я **стану** инженером.
3. Когда Оля вошла в магазин, она **встретила** свою подругу Таню.
4. В детстве я **любил** гулять в саду и каждый день мы в отцом **наблюдали** за природой.
5. Завтра он **позвонит** в аэропорт и **спросит**, когда ближайший рейс в Берлин.
6. Мама **испекла** пирожки и дала их детям.
7. Вы уже **написали** статью? - Нет, но я сейчас её **закончу**.
8. Сегодня весь день мы **катались** на велосипедах.
9. Саша, ты сделал домашнее задание? - Да, мама, я только что **сделал**.

5.
1. Мы проводим каждые выходные, **занимаясь** домашними делами.
2. Она рассказывала историю, **вспоминая** все детали.
3. Я решил избавиться от уличного шума, **закрыв** окно.
4. Мой отец не любит людей, **беспокоящихся** только о себе.
5. Каждое утро я бегу на остановку и смотрю вслед только что **уехавшему** автобусу.
6. Дети, давайте повторим **выученные** на прошлом уроке слова.
7. В стоимость номера в гостинице **включен** завтрак.

L'ADVERBE

НАРЕЧИЕ caractérise une action, un état et joue le rôle de complément circonstanciel dans la phrase

TYPES

EN FONCTION DE FORMATION

- **ADVERBES SIMPLES** тут, тогда́, ещё
- **ADVERBES DÉRIVÉS D'ADJECTIFS** ску́чно, то́чно

SELON LA FONCTION

- **ADVERBES DÉSIGNATEURS** ме́дленно, ти́хо
- **ADVERBES PRONOMINAUX** туда́, сюда́, не́зачем

EN FONCTION DE SENS

- **ADVERBES DE TEMPS** сего́дня, ве́чером, ско́ро
- **ADVERBES DE MANIÈRE** бы́стро, гро́мко, ли́хо
- **ADVERBES DE LIEU** ря́дом, далеко́, туда́, напра́во
- **ADVERBES DE CAUSE** оттого́, потому́
- **ADVERBES DE BUT** умы́шленно, неча́янно
- **ADVERBES DE MESURE** мно́го, ма́ло, наполови́ну

Les adverbes peuvent être placés avant le verbe ou après le verbe. S'il faut mettre en évidence l'objectif de l'énoncé, on peut les placer au début de la phrase: "Мой брат бы́стро бе́гает", "Мой брат бе́гает бы́стро" ou "Бы́стро мой брат бе́гает".

Les adverbes russes sont invariables, ils ne peuvent pas se décliner ou se conjuguer, ils n'ont ni nombre ni genre.

Les adverbes dérivés d'adjectifs ont un comparatif et un superlatif.

ADVERBE - НАРЕЧИЕ

FORMATION - ОБРАЗОВАНИЕ

FORMATION

L'adverbe peut être formé à partir...

d'un nom en ajoutant les préfixes с, в/во, из et les suffixes у, е, и:

верх - наверху́
un dessus - au-dessus

низ - сни́зу
un dessous - au-dessous

бок - сбо́ку   *un côté - sur le côté*

d'un adjectif en ajoutant les préfixes из/ис, до, с, в, на, за et les suffixes у, е, и, о:

далёкий - издалека́
loin - de loin

косо́й - и́скоса
oblique - de côté (regarder)

пра́вый - впра́во
droit - à droite

ле́вый - сле́ва
gauche - de gauche

d'un pronom possessif (à l'exception de его/её et их) en ajoutant le préfixe по- et le suffixe ему:

мой - по-мо́ему
le mien - à mon avis, selon moi

твой - по-тво́ему
le tien - à ton avis, selon toi

ваш - по-ва́шему
le votre - à votre avis, selon vous

Les adverbes formés de cette manière **по-ево́нному** (*selon lui*), **по-еённому** (*selon elle*) et **по-и́хнему** (*selon eux, elles*) appartiennent à la langue familière.

d'un adverbe + un préfixe:

всегда́ - навсегда́
toujours - pour toujours

всю́ду - отовсю́ду
partout - de tous côtés

как - ника́к
comment - nullement

d'un adjectif qualificatif + les suffixes adverbiaux o (après les consonnes dures) ou e (après les consonnes molles):

поня́тный - поня́тно
clair - clairement

све́жий - свежо́
frais - frais

вне́шний - вне́шне
extérieur - extérieurement

Si l'adjectif se termine par **-ский**, on ajoute le suffixe **и**:

скепти́ческий - скепти́чески
sceptique - avec scepticisme

аналити́ческий - аналити́чески
analytique - analytiquement

физи́ческий - физи́чески
physique - physiquement

Grâce au suffixe жды on peut former des adverbes à partir des nombres cardinaux оди́н, два, три et четы́ре:

одна́жды (*une fois*)

два́жды (*deux fois*)

три́жды (*trois fois*)

четы́режды (*quatre fois*)

Toutes les voies de la formation des adverbes ne sont pas universelles. C'est pourquoi il est toujours recommandé de consulter un dictionnaire pour éviter des erreurs d'orthographe.

ADVERBE - НАРЕЧИЕ

FORMATION - ОБРАЗОВАНИЕ

FORMATION

L'adverbe peut être aussi formé à partir...

d'un adjectif en ajoutant le préfixe по- et le suffixe ему:

зи́мний - по-зи́мнему
hivernal - en hiver (habillé)

хоро́ший - по-хоро́шему
bon - gentiment

че́стный - по-че́стному
honnête - honnêtement

d'un nombre ordinal + le préfixe в-/во- et le suffixe ых (après les dures)/их (après les molles):

второ́й - во-вторы́х
deuxième - deuxièmement

тре́тий - в-тре́тьих
troisième - troisièmement

пя́тый - в-пя́тых
cinquième - cinquièmement

d'un adjectif en ajoutant le préfixe по- et le suffixe ему (si l'adjectif se termine par ий) ou ому (si l'adjectif se termine par ый):

дома́шний - по-дома́шнему
domestique - comme à la maison

вое́нный - по-вое́нному
militaire - militairement

бы́стрый - по-бы́строму
rapide - rapidement

Les adjectifs se terminant par **-ский** ont le suffixe **и** dans les adverbes formés:

ру́сский - по-ру́сски
russe - en russe, à la russe

америка́нский - по-америка́нски
américain - à la manière américaine

d'un adjectif en ajoutant le préfixe в- ou на- et le suffixe ую. Le résultat est un adverbe de manière:

тёмный - втёмную
sombre - au hasard

пусто́й - впусту́ю
vide - pour rien, en vain

слепо́й - вслепу́ю
aveugle - à l'aveugle

прямо́й - напряму́ю
direct - directement

d'un adverbe en ajoutant les particules -то, -либо, -нибудь, -таки:

где - где́-то
où - quelque part

где - где́-нибудь
où - n'importe où

всё - всё-таки
tout - pourtant

Il existe un groupe d'adverbes composés d'un préfixe et d'un nom. Ce groupe se distingue par ce que le préfixe qui joue le rôle de la préposition est séparé du nom. Il y a six préfixes essentiels: **без, до, под, при** и **про**:

бок - под бо́ком
un côté - à côté

коне́ц - без конца́
la fin - sans fin

смерть - при́ смерти
la mort - en train de mourir

Le préfixe **с/со** est séparé du nom, si l'adverbe formé n'exprime pas l'espace ou le temps. Comparez:

страх - со стра́ху
la peur - de peur

mais

нача́ло - снача́ла
le début - d'abord, au début

ADVERBE - НАРЕЧИЕ

LE COMPARATIF - СРАВНИТЕЛЬНАЯ СТЕПЕНЬ

LE COMPARATIF

Le comparatif des adverbes ne peut être formé qu'à partir des adverbes dérivés d'adjectifs.

Si vous avez remarqué, la forme du comparatif des adverbes correspond à celle du comparatif des adjectifs.

La différence consiste en ce que l'adverbe joue souvent le rôle du prédicat de la phrase complète ou celui du complément circonstanciel. Tandis que dans la phrase l'adjectif joue le rôle de l'épithète ou celui de l'attribut.

Le comparatif suffixal

se forme à l'aide des suffixes **-ее(-ей), -е, -ше, -же** ajouté au radical de l'adverbe:

тепло́ - тепле́е (-ей)
chaudement - plus chaudement
бы́стро - быстре́е (-ей)
vite - plus vite
про́сто - про́ще
simplement - plus simplement
глубоко́ - глу́бже
profondément - plus profondément

Seuls les adverbes qui se terminent par le suffixe **о** ont le comparatif suffixal. Tous les autres ont le comparatif composé.

Certains adverbes ont un comparatif irrégulier. Retenez quelques exceptions:

хорошо́ - лу́чше
   bien - mieux
пло́хо - ху́же
   mal - pire
мно́го - бо́льше
   beaucoup - plus
ма́ло - ме́ньше
   peu - moins
до́лго - до́льше
   longtemps - plus longtemps
далеко́ - да́льше
   loin - plus loin
высоко́ - вы́ше
   haut - plus haut

Le comparatif composé

se forme à l'aide du mot-outil **бо́лее** (plus) ou **ме́нее** (moins) qui est placé devant l'adverbe:

тепло́ - бо́лее тепло́
chaudement - plus chaudement
бы́стро - бо́лее бы́стро
vite - plus vite
аналити́чески - бо́лее аналити́чески
analytiquement - plus analytiquement
по-дру́жески - бо́лее по-дру́жески
amicalement - plus amicalement
ма́стерски - ме́нее ма́стерски
habilement - moins habilement
радика́льно - ме́нее радика́льно
de manière radicale - de manière moins radicale

Le complément du comparatif

peut être présenté par un nom ou un pronom au cas génitif:
Он чита́ет быстре́е бра́та.
   Il lit plus vite que son frère.
... ou un mot au nominatif ou toute une phrase introduite par la conjonction **чем**:
Он чита́ет быстре́е, чем брат.
   Il lit plus vite que son frère.
Он чита́ет быстре́е, чем его́ брат пи́шет.
   Il lit plus vite que son frère n'écrit.

Le comparatif d'égalité

se forme à l'aide du mot-outil **та́кже** (aussi) qui est placé devant l'adverbe:
Он чита́ет та́кже бы́стро.
   Il lit aussi vite.
S'il y a un objet de comparaison, celui-ci est introduit par une subordonnée avec l'adverbe **как**:
Он чита́ет та́кже бы́стро, как его́ брат.
   Il lit aussi vite que son frère.

ADVERBE - НАРЕЧИЕ

LE SUPERLATIF - ПРЕВОСХОДНАЯ СТЕПЕНЬ

Dans la langue parlée pour renforcer le comparatif on peut utiliser le préfixe **по** qu'on ajoute à la forme suffixale:

тепло́ - потепле́е
   chaud - le plus chaud
си́льно - посильне́е
   chaud - le plus chaud
ти́хо - поти́ше
   chaud - le plus chaud

Ne confondez pas le préfixe **по** qui est utilisé pour renforcer le comparatif avec le préfixe **по-** qui est utilisé pour former un adverbe:

дру́жеский - по-дру́жески
   amical - amicalement

Les suffixes **-ее** et **-ей** sont équivalents, c'est-à-dire on peut utiliser l'un au lieu de l'autre.

Retenez les transformations des consonnes finales lorsqu'on forme le comparatif suffixal

ст → щ	про́сто - про́ще гу́сто - гу́ще
х → ш	су́хо - су́ше ти́хо - ти́ше
к, т → ч	ко́ротко - коро́че бога́то - бога́че
г, д → ж	стро́го - стро́же твёрдо - твёрже

LE SUPERLATIF

Le superlatif n'a pas de forme suffixale. Celle-ci ne se retrouve que dans des locutions archaïques.

Le superlatif se forme grâce aux mots-outils **всего́** ou **всех** ajoutés au comparatif suffixal de l'adverbe:

тепло́ - тепле́е всего́
   chaud - le plus chaud
бы́стро - быстре́е всех
   vite - le plus vite
высоко́ - вы́ше всех
   haut - le plus haut
ча́сто - ча́ще всего́
   souvent - le plus souvent

Le superlatif est toujours formé d'un adverbe de manière. Par ex.: **бы́стро, ме́дленно, серьёзно, внима́тельно** etc.

Le mot **всего́** est utilisé dans des locutions adverbiales ou impersonnelles:
Ча́ще всего́ он хо́дит в э́то кафе́.
   Le plus souvent il va dans ce café.

S'il y a d'autres objets de comparaison, on doit utiliser le mot **всех**:
Он хо́дит в э́то кафе́ ча́ще всех.
   Il fréquente ce café plus souvent que n'importe qui d'autre.

Le superlatif peut aussi être formé à l'aide des mots-outils **наибо́лее** (le plus) ou **наиме́нее** (le moins) ajoutés à l'adverbe:

краси́во - наибо́лее краси́во
   joliment - le plus joliment
стра́шно - наибо́лее стра́шно
   terriblement - le plus terriblement
светло́ - наиме́нее светло́
   clairement - le moins clairement
гро́мко - наиме́нее гро́мко
   bruyamment - le moins bruyamment

Cette forme du superlatif est moins répandue et souvent utilisée lorsque le superlatif ne peut pas être formé avec le premier moyen:

La traduction française peut souvent être modifiée en fonction du cas. Le fait est que l'adverbe russe peut aussi être exprimé par un adjectif français, et ce n'est pas toujours possible de traduire une phrase russe mot à mot. Observez:

Он вы́глядел наибо́лее стра́шно без брове́й.
   Il avait l'air le plus terrible sans sourcils.

физи́чески - наибо́лее физи́чески
   physiquement - le plus physiquement
техни́чески - наиме́нее техни́чески
   techniquement - le moins techniquement

ADVERBE - НАРЕЧИЕ

 Exercices et explications

1. Observez la formation des adverbes à partir des adjectifs:

1. **сух**ой - на**сух**о / *sec - à sec*
2. **сладк**ий - **сладк**о / *doux - doucement*
3. **ровн**ый - по**ровн**у / *plat - équitablement*
4. **горяч**ий - с**горяч**а / *chaud - témérairement*
5. **лёгк**ий - на**легк**е / *léger - léger*
6. **редк**ий - из**редк**а / *rare - rarement*
7. **рассыпн**ой - в**рассыпн**ую / *en vrac - à la débandade*
8. **делов**ой - по-**делов**ому / *d'affaires - de manière professionnelle*
9. **бос**ой - **бос**иком / *pieds nus - pieds nus*
10. **рукопашн**ый - в**рукопашн**ую / *corps à corps - corps à corps*
11. **нов**ый - за**нов**о / *nouveau - à nouveau*
12. **видим**ый - **видим**о / *apparent - apparemment*

2. Observez la formation des adverbes à partir des noms:

1. **боль** - **больн**о / *une douleur - douloureusement*
2. **низ** - с**низ**у / *le bas - en bas*
3. **бок** - в**бок** / *un côté - sur le côté, latéralement*
4. **даль** - в**дал**и / *une distance - au loin*
5. **век** - на**век**и / *un siècle - éternellement*
6. **голос** - впол**голос**а / *une voix - à mi-voix*
7. **зло** - на**зло** / *le mal - par dépit*
8. **шутк**а - в **шутк**у / *une plaisanterie - pour plaisanter*
9. **канун** - на**канун**е / *une veille - la veille*
10. **вечер** - **вечер**ом / *un soir - le soir*
11. **ум** - с **ум**ом / *une intelligence - intelligemment*
12. **ключ** - под **ключ** / *une clé - clé en main*

ADVERBE - НАРЕЧИЕ

3. Saisissez les nuances des adverbes similaires:

нигде - *nulle part*	Я нигде не могу найти мои очки. - Je ne peux trouver mes lunettes nulle part.
негде - *nulle part*	Девушке негде спать, помогите ей. - La jeune fille n'a nulle part où dormir, aidez-la.
никогда - *jamais*	Он никогда не играл на пианино. - Il n'a jamais joué du piano.
некогда - *ne pas avoir le temps*	Мне некогда с тобой разговаривать. - Je n'ai pas le temps de te parler.
никуда - *nulle part*	В ближайшее время я никуда не ухожу. - Je ne vais nulle part dans l'immédiat.
некуда - *nulle part*	Ему некуда пойти, я пригласил его пожить к нам. - Il n'a nulle part où aller, je l'ai invité à vivre chez nous.
низачем - *pour rien, sans raison*	- Зачем ты взял мою сумку? - Низачем. - Pourquoi as-tu pris mon sac? - Pour rien.
незачем - *inutile de fqch*	Я тебя хорошо слышу, незачем так кричать. - Je t'entends bien, inutile de crier comme ça.

> Il est important de savoir différer un adverbe et un nom avec une préposition, car l'orthographe incorrecte peut induire en erreur :
>
> Положи́те э́ту кни́гу <u>наве́рх</u>. – *le mot* **наве́рх** *joue le rôle de l'adverbe*
> Mettez ce livre <u>en haut</u>.
> Я подня́лся <u>на верх</u> холма́. – **на верх** *est composé du nom et de la préposition*
> J'ai monté <u>au sommet</u> de la colline.

4. Soulignez les adverbes et les locutions adverbiales dans le texte. Utilisez un dictionnaire, si vous hésitez:

Марина подошла к Мише и тихонько шепнула ему что-то на ухо. Миша улыбнулся широко и закричал во всё горло:
- Ура! Ура! В начале недели мы едем на пикник!
- Да тихо ты! Это же секрет! - вполголоса крикнула Марина с перепугу. - Зря я тебе сказала, ты слишком болтлив, чтобы знать секреты.
- Обещаю, никому не скажу, - отзетил Миша, глядя с опаской в глаза Марины.
- Ладно, ладно. Посмотрим, - сказала шёпотом Марина. - В следующий раз я вначале подумаю, прежде чем тебе что-нибудь говорить.

ADVERBE - НАРЕЧИЕ

> L'adverbe peut être formé à l'aide d'un autre adverbe. Alors l'adverbe formé exprime certaines nuances de l'adverbe initial ou renforce le sens de celui-ci:
>
> давно́ - *il y a longtemps*
> давны́м-давно́ - *il y a bien longtemps*
>
> ра́ньше - *autrefois, plus tôt*
> пора́ньше - *plus tôt*
>
> си́льно - *fortement*
> си́льно-преси́льно - *très fortement*
>
> ти́хо - *doucement, silencieusement*
> ти́хо-ти́хо - *très doucement*
>
> ви́димо - *apparemment*
> ви́димо-неви́димо - *très nombreux*

5. Complétez les phrases en mettant les adverbes:

Артур проснулся _____. В горах было _____ и _____, несмотря на то, что солнце _____ поднялось. В небе _____ летали птицы; вокруг было как-то _____, но _____ : зелёные сосны, белые вершины гор, _____ слышно журчащий ручей. Дедушка Артура _____ разжёг костёр возле дома, чтобы _____ попить утреннего чаю. Артур задумался, вспоминая свою суетливую жизнь в городе.

Les adverbes à utiliser: беззвучно, торопливо, еле-еле, тихо, быстро-быстро, рано утром, уже давно, живописно, прохладно, пустынно

6. Formez des adverbes à partir des mots suivants en ajoutant des préfixes et des suffixes:

красивый - ....
дребезг - ....
время - ....
след - ....
заметный - ....
логический - ....
миг - ....
изнанка - ....

показ - ....
сколько - ....
обидный - ....
английский - ....
похожий - ....
ряд - ....
три - ....
сюда - ....

ADVERBE - НАРЕЧИЕ

> Il existe encore un moyen moins fréquent de formation d'adverbe, à partir du verbe. En général, on ajoute un préfixe ou un suffixe au radical du verbe:
>
> молча́ть *(se taire)* - мо́лча *(en silence)*
> стоя́ть *(être debout)* - сто́я *(debout)*
> лежа́ть *(être couché)* - лёжа *(couché)*
> ме́длить *(retarder)* - неме́для *(tout de suite)*
> сообщи́ть *(informer)* - сообща́ *(en collaboration)*
>
> L'infinitif du verbe **вида́ть** peut être utilisé comme adverbe:
>
> Вида́ть ты не слы́шал но́вость. –
> *Apparemment tu n'as pas appris une nouvelle.*
> У тебя́ кра́сные глаза́. Вида́ть ты не спал всю ночь. –
> *Tes yeux sont rouges. Tu es sûrement resté éveillé toute la nuit.*

7. Formez le comparatif suffixal des adverbes:

1. Чувствуйте себя (уверенно), это поможет преодолеть страх.
2. Видать преступник (тщательно) скрыл следы преступления.
3. Жить нужно (скромно), экономя на развлечениях.
4. (Разумно) используйте воду, чтобы сберечь природу.
5. Виктор встретил его (приветливо), чем обычно.
6. Объясните нам эту теорию (понятно), мы не сильны в физике.
7. Как правило, детективные истории пишут (подробно), со всеми деталями.
8. Он играет в футбол (хорошо) своего отца.
9. Сегодня в Санкт-Петербурге (тепло), чем в Москве.
10. Дима всегда подходит к делу (ответственно) своих друзей.
11. Он сидел молча и (загадочно), чем когда-либо.
12. Актёр должен играть эту роль (динамично) и (энергично).

8. Formez le superlatif des adverbes:

1. Ваш ребёнок талантливый, он рисует (хорошо).
2. Это эффективное лекарство, оно помогает (быстро).
3. Вика проснулась (рано) и приготовила завтрак.
4. Мы едем уже полчаса. Твой дом находится (далеко).
5. (Глупо) сидеть сложа руки и ничего не делать.
6. В нашей семье 5 человек, но (много) кушаешь конфет именно ты.
7. (Трудно) бросить курить при постоянном стрессе.
8. Не храните деньги дома. (Хорошо) откройте депозит в банке.
9. (Важно) правильно выбрать университет и специальность.
10. Результаты анализов (скоро) подтвердят диагноз врачей.
11. В 2020 году этот бизнесмен жил (богато).
12. Молодец, ты поступил (умно).

ADVERBE - НАРЕЧИЕ

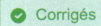 Corrigés

4. Марина подошла к Мише и <u>тихонько</u> шепнула ему что-то на ухо. Миша улыбнулся <u>широко</u> и закричал <u>во всё горло</u>:
- Ура! Ура! В начале недели мы едем на пикник!
- Да <u>тихо</u> ты! Это же секрет! - <u>вполголоса</u> крикнула Марина <u>с перепугу</u>. - <u>Зря</u> я тебе сказала, ты <u>слишком</u> болтлив, чтобы знать секреты.
- Обещаю, никому не скажу, - ответил Миша, глядя <u>с опаской</u> в глаза Марины.
- Ладно, ладно. Посмотрим, - сказала <u>шёпотом</u> Марина. - В следующий раз я <u>вначале</u> подумаю, прежде чем тебе что-нибудь говорить.

5. Артур проснулся рано утром. В горах было тихо и прохладно, несмотря на то, что солнце уже давно поднялось. В небе беззвучно летали птицы; вокруг было как-то пустынно, но живописно : зелёные сосны, белые вершины гор, еле-еле слышно журчащий ручей. Дедушка Артура торопливо разжёг костёр возле дома, чтобы быстро-быстро попить утреннего чаю. Артур задумался, вспоминая свою суетливую жизнь в городе.

6.
красивый - красиво
дребезг - вдребезги
время - вовремя
след - вслед
заметный - заметно
логический - логически
миг - вмиг
изнанка - наизнанку

показ - напоказ
сколько - несколько
обидный - обидно
английский - по-английски
похожий - похоже
ряд - вряд, подряд
три - трижды
сюда - отсюда

7.
1. Чувствуйте себя увереннее, это поможет преодолеть страх.
2. Видать преступник тщательнее скрыл следы преступления.
3. Жить нужно скромнее, экономя на развлечениях.
4. Разумнее используйте воду, чтобы сберечь природу.
5. Виктор встретил его приветливее, чем обычно.
6. Объясните нам эту теорию понятнее, мы не сильны в физике.
7. Как правило, детективные истории пишут подробнее, со всеми деталями.
8. Он играет в футбол лучше своего отца.
9. Сегодня в Санкт-Петербурге теплее, чем в Москве.
10. Дима всегда подходит к делу ответственнее своих друзей.
11. Он сидел молча и загадочнее, чем когда-либо.
12. Актёр должен играть эту роль динамичнее и энергичнее.

8.
1. Ваш ребёнок талантливый, он рисует лучше всех.
2. Это эффективное лекарство, оно помогает быстрее всего (*ои* быстрее всех).
3. Вика проснулась раньше всех и приготовила завтрак.
4. Мы едем уже полчаса. Твой дом находится дальше всех.
5. Глупее всего сидеть сложа руки и ничего не делать.
6. В нашей семье 5 человек, но больше всех кушаешь конфет именно ты.
7. Труднее всего бросить курить при постоянном стрессе.
8. Не храните деньги дома. Лучше всего откройте депозит в банке.
9. Важнее всего правильно выбрать университет и специальность.
10. Результаты анализов скорее всего подтвердят диагноз врачей.
11. В 2020 году этот бизнесмен жил богаче всех.
12. Молодец, ты поступил умнее всех.

CONSTRUCTIONS VERBALES

Ci-dessous sont présentés les verbes et les constructions verbales. Ils sont accompagnés par des compléments directs et indirects avec ou sans prépositions.
Abréviations:

Génitif	Datif	Accusatif	Instrumental
кого́-л. *кого́-либо*	кому́-л. *кому́-либо*	кого́-л. *кого́-либо*	кем-л. *кем-либо*
чего́-л. *чего́-либо*	чему́-л. *чему́-либо*	что-л. *что-либо*	чем-л. *чем-либо*

Предложный	+ verbe
о ком-л. *о ком-либо*	сде́лать что-л. *сде́лать что-либо*
о чём-л. *о чём-либо*	

беспоко́иться о чём-л.

благодари́ть кого́-л. за что-л.

боя́ться чего́-л. / кого́-л. / де́лать что-л.

брать что-л. у кого́-л.

быть благоскло́нным к чему́-л.

быть в пра́ве де́лать что-л.

быть в состоя́нии де́лать что-л.

быть гото́вым к чему́-л. / сде́лать что-л.

быть до́лжным сде́лать что-л.

быть отве́тственным за что-л.

быть похо́жим на что-л. / на кого́-л.

быть призна́тельным кому́-л. за что-л.

воздерживаться от чего́-л.

вооружи́ться чем-л.

вреди́ть кому́-л. / чему́-л.

вспомина́ть о чём-л. / о ком-л.

вспо́мнить что-л. / кого́-л.

вы́брать кого́-л. / что-л.

вы́рвать что-л. у кого́-л. / у чего́-л.

говори́ть с кем-л. о ком-л. / о чём-л.

гото́виться к чему́-л / де́лать что-л.

дать что-л. кому́-л.

доби́ться успеха в чём-л.

дове́риться кому́-л. / чему́-л.

дово́льствоваться чем-л.

дога́дываться о чём-л.

дорожи́ть чем-л. / кем-л.

ду́мать о чём-л. / о ком-л.

жа́ждать чего́-л.

жа́ловаться кому́-л. на что-л.

ждать кого́-л. / что-л.

жела́ть что-л. / сде́лать что-л.

забы́ть что-л. / сде́лать что-л.

зави́сеть от чего́-л. / от кого́-л.

зако́нчить что-л. / де́лать что-л.

замеча́ть что-л. / кого́-л.

занима́ть что-л. у кого́-л.

занима́ться чем-л.

записа́ться на что-л.

запреща́ть кому́-л. де́лать что-л.

запреща́ть что-л. кому́-л.
заслу́живать что-л.
заставля́ть кого́-л. де́лать что-л.
захвати́ть что-л. / кого́-л.
звони́ть кому́-л.
злоупотребля́ть кем-л. / чем-л.
избавля́ть кого́-л. от чего́-л.
избавля́ться от чего́-л. / от кого́-л.
избежа́ть кого́-л. / чего́-л.
извини́ться за что-л.
име́ть вре́мя сде́лать что-л.
име́ть намере́ние сде́лать что-л.
име́ть необходи́мость в чём-л.
име́ть пра́во на что-л.
име́ть пра́во сде́лать что-л.
интересова́ться чем-л. / кем-л.
информи́ровать кого́-л. о чём-л.
иска́ть что-л. / кого́-л.
испы́тывать недоста́ток в чём-л.
кля́сться чем-л.
люби́ть кого́-л. / что-л. / де́лать что-л.
мечта́ть о чём-л. / о ком-л. / сде́лать что-л.
меша́ть чему́-л. / кому́-л.
меша́ть чему́-л. / кому́-л. де́лать что-л.
мочь сде́лать что-л.
наде́яться на что-л. / сде́лать что-л.
напо́мнить что-л. кому́-л.
наслажда́ться чем-л.
настро́иться на что-л.

научи́ть кого́-л. чему́-л. / де́лать что-л.
начина́ть что-л. / де́лать что-л.
нра́виться кому́-л.
обвиня́ть кого́-л в чем-л.
обеща́ть кому́-л. сде́лать что-л.
обеща́ть что-л. кому́-л.
обрати́ть внима́ние на кого́-л. / на что-л.
обраща́ться к кому́-л. / во что-л.
обсужда́ть кого́-л. / что-л.
обяза́ть кого́-л. де́лать что-л.
ожида́ть, ждать что-л. / кого́-л.
опаса́ться чего́-л. / кого́-л.
освобожда́ть кого́-л. от чего́-л.
отбира́ть что-л. у кого́-л.
отве́тить на что-л. / кому́-л.
отказа́ть в чём-л. кому́-л.
отказа́ться от чего́-л.
отлича́ться от чего́-л. / от кого́-л.
отнима́ть что-л. у кого́-л.
отрица́ть что-л.
ошиба́ться в чём-л. / в ком-л.
плани́ровать что-л. / де́лать что-л.
побужда́ть кого́-л. де́лать что-л.
поддава́ться чему́-л.
позво́лить кому́-л. сде́лать что-л.
позво́лить что-л. кому́-л.
поздра́вить кого́-л. с чем-л.
покупа́ть что-л. кому́-л.
положи́ть коне́ц чему́-л.

по́льзоваться чем-л.

помеша́ть кому-л. сде́лать что-л.

помога́ть кому-л. де́лать что-л.

попроси́ть кого-л. сде́лать что-л.

попроси́ть что-л. у кого-л.

поруча́ть кому-л. что-л. / сде́лать что-л.

предложи́ть кому-л. сде́лать что-л.

предложи́ть что-л. кому-л.

предоставля́ть что-л. кому-л.

предпочита́ть что-л. / сде́лать что-л.

предусмотре́ть что-л. / сде́лать что-л.

прекрати́ть что-л. / де́лать что-л.

привести́ к чему-л.

привы́кнуть к чему-л. / кому-л. / де́лать что-л.

пригласи́ть кого-л. на что-л. / де́лать что-л.

призыва́ть к чему-л.

прика́зывать кому-л. де́лать что-л.

приступи́ть к чему-л.

прису́тствовать на чём-л.

продо́лжить что-л. / де́лать что-л.

проси́ть кого-л. сде́лать что-л.

прости́ть что-л. кому-л.

пря́тать что-л. от кого-л.

пыта́ться де́лать что-л.

располага́ть чем-л.

рассказа́ть что-л. кому-л.

рассчи́тывать сде́лать что-л.

рекомендова́ть кому-л. что-л. / сде́лать что-л.

реши́ть что-л. / сде́лать что-л.

реши́ться на что-л. / сде́лать что-л.

сказа́ть кому-л. что-л. / сде́лать что-л.

служи́ть чему-л.

слу́шать что-л. / кого-л.

слу́шаться кого-л.

слы́шать кого-л. / что-л.

слы́шать о чём-л. / о ком-л.

сме́шивать что-л. с чем-л.

смея́ться над чем-л. / над кем-л.

смири́ться с чем-л.

смотре́ть на что-л. / на кого-л.

сове́товать кому-л. что-л. / сде́лать что-л.

соглаша́ться де́лать что-л.

соглаша́ться с чем-л. / с кем-л.

сожале́ть о чём-л.

сомнева́ться в чем-л.

соотве́тствовать чему-л.

сопе́рничать с чем-л. / с кем-л.

сопротивля́ться чему-л.

составля́ть что-л.

спеши́ть сде́лать что-л.

стара́ться де́лать что-л.

стреми́ться к чему-л.

стреми́ться сде́лать что-л.

теря́ть наде́жду на что-л. / сде́лать что-л.

толка́ть что-л. / кого-л.

торопи́ться сде́лать что-л.

убеди́ть кого-л. сде́лать что-л.

убеди́ться в чем-л.

увидеть кого-л. / что-л.

угрожать кому-л. чем-л. / сделать что-л.

удаваться сделать что-л.

удариться обо что-л.

украсть что-л. у кого-л.

употреблять что-л.

участвовать в чем-л.

учить что-л.

учить кого-л. чему-л. / делать что-л.

учиться чему-л. / делать что-л.

хотеть что-л. / сделать что-л.

PREPOSITIONS

Ci-dessous sont présentées les prépositions les plus utilisées avec leurs significations et des exemples d'usage

préposition	cas	signification	équivalent français	exemples
без	+ génitif	absence, manque de qch	sans	Нельзя́ войти́ в метро́ без биле́та.
благодаря́	+ datif	cause (positive)	grâce à	Мы вы́жили благодаря́ спаса́телям.
в	+ accusatif	direction	à, pour	Са́ши нет до́ма, он уе́хал в университе́т.
в	+ prépositionnel	la place à l'intérieur de qch	dans	Все мои́ кни́ги лежа́т в коро́бке.
		temps (mois, an, siècle ou période de vie)	dans, *sans préposition*	В де́тстве я люби́л игра́ть со свое́й ко́шкой. В сентябре́ все де́ти иду́т в шко́лу.
		situation ou état d'âme	en	Он был злой и крича́л в гне́ве.
		description	en	На у́лице гуля́л ма́льчик в си́них брю́ках. Э́тот студе́нт си́льный в матема́тике.
вдоль	+ génitif	place	le long de	Друзья́ люби́ли гуля́ть вдоль на́бережной Се́ны.
внутри́	+ génitif	place	à l'intérieur de	Внутри́ портмоне́ лежа́ли докуме́нты и де́ньги.

préposition	cas	signification	équivalent français	exemples
вме́сто	+ génitif	substitution	au lieu de	Я купи́л я́блок вме́сто бана́нов.
вокру́г	+ génitif	position	autour de	Вокру́г па́рка мно́го рестора́нов.
вопреки́	+ datif	opposition	contre	Он уе́хал из го́рода вопреки́ жела́нию оста́ться.
для	+ génitif	l'objet d'action ou le but	pour	Ма́льчик пригото́вил пода́рок для своего́ дру́га. Они́ взя́ли зо́нтик для прогу́лки под дождём.
до	+ génitif	destination ou période temporelle	jusqu'à	Она́ дое́хала до библиоте́ки на авто́бусе. Я бу́ду на рабо́те до ве́чера.
за	+ accusatif	direction	à	По́сле бесе́ды все го́сти се́ли за стол.
за	+ instrumental	place ou période temporelle	derrière, devant, pendant	У него́ за спино́й стоя́ли его́ роди́тели. Лу́чше обсуди́ть э́тот вопро́с за обе́дом.
из-за́	+ génitif	déplacement de l'intérieur d'un objet ou cause négative	de, derrière, à cause de	Со́лнце вы́шло из-за́ туч. А́нна не смогла́ пойти́ на рабо́ту из-за́ боле́зни.
из-под	+ génitif	déplacement d'une partie inférieure	sous	Я не могу́ доста́ть мяч из-под шка́фа.

préposition	cas	signification	équivalent français	exemples
к	+ datif	direction vers un objet ou période temporelle	vers, de, chez, à	Он подошёл к окну́ и посмотре́л во двор.
				К ве́черу все клие́нты поки́нули магази́н.
кро́ме	+ génitif	exclusion d'un objet ou adittion d'un objet	sauf	Пришли́ все кро́ме Мари́и и О́льги.
				Кро́ме берёз в саду́ расту́т дубы́ и я́блони.
ме́жду	+ intrumental	place ou période temporelle	entre	В кла́ссе я сижу́ ме́жду Ви́ктором и Его́ром.
				Мы свобо́дны ме́жду заня́тиями.
ми́мо	+ génitif	déplacement devant qch	devant, à côté	Ты прошёл ми́мо ка́ссы и не заме́тил её.
				Он вы́стрелил, но попа́л ми́мо престу́пника (il n'a pas touché le criminel).
на	+ accusatif	direction vers un objet	sur	Она́ вошла́ в дом и положи́ла ключи́ на стол.
на	+ prépositionnel	place	sur	Кни́ги лежа́т на столе́, а тетра́ди на по́лке.
		période temporelle (avec les mots рассвет, закат)	à	На рассве́те де́ти пошли́ к о́зеру лови́ть ры́бу.
		moyen ou mode de transport	en	Он е́здит в шко́лу на велосипе́де.
				Ка́ждую зи́му мы е́дем в А́льпы, что́бы поката́ться на лы́жах.

préposition	cas	signification	équivalent français	exemples
на	+ prépositionnel	moyen d'action	sur, à	Ребёнок по́лзает на коле́нях.
				Ви́ктор це́лыми дня́ми рабо́тает на компью́тере.
		dans les locutions	-	Анри́ лю́бит есть бутербро́д на ходу́.
над	+ instrumental	position	au dessus de	Над дива́ном висе́ло зе́ркало.
навстре́чу	+ datif	direction	à la rencontre de	Ма́льчик бежа́л навстре́чу своему́ отцу́.
накану́не	+ génitif	période temporelle	à la veille de	Накану́не Но́вого Го́да де́ти у́чат стихи́ и пра́здничные пе́сни.
напереко́р	+ datif	mode d'action	en dépit de	Почему́ ты всегда́ де́йствуешь напереко́р своему́ отцу́?
напро́тив	+ génitif	position	en face de	Напро́тив на́шего до́ма есть отли́чный рестора́н.
о	+ accusatif	mode d'action	-	Он упа́л и уда́рился о ка́мень.
о	+ prépositionnel	objet de discours	de	Вы ему́ рассказа́ли о свое́й пое́здке?
		objet d'idée, de pensée	de	Я всегда́ ду́маю о мое́й сестре́.
		objet de soin	de	Забо́та об океа́не явля́ется обя́занностью всех стран ми́ра.

préposition	cas	signification	équivalent français	exemples
о́коло	+ génitif	position	à côté de, près de	Мы останови́лись в гости́нице о́коло центра́льного па́рка.
от	+ génitif	direction	de	Я встре́тил её, когда́ возвраща́лся от друзе́й.
		cause	de	Э́тот челове́к у́мер от ра́ка.
недалеко́ от	+ génitif	position	non loin de	Она́ гуля́ла недалеко́ от городско́го музе́я.
пе́ред	+ instrumental	position	devant	Я стоя́л пе́ред две́рью, когда́ мне позвони́ли.
		période temporelle	avant	Пе́ред ле́кциями мы обща́емся с друзья́ми.
по	+ datif	déplacement sur un objet	sur	Ма́льчики бе́гают по траве́.
		déplacement à travers un groupe d'objets	-	Мои́ сёстры лю́бят гуля́ть по магази́нам.
		moyen de communication	à	Ва́ша ма́ма до́лго разгова́ривает по телефо́ну.
		métier, discipline	de	Он забы́л уче́бник по ру́сскому языку́. Э́то наш специали́ст по маркети́нгу.
		régularité	-	По воскресе́ньям мы е́здим в дере́вню.
		cause	à cause de	Он всегда́ берёт мою́ ша́пку по невнима́тельности (из-за невнима́тельности)

préposition	cas	signification	équivalent français	exemples
по	+ datif	limite temporelle	jusqu'à	Мы аренду́ем кварти́ру по дека́брь (= до конца́ декабря́).
		limite physique	jusqu'à	Он стоя́л по коле́но в воде́.
под	+ accusatif	direction	sous	Са́ша положи́л игру́шку под стол.
под	+ instrumental	position	sous	Под столо́м лежа́т ключи́.
под	+ prépositionnel	position	au dessous de	Ры́бы пла́вают под водо́й.
по́сле	+ génitif	période temporelle	après	По́сле пра́здников мы возвраща́емся домо́й.
при	+ prépositionnel	période temporelle	-	При короле́ Гео́рге III э́тот за́мок был са́мым изве́стным.
		condition	-	Он помо́жет тебе́ при жела́нии (= е́сли захо́чет).
		pour exprimer la présence d'une ou de quelques personnes	-	Поли́ция конфискова́ла её су́мку при свиде́телях.
с	+ génitif	direction d'un objet vers un autre	de	Она́ верну́лась с вечери́нки в по́лночь.
		cause d'état d'âme	-	Он с ра́достью при́мет вас у себя́ в о́фисе.

préposition	cas	signification	équivalent français	exemples
с	+ génitif	commencement de période temporelle	à partir de	Магазин начинает работать с понедельника.
с	+ instrumental	objet d'action	avec, à	Преподаватель беседует со студентами. Ученики познакомились с историей древнего Рима.
		description d'objet	avec, à	Мне нравится этот дом с голубой крышей.
		façon d'action	avec	Дети с нетерпением ждут Деда Мороза.
		pour désigner une action après laquelle se passe une autre action	avec	Мальчик стал весёлым с приездом отца (= после приезда отца).
снаружи	+ génitif	position	à l'extérieur de	Снаружи дома его ждал чёрный автомобиль.
сквозь	+ accusatif	direction	à travers	Фокусники умеют ходить сквозь стены.
среди	+ génitif	position	parmi	Среди его друзей нет непорядочных.
		période temporelle	dans	Кто-то постучал в дверь среди ночи (=ночью).
согласно	+ datif	cause	selon	Вам необходимо покинуть офис согласно указанию директора.

préposition	cas	signification	équivalent français	exemples
у	+ génitif	lieu	chez, près de, à	Он будет ждать тебя у выхода из магазина.
через	+ accusatif	direction	à travers	Дети перебежали через улицу.
		période temporelle	dans	Гости должны прийти через два часа.

ADJECTIFS NUMÉRAUX CARDINAUX ET ORDINAUX

Retenez les adjectifs numéraux cardinaux et leur déclinaison:

CAS	один, одно	одна
Nominatif	оди́н, одно́	одна́
Génitif	одного́	одно́й
Datif	одному́	одно́й
Accusatif	оди́н, одно́ / одного́	одну́
Instrumental	одни́м	одно́й
Prépositionnel	об одно́м	об одно́й

CAS	два, две	три	четы́ре	пять*
Nominatif	два, две	три	четы́ре	пять
Génitif	двух	трёх	четырёх	пяти́
Datif	двум	трём	четырём	пяти́
Accusatif	два, две / двух	три / трёх	четы́ре / четырёх	пять
Instrumental	двумя́	тремя́	четырьмя́	пятью́
Prépositionnel	о двух	о трёх	о четырёх	о пяти́

* - Les adjectifs numéraux cardinaux 6 ... 20 ont la même déclinaison que les noms féminins qui se terminent par -ь (по́мощь, жизнь, ложь)

CAS	три́дцать	со́рок	пятьдеся́т**
Nominatif	три́дцать	со́рок	пятьдеся́т
Génitif	тридцати́	сорока́	пятидесяти́
Datif	тридцати́	сорока́	пятидесяти́
Accusatif	три́дцать	со́рок	пятьдеся́т
Instrumental	тридцатью́	сорока́	пятьюдесятью́
Prépositionnel	о тридцати́	о сорока́	о пятидесяти́

** - Les adjectifs numéraux cardinaux 60, 70, 80 ont la même déclinaison que l'adjectif 50 et changent toutes les deux parties du mot: шести́десяти, шестью́десятью, восьми́десяти etc.

Соревнова́ния прохо́дят в **двух** города́х.
Э́тот худо́жник про́жил до **семи́десяти** лет.
Я живу́ со свои́ми **тремя́** бра́тьями.

CAS	девяносто	сто	двести***
Nominatif	девяносто	сто	двести
Génitif	девяноста	ста	двухсот
Datif	девяноста	ста	двухстам
Accusatif	девяносто	сто	двести
Instrumental	девяноста	ста	двухстами
Prépositionnel	о девяноста	о ста	о двухстах

*** - Les adjectifs numéraux cardinaux 300, 400, 500, 600, 700, 800, 900 ont la même déclinaison que l'adjectif 200 et changent toutes les deux parties du mot: **трёхстами, пятистам, девятистам** etc.

Эта книга о **ста** знаменитых писателях мира.
Это блюдо готовится при **двухстах** градусах.
У меня нет **пятисот** рублей.

CAS	тысяча	миллион	миллиард****
Nominatif	тысяча	миллион	миллиард
Génitif	тысячи	миллиона	миллиарда
Datif	тысячи	миилиону	миллиарду
Accusatif	тысячу	миллион	миллиард
Instrumental	тысячам	миллионом	миллиардами
Prépositionnel	о тысячи	о миллионе	о миллиардах

La déclinaison des adjectifs cardinaux composés:

CAS	пятьдесят один	сто двадцать девять
Nominatif	пятьдесят один	сто двадцать девять
Génitif	пятидесяти одного	ста двадцати девяти
Datif	пятидесяти одному	ста двадцати девяти
Accusatif	пятьдесят один	сто двадцать девять
Instrumental	пятидесятью одним	ста двадцатью девятью
Prépositionnel	о пятидесяти одном	о ста двадцати девяти

Он рассказал об **одной тысяче пятистах шестидесяти одном** человеке, которые живут в этой деревне.
Директор подарил книгу всем **двумстам девяноста семи** сотрудникам завода.

Les adjectifs numéraux ordinaux:

1	пе́рвый
2	второ́й
3	тре́тий
4	четвёртый
5	пя́тый
6	шесто́й
7	седьмо́й
8	восьмо́й
9	девя́тый
10	деся́тый
11	оди́ннадцатый
12	двена́дцатый
13	трина́дцатый
14	четы́рнадцатый
15	пятна́дцатый
16	шестна́дцатый
17	семна́дцатый
18	восемна́дцатый
19	девятна́дцатый
20	двадца́тый
21	два́дцать пе́рвый
22	два́дцать второ́й
30	тридца́тый
40	сороково́й
50	пятидеся́тый
60	шестидеся́тый
70	семидеся́тый
80	восьмидеся́тый
90	девяно́стый
100	со́тый
101	сто пе́рвый
110	сто деся́тый
200	двухсо́тый
300	трёхсо́тый
400	четырёхсо́тый
500	пятисо́тый
600	шестисо́тый
700	семисо́тый
800	восьмисо́тый
900	девятисо́тый
1000	ты́сячный
2000	двухты́сячный

Les adjectifs numéraux ordinaux se déclinent de la même manière que les adjectifs ordinaires.

La déclinaison des adjectifs numéraux ordinaux ne s'effectue qu'avec le dernier chiffre:

Мой оте́ц роди́лся в **ты́сяча девятьсо́т пятидеся́том** году́.

Этот го́род осно́ван в **сто два́дцать тре́тьем** году́.

В э́той стране́ начала́сь война́ в **девятна́дцатом** ве́ке.

VERBES IRRÉGULIERS

Les verbes irréguliers sont divisés en deux parties: 1) les verbes qui ont les terminaisons de la 1re et de la 2e déclinaison en même temps et 2) les verbes qui ont une conjugaison archaïque.

Les verbes du premier type sont **бежать**, **хотеть**, **чтить** et tous les autres verbes qui ont la même racine (**выбежать**, **избежать**, **захотеть** etc.)

Retenez la conjugaison de ces verbes au présent:

SINGULIER		PLURIEL	
Я	бегу́ хочу́ чту	Мы	бежи́м хоти́м чтим
Ты	бежи́шь хо́чешь чтишь	Вы	бежи́те хоти́те чти́те
Он Она Оно	бежи́т хо́чет чтит	Они	бегу́т хотя́т чтят

Attention!!! Ne confondez pas les verbes de différents sens! Alors, le verbe "**бежать**" - *courir avec une vitesse* se rapporte aux verbes irréguliers tandis que le verbe "**бегать**" - *courir en faisant du sport ou en s'amusant* se rapporte à la 1re conjugaison.

Ма́льчик бе́га*ет* во дворе́.

Обы́чно по утра́м Ви́ктор бе́га*ет* в па́рке.

Les verbes du deuxième type sont **дать**, **есть** (*au sens "manger"*) et tous les autres verbes qui ont la même racine (**отдать**, **сдать**, **поесть** etc.)

Retenez la conjugaison de ces verbes au présent:

SINGULIER		PLURIEL	
Я	даю́ ем	Мы	даём еди́м
Ты	даёшь ешь	Вы	даёте еди́те
Он Она Оно	даёт ест	Они	даю́т едя́т

Attention!!! Le verbe "**дать**" qui se rapporte aux verbes irréguliers a l'aspect imperfectif "**давать**" qui ne s'emploie qu'au passé.

Он не дава́л мне кни́гу.

Я дава́л мяч моему́ дру́гу.

Вчера́ мы дава́ли интервью́.

Retenez la conjugaison de ces verbes au futur:

SINGULIER		PLURIEL	
Я	дам съем	Мы	дади́м съеди́м
Ты	дашь съешь	Вы	дади́те съеди́те
Он Она Оно	даст съест	Они	даду́т съедя́т

VERBE "БЫТЬ"

Le verbe "**быть**" ne joue pas le même rôle dans la phrase que le verbe "être" en français. Alors il peut être employé ou omis, utilisé au sens du verbe "avoir". Enfin il participe à la formation du futur composé. Observez tous les cas de l'emploi du verbe "**быть**" pour bien assimiler ses particularités.

En général le présent de la 1re et la 2e personne du singulier du verbe "**быть**" ne s'emploient pas. Alors il ne reste que la forme du présent de la 3e personne du singulier et du pluriel "**есть**" qu'on utilise:

1 pour lier le sujet et le prédicat (dans les textes scientifiques ou juridiques)

Вода́ есть соедине́ние кислоро́да и водоро́да.
L'eau est une combinaison d'oxigène et d'hydrogène.

2 pour exprimer la possession ou la disponibilité d'un objet (en français on emploie le verbe "avoir")

У меня́ есть уче́бник по францу́зскому.
J'ai un manuel de français.

У него́ есть цветны́е карандаши́.
Il a des crayons de couleur.

У них есть краси́вый сад.
Ils ont un beau jardin.

Attention!!! Pour exprimer l'absence ou le manque d'un objet on emploie le mot outil "**нет**" au présent et la négation "**не**"+verbe "**быть**" au passé ou au futur. Comparez:

У него́ **нет** велосипе́да. *présent*
Il n'a pas de vélo.

У него́ **не́ было** велосипе́да. *passé*
Il n'avait pas de vélo.

У него́ **не бу́дет** велосипе́да. *futur*
Il n'aura pas de vélo.

Pourtant, si on exprime l'absence d'une qualité ou d'un indice, on emploie la particule "**не**" qui s'écrit avec l'adjectif en un seul mot. En ce cas on emploie le verbe "être" en français. Comparez:

~~У вас не есть краси́вые цветы́.~~ *présent*
У вас **некраси́вые** цветы́.
Vos fleurs ne sont pas belles.

~~У вас не бы́ли краси́вые цветы́.~~ *passé*
У вас **бы́ли некраси́вые** цветы́.
Vos fleurs n'étaient pas belles.

У вас **не бу́дут** краси́вые цветы́. *futur*
У вас **бу́дут некраси́вые** цветы́.
Vos fleurs ne seront pas belles.

ANNEXE V — VERBE "БЫТЬ"

On n'utilise jamais le verbe "быть" au présent dans :

1. la description d'une personne ou d'un objet

У моéй сестры́ голубы́е глазá и чёрные вóлосы.
Ma sœur a des yeux bleus et des cheveux noirs.

На нём крáсная кýртка и си́ние джи́нсы.
Il porte une veste rouge et un jean bleu.

2. la description de l'état d'une personne ou d'un objet

Емý плóхо, нáдо вы́звать врачá.
Il se sent mal, il faut appeler un médecin.

У вас прекрáсный талáнт.
Vous avez un grand talent.

У неё плохóе настроéние.
Elle est de mauvaise humeur.

Attention !!! Il est indispensable d'employer le verbe "быть" au passé et au futur !

У неё **бы́ло** плохóе настроéние. — *passé*
Elle était de mauvaise humeur.

У неё **бýдет** плохóе настроéние. — *futur*
Elle sera de mauvaise humeur.

Au présent à la forme négative on met la particule "не" devant le prédicat, le verbe "быть" ne s'emploie pas

У моéй сестры́ **не** голубы́е глазá. — *présent*
Les yeux de ma sœur ne sont pas bleus.

На нём **не** крáсная кýртка. — *présent*
La veste qu'il porte n'est pas rouge.

Table des matières

Avant-propos 1
Les signes employés dans le livre 2

LA SPHÈRE DU NOM
LE NOM 3
DÉCLINAISON 4
CAS 5
CAS NOMINATIF 7
    Exercices et explications 11
    Corrigés 12
CAS GÉNITIF 13
    Exercices et explications 17
    Corrigés 18
CAS DATIF 19
    Exercices et explications 22
    Corrigés 23
CAS ACCUSATIF 24
    Exercices et explications 28
    Corrigés 29
CAS INSTRUMENTAL 30
    Exercices et explications 33
    Corrigés 35
CAS PRÉPOSITIONNEL 36
    Exercices et explications 40
    Corrigés 42
<u>Exercices de révision. La déclinaison et les cas</u> 43
Corrigés 46
FORMATION DES NOMS 49
    Exercices et explications 53
    Corrigés 54
LE FÉMININ DES NOMS 55
    Exercices et explications 56
    Corrigés 57
<u>Auto-évaluation. Le nom</u> 58
Corrigés 61
LE PRONOM 62
PRONOMS PERSONNELS 63
    Exercices et explications 64
    Corrigés 66
PRONOMS POSSESSIFS 67
    Exercices et explications 70

Corrigés	72
PRONOMS RELATIFS	73
Exercices et explications	76
Corrigés	80
PRONOMS INTERROGATIFS	81
Exercices et explications	83
Corrigés	84
PRONOMS DÉMONSTRATIFS	85
Exercices et explications	87
Corrigés	88
PRONOMS NÉGATIFS	89
Exercices et explications	92
Corrigés	94
PRONOM RÉFLÉCHI "СЕБЯ"	95
Exercices et explications	96
Corrigés	98
L'ADJECTIF	99
DÉCLINAISON DES ADJECTIFS	100
Exercices et explications	104
Corrigés	106
DEGRÉS DE COMPARAISON DES ADJECTIFS	107
Exercices et explications	110
Corrigés	113
<u>Auto-évaluation finale. Nom, pronom et adjectif</u>	114
Corrigés	118

LA SPHÈRE DU VERBE

LE VERBE	119
INFINITIF	120
Exercices et explications	121
Corrigés	122
ASPECTS DES VERBES	123
Exercices et explications	124
Corrigés	127
GROUPES DES VERBES	128
Exercices et explications	129
Corrigés	130
PRÉSENT	131
Exercices et explications	138
Corrigés	142
PASSÉ	145
Exercices et explications	148
Corrigés	158
FUTUR	163
Exercices et explications	166

Corrigés	173
IMPÉRATIF	178
Exercices et explications	181
Corrigés	183
CONDITIONNEL	184
Exercices et explications	185
Corrigés	186
PARTICIPE PRÉSENT ACTIF	187
PARTICIPE PRÉSENT PASSIF	188
La particule négative HE et le participe présent	189
Exercices et explications	190
Corrigés	197
PARTICIPE PASSÉ ACTIF	200
PARTICIPE PASSÉ PASSIF	202
La particule négative HE et le participe passé	204
Exercices et explications	205
Corrigés	210
GÉRONDIF IMPERFECTIF	213
GÉRONDIF PERFECTIF	214
Exercices et explications	215
Corrigés	223
SCHÉMA RÉCAPITULATIF de la conjugaison des verbes	228
<u>Auto-évaluation. Verbe</u>	229
Corrigés	232
<u>Exercices de révision. Verbe</u>	233
Corrigés	235
L'ADVERBE	237
Formation	238
LE COMPARATIF	240
LE SUPERLATIF	241
Exercices et explications	242
Corrigés	246
Annexe I. CONSTRUCTIONS VERBALES	248
Annexe II. PRÉPOSITIONS	252
Annexe III. ADJECTIFS NUMÉRAUX CARDINAUX ET ORDINAUX	260
Annexe IV. VERBES IRRÉGULIERS	263
Annexe V. VERBE "Быть"	264

Pour vos notes

Lev Davidov

J'apprends la grammaire russe
La sphère du nom
La sphère du verbe

Deuxième édition revue et augmentée

Imprimé par Amazon

Printed in Poland
by Amazon Fulfillment
Poland Sp. z o.o., Wrocław